A BATALHA

Affonso de Barros

Copyright © 2023 by Affonso de Barros
Barros, Affonso de
A Batalha
ISBN 978-65-84851-17-7
São Paulo, Editora Cintra, 2023
Todos os direitos desta edição reservados à Editora Cintra
Rua Frei Inácio da Conceição, 435 – Vila SãoLuís -
São Paulo, SP
Contato: Leda Cintra -
Tel. 55 11 3731-7575 —

E-mail: leda@editoracintra.com.br

DADOS INTERNACIONAIS DE CATALOGAÇÃO NA PUBLICAÇÃO (CIP)

B277b
    Barros, Affonso de.
      A batalha / Affonso de Barros.–São Paulo: Editora
Cintra LTDA., 2023.
      368 p. ; 14 x 21cm.

      ISBN 978-65-84851-17-7

      1. Literatura brasileira. 2. História de vida. I. Título.

                          CDU 869.0(81)-94

Bibliotecária responsável: Bruna Heller – CRB 10/2348

Índice para catálogo sistemático:
1.CDU: Literatura em português 869.0
2. CDU: Brasil (81)
3. CDU: Gênero literário: história como gênero literário -94

"Eu El-rey faço a vos Thomé de Souza fidalgo da minha casa, que, vendo eu quanto serviço de Deos e meo é conservar e enobrecer as capitanias e povoações das terras do Brasil e dar ordem e maneira com que melhor e mais seguramente se possão ir povoando para exaltamento da nossa santa fé e proveito dos meus Reynos e Senhorios e naturaes delles, ordenei ora de mandar nas ditas terras fazer uma fortaleza e povoação grande e forte em lugar conveniente para dahi se dar favor e ajudar as outras povoações e ministrar justiça e prover nas cousas que competirem a meo serviço e aos negócios de minha fazenda e a bem das partes; e por ser informado que a Bahia de Todos os Santos é o logar mais conveniente da costa do Brazil para se poder fazer a dita povoação e assento, assim, pela disposição do ponto e dos rios que nella entrão, como pela bondade e abundancia e a saúde da terra e por outors respeitos; hey por meo serviço que na dita Bahia se faça a dita povoação..."

Trecho do regimento que levou Thomé de Souza, em 1549, com as ordens de D. João III para a fundação da cidade do Salvador.

"Tristes sucessos, casos lastimosos,

Desgraças nunca vistas, nem faladas,

São, ó Bahia! Vésperas choradas

De outros que estão por vir mais estranhosos:"

Pergunta ao medo e ele te toma e responde:

"sou o que tanto buscas, por tanto evitar;

o que temes encontrar, mas não sabes onde..."

Prólogo

É aqui que eu sou! Eu estou aqui!

É na liberdade dos ventos desta baía que eu plano na solidão dos séculos, guardando a vida de meus filhos, negros e brancos e índios e mulatos e caboclos. Vejo seus medos e prantos. Caminho com eles as ruas calçadas de pedras negras. Envolvo-me dos suores dos pretos ganhadores, das baianas, dos políticos, dos senhores negros e brancos de domínios deste e do outro lado do mar.

Eu sempre estive aqui! Conheço o pó desta praça primeira, cuja janela se abre sobre um mar calmo e brilhante. Navegava os rios que alimentam a baía, o golfo de águas calmas: a Paraguaçu. Caminhava pelas florestas, voava nas flechas que cruzavam os ares, reinava nos cocares de todos os pajés, antes já que o tempo corroesse a memória dos homens.

Estava aqui quando a primeira nau aportou e quando a primeira choça se fez erguer sobre a escarpa longilínea, na kirymuré dos tupinambás, a grande colina que se debruça sobre as águas da baía. Guardei o medo da noite, quando os gritos dos índios inundavam de pesadelo os pioneiros brancos de meu ventre. Conheci e abençoei todos os dias as pedras destes fortes e as palhas das tabas. Conheci-lhes o cheiro de pavor exalado nas batalhas.

Conto e reconto, sob o sol violento, os passos que levam de uma ponta a outra do quebra-mar do antigo porto. Eu já estava aqui antes dele! E antes também do próprio Forte do Mar... Conheço os segredos dos navios que cortam essas águas, em busca dos solares semimortos nas horas vagas do meio da tarde. Conheço os segredos frios das lajes das igrejas; as lágrimas de cada pecador; o canto de cada filho e seu santo; o batuque de cada terreiro; a dor de cada parto e a dor da escravidão.

Estendo, sempre estendi, as minhas asas sobre esta terra mística, caldeira de sonhos e prazeres; Meca de deuses encastelados no coração de todos os meus filhos. Estendo-as desde a Vila Velha até a Torre de Tatuapara; das colinas de Itapagipe às águas do Tororó, sobre seu mar e seus hortos. Sobre esta praça e sobre todos os terreiros. Plano sobre os vales, pouso sobre as infindáveis torres de todas as igrejas, adejo sobre as cabeças de meus filhos sorridentes.

Eu desço à terra em cada trovão. Fui eu quem recebeu os santos e seus devotos, do alto de todas as colinas sagradas e abri meus braços aos Orixás quando chegaram de além-mar.

Abençoei sempre cada procissão e atravesso os terreiros quando meus filhos esperam a brisa vinda do mar.

Atenção! Escutai! Serei eu, pois, a contar as histórias. Serei eu a revelar a cor e o cheiro de cada um dos tantos mistérios deste lugar. Do alto deste céu imaculado, das profundezas dos túneis e veios, do silêncio das ladeiras, da balbúrdia das festas e procissões... Daí será que eu falarei.

Eu, a Bahia.

I

A vida ia adentrando a tarde quente daquele dia 15 de novembro de 1799, na estrada da Vila Velha da Bahia que, traçada no alto da colina, ia descendo, beirando o precipício sobre as águas da Baía de Todos os Santos. A quentura espantava das áreas abertas os seres vivos que, fossem humanos, refugiavam-se nas redes, nos avarandados cheios de sombra; fossem bichos, corriam a deitar-se debaixo das mangueiras frondosas; os cachorros coçando o dorso, bocejando...

Quebrava aquela quietude um negro ganhador, carregando suas vassouras de vender. Começou a gritar quando foi chegando perto da igreja de Santo Antônio: - Vassoreeeeero!! Vassoreeeero, êêê!

A estrada, na verdade, era quase que só uma trilha de terra, serpenteando espremida entre o mato e a encosta. Não havia ninguém por ali que o vendedor avistasse. Gritava porque sabia que na igreja morava o padre, e dali em diante já podia ser que encontrasse algum dos moradores da Vila.

- Vassoreeeero! Vassoreeero, oooi!

O silêncio, por sua vez, era na verdade o som que fazia o mar lá embaixo, misturado com o roçar do mato tocado de leve por uma brisa que amenizava o calor, não o suficiente, porém, para ressuscitar os habitantes da Vila. O vassoureiro ia seguindo devagar, devagar, descendo a ladeira onde esta fazia uma curva, entre um grande outeiro de mata densa que assomava mais para dentro, e um outro sobre o qual estava a Igreja de Santo Antônio. Este era uma colina arredondada e verdejante e um de seus lados terminava abruptamente na água, em meio a pedras grandes e negras. A igreja tinha sua fachada, outrora branca, agora enegrecida pela falta de caiação, fustigada que era incessantemente pelo ar salgado do mar.

Na mansidão daquela tarde vinha também um cavaleiro, lá longe, no alto, tomando o caminho da Vila Velha como quem vinha da cidade da Bahia. O vassoureiro nem chegou a vê-lo. Debaixo da solina, a roupa preta daquele cavaleiro destacava-se sobre o cavalo castanho. Vinha devagar com uma sombrinha preta, enxugando de quando em vez o rosto com um lenço branco.

"É já pra tantas horas que estou a me meter em estrada..." – pensou. As últimas casas, pequenas e mal-ajambradas, haviam ficado para trás desde o Campo de São Pedro. Vinha o cavaleiro desde então sozinho na trilha cheia de árvores, percorrendo o trecho da estrada chamado de caminho da Vitória por causa da igreja que ali existia, dedicada a Nossa Senhora da Vitória. Aquele pedaço do percurso seguia reto, em meio a algumas chácaras modorrentas, até o começo da longa descida que desembocava na Vila Velha.

Quando o cavaleiro, apenas passando aquele templo de Nossa Senhora, avistou a igreja de Santo Antônio lá embaixo, erguida sobre o outeiro, pareceu animar-se. Foi descendo malemolente com a passada lenta do cavalo, sentado cruzado sobre seu dorso. No lombo da montaria tinha amarrada uma caixa revestida de couro, que vigiava por temer que caísse.

Mais de perto, quem o visse faria uma reverência, tiraria o chapéu ou pediria a bênção, posto que, assim, mais de perto, é que se via que sua roupa preta era uma batina.

O padre apreciava a vista da ladeira enquanto cavalgava. O mar brilhava contra a luz do sol e a Ilha de Itaparica podia ser vista do outro lado da baía, com seus morros verdeacinzentados recortando o céu. Um sorriso escapou-lhe. Pasmava-se sempre com as vistas da baía. Assim, absorto, foi seguindo pelo caminho sinuoso, e não percebeu que ia devagar chegando à Igreja de Santo Antônio. Quando deu por si, estava ao sopé do outeiro, à beira do caminho que, quebrando da estrada para a direita, protegido por velhas cajazeiras e castanheiras, subia até o templo.

No alto, no adro, uma mulher negra de turbante apareceu. Colocou a mão direita sobre os olhos para proteger a vista da luz. Olhou quem vinha chegando e voltou para dentro com um andar arrastado mas requebrado, fazendo a saia clara mover-se pra lá e pra cá. O cavaleiro começou a subida do outeiro, incitando sua montaria, enquanto passava pela cruz de ferro fincada num pedestal de pedra, que ficava logo no início da subida. Estava perto de terminar a viagem que começara de manhã; queria chegar logo, beber um bom gole d'água fresca, abrigar-se à sombra.

Conforme foi chegando, viu que de pé, no alto dos degraus à frente da igreja, esperava-o um padre gordo, com sua cabeça grisalha brilhando sob o sol. Sorria para o cavaleiro. Quanto mais perto iam ficando um do outro, mais largo ia se tornando seu sorriso. O cavaleiro começou a sorrir também. Na verdade, ria-se de si mesmo, esquecendo-se do fardo que trazia, do medo que sentia, das notícias que portava, do pedido que faria dentro de poucos instantes e que não sabia se seria atendido. Vinha carregado de temor, portador de uma história fantástica, assombrosa mesmo.

Quando o cavalo parou, o padre gordo começou a descer como pôde os degraus que separavam o adro da estrada. Um escravo correu à sua frente e segurou as rédeas do cavalo, ajudando o cavaleiro a apear.

- Ê, primo Eugênio, que estou é bem alquebrado. Dá cá tua bênção! – disse descendo do cavalo.

- Olha, primo Chico, estás até bem para um que já vai para lá dos quarenta, que eu bem sei...

- Mas isso é lá cousa que se diga?

Eles riram ao se abraçarem. Francisco tomou com cuidado sua caixa.

- Deixa isso aí, Francisco. Pedro leva para dentro depois.

- Não, primo. Não me aborrece nada. Eu mesmo levo.

Subiram as escadarias do adro. Francisco virou-se para olhar mais uma vez a paisagem. Via-se uma ponta da Igreja de Nossa Senhora da Vitória, no alto, como uma matrona solenemente encastelada sobre a encosta, com sua fachada principal voltada para o mar. Via-se a massa de copas semeadas de todos os matizes de verde, movendo-se abraçadas com a brisa; algumas palmeiras esguias despontavam na ribanceira. Seu coração foi se apertando, e teve a sensação de que aquele mundo estava acabando. Sim, talvez em breve pouco restasse daquela aura que havia ali, feita de mistério e candura, embalada por sofrimento, suor, sacrifício...

- Francisco! - chamou Eugênio.

Francisco espantou aquela sensação e virou-se para o primo, entrando pela nave da igreja. Parou para fazer uma reverência e o sinal da cruz. Seguiram até diante do altar, onde Francisco repetiu o gesto. O templo estava deserto àquela hora. O interior simples, caiado de branco, desprovido de maiores adornos, produzia uma sombra fresca e o silêncio permitiu a Francisco a fantasia de que esqueceria tudo o que havia ouvido e visto nos últimos dias. Viraram à esquerda, passando por uma grande porta de madeira seguida de alguns degraus e que dava para a casa do outeiro, anexa ao templo, onde habitava Eugênio, padre da Companhia de Jesus.

- Ifigênia, traze água fresca para padre Francisco. – gritou Eugênio, caminhando pelo corredor que ia atravessando as diversas salas da casa. Ifigênia apareceu no corredor, com seu turbante branco e, sorrindo, voltou a desaparecer. Os dois homens entraram na sala de refeições, que era a última, no fim do corredor, e cujas janelas baixas e quadradas davam para um quintal e para a praia do pequeno porto da Vila Velha, lá embaixo. Era uma pequena enseada de águas claras com o Forte de Santa Maria na extremidade sul e o forte de São Diogo, na norte, encravado na encosta do próprio outeiro. Ali se sentaram à mesa que ficava encostada numa das janelas, através da qual se viam as ruas de areia clara da Vila. Dali, o Forte de Santa Maria parecia de brinquedo.

O rosto de Francisco tornou-se sombrio. Eugênio percebeu logo aquela mudança e talvez previsse já algo terrível. Temeu perguntar ao outro o que havia de errado. Aquela visita do primo sem aviso... Não... Não... Havia algo de incomum naquela visita.

- Francisco, dize logo o que é que te está afligindo.

Foram interrompidos por Ifigênia que, atravessando a porta que dava para a cozinha, entrou na sala com seu andar requebrado, trazendo uma bilha de barro vermelho. Era uma mulher de uns quarenta anos, robusta, peitos e quadris fartos, tudo meio livre por baixo das roupas de baeta clara. Ela era escrava da família de Eugênio desde que nascera. A este fora passada como parte da legítima pela morte de sua mãe, Dona Clara. Ao se aproximar dos dois, abriu seu sorriso largo, cheio de dentes grandes, alguns já estragados. Seus olhos encontraram os de Francisco.

- Cum'é que vai passando, yoyô?

Francisco olhando para ela, respondeu - Passo como manda Deus, Ifigênia. Como manda Deus...

Ifigênia serviu água aos dois.

- Yoyô qué que requente a cumida? - perguntou ela a Eugênio

- Pois não! Padre Francisco deve estar é esfaimado.

- Eu comi um pedaço de pão, enquanto vinha montado. Mas a comida de Ifigênia não se dispensa. Eu como, sim, de muito bom grado.

Ifigênia sorriu. Deixou a bilha sobre a mesa e foi saindo. Umas pulseiras finas douradas, que trazia no braço direito, deixavam no ar um ruído calmo de chocalho, enquanto ela saía rebolando-se, sem perceber que o fazia, ou talvez consciente da luxúria de seu andar, de sua pele, do deleite que era para aqueles homens vê-la afastar-se num passo que era quase uma dança.

Eugênio tornou a olhar o primo, preocupado àquela altura, porque todos os sinais no rosto deste indicavam que tinha algo grave para contar. Uma brisa súbita entrou pela janela defronte deles, com o barulho dos galhos dos tamarineiros, das mangueiras e cajazeiras que vestiam a encosta do outeiro, na parte que dava justo para o porto. Lá embaixo, pescadores arrastavam suas canoas e jangadas para a praia, mulheres consertavam uma rede sob a sombra das castanheiras que se inclinavam sobre a areia. A vida prosseguia na paz da tarde, sob o sol forte, a despeito da angústia de Francisco.

- Eugênio... é que eu venho para contar uma cousa... - Francisco tomou fôlego para começar, e sabia que, por mais que houvesse ensaiado aquela conversa tantas vezes, iniciá-la não deixaria de ser difícil, agora que estava diante do primo.

- Bem, ouviste tudo sobre a sedição passada na Bahia, e de como foram os revoltosos presos.

- Sim...ouvi... e li. Pois não foste tu próprio que umas tantas vezes me mandaste cartas? Francisco! Ai, valei-me, Nosso Senhor Jesus Cristo! Que é que tens com tudo isso? Vamos, conversemos sem rodeios. Não me avexes mais!

- O primo não carece se inquietar. Não tenho nada com a história. Nada... menos pelo que te vou falar.

Eugênio empertigou-se na cadeira. Agora seus temores começavam a confirmar-se. A preocupação que dormitava em sua alma já havia alguns meses parecia agora despertar como uma fúria. Antes que Francisco começasse a falar, Eugênio repassou mentalmente, em poucos segundos, todos os acontecimentos, numa tentativa de antecipar-se ao que estava para ouvir; de encontrar onde estava o perigo; onde seu primo poderia estar comprometido; onde estaria a ameaça a uma serenidade que parecera, de qualquer forma, desde sempre frágil.

Lembrou que, na madrugada do dia 12 de agosto do ano anterior, foram encontrados colados nas fachadas de onze casas da cidade boletins manuscritos pregando contra Portugal e a Igreja Católica; contra toda a ordem colonial e a própria Rainha, Dona Maria I. Uma vez recolhidas tais cartas, a devassa instalada pelas autoridades logo reconheceu nelas os sinais de uma conspiração inspirada nos ideais do regime que andara a fazer rolar cabeças, em França, havia alguns poucos anos. Os documentos citavam como sendo grande o número de pessoas dispostas a aderir a uma sedição; gente de toda classe e posição social, o que aumentou o temor dos governantes da Província.

Após alguns dias, um mulato de nome Domingos da Silva Lisboa foi preso, quando se lhe compararam a letra de duas petições suas com os manuscritos. Em sua casa encontraram todo o tipo de literatura considerada criminosa em Portugal e colônias. Mas eis que estava preso havia já mais de semana, quando apareceram coladas na fachada do Convento do Carmo duas novas cartas de conteúdo também sedicioso: uma dirigida ao prior dos Carmelitas Descalços na Bahia e outra, ao próprio Presidente da Província. As autoridades prosseguiram com a devassa, esperando chegar aos revoltosos.

Àquela altura, Francisco escrevia cartas a Eugênio, contando o que sabia e o que ouvia falar, de forma que este último ficava a par das novidades. Francisco era então já cônego e recolhia tais notícias em reuniões particulares na Casa da Santa Misericórdia, onde, na ausência dos capelães, às vezes atendia por caridade a doentes que na enfermaria precisavam de extrema unção. Tinha frequentes conversas com Monsenhor Vicente do Rosário, provedor daquela Casa e amigo pessoal do Arcebispo da Bahia, Dom Frei Antônio Corrêa. O Monsenhor, cuja família sempre tivera relações estreitas com a de Francisco, vinha apadrinhando-o havia alguns anos e dizia-se mesmo que, usando sua influência junto ao Arcebispo, conseguiria fazê-lo Irmão da Misericórdia e, talvez um dia, membro da Mesa Administrativa da Casa. Era o Monsenhor que passava a Francisco, em estrita confiança, os relatos que ouvia do Arcebispo, em reuniões em seu Palácio, a respeito das investigações da sedição. O arcebispado da Bahia tinha grande interesse naquela investigação, posto que os documentos recolhidos pregavam contra a Igreja. Assim, informações que a muita gente influente não chegavam, tinha-as Monsenhor Vicente, vindas de fonte segura. Ele talvez as passasse a Francisco também por uma certa fraqueza, pois dessa forma dividia com

Francisco o peso de haver ele próprio, Monsenhor, tocado e lido um dos manuscritos. O certo é que Francisco, ainda que respeitasse seu protetor, não hesitava em escrever ao primo contando os sucessos do assunto, em todos os detalhes que conseguia obter, por confidenciais que fossem.

Foi, então, que no curso da devassa as autoridades acabaram dando com o mulato Luís Gonzaga das Virgens, tido na Bahia como rebelde desertor e revoltado. Também em sua casa foi encontrada a sorte de literatura que, por si própria, já levaria à cadeia seu portador.

E, assim, por motivo da prisão do tal Luís das Virgens foi que se houvera por bem entre os conspiradores reunirem-se no Campo do Dique do Desterro, lugar por onde a gente honesta da Bahia não passava à noite, posto que ali se davam diversos encontros clandestinos para diversões carnais e, conforme corria aos sussurros, também muitas reuniões em que se falava contra a Rainha e o Presidente. Ali se reuniram quatorze dos revoltosos, na noite do dia 25 de agosto. Mas por causa da traição de gente que havia sido convidada é que foram descobertos, em meio a um tumulto. As prisões começaram no dia seguinte à reunião e, ao cabo de alguns meses, estavam todos já detidos.

Se a população da cidade conseguia menos informações que Francisco, por outro lado, atribuía à história os detalhes mais escabrosos, acompanhando o assunto da forma que podia, com avidez receosa e evitando maiores comentários, tecidos, quando muito, em voz baixa, nos botecos do cais do porto, nas boticas da Rua Direita do Palácio e da Rua da Misericórdia e nas redondezas do Paço Municipal, onde ficaram presos alguns dos conspiradores. As mentes mais impressionáveis, ou talvez as mais férteis, principalmente entre os comerciantes portugueses, comentavam que não era só política que se discutia entre os conspiradores. Diziam que havia testemunhas de certos rituais iniciáticos e que, se fora ocorrido tudo aquilo em tempos da Inquisição, estariam todos àquela altura nas fogueiras da Corte.

Mais de um ano depois, no dia 8 daquele mesmo novembro em que Francisco e Eugênio encontravam-se frente a frente, quatro dos revoltosos haviam sido enforcados e esquartejados e seus nomes haviam sido tornados malditos até a terceira geração. Entre eles estava Luís das Virgens. Sua cabeça e mãos haviam permanecido pregadas na forca por cinco dias. Eugênio ainda não sabia disso, como não sabia que aí começava a história que seu primo tinha a contar.

Todo o ocorrido ainda estava muito vivo na memória dos habitantes. Ainda se falava no caso com o medo e a volúpia que despertam todos os assuntos secretos ou proibidos. Francisco, porém, sabia mais... Estava com Mosenhor Vicente do Rosário quando a cabeça e as mãos do mulato Luís das Virgens foram entregues pelas autoridades civis à Casa de Santa Misericórdia para que fossem enterradas, em atenção a um pedido daquela instituição.

Durante todo o tempo em que durou a devassa, Eugênio havia temido que seu primo se tivesse metido em alguma questão de política. Apesar de as cartas enviadas por Francisco não conterem nada que pudesse incriminá-los, Eugênio sabia ler o que estava por trás de cada palavra, por mais imparcial que parecesse. Some-se a isso o fato de conterem provas da traição que Francisco fazia à confiança que um alto funcionário do clero local lhe depositava, o que por si também já era uma inconfidência por parte de Monsenhor Vicente do Rosário.

Eugênio não conseguia evitar sua preocupação. Francisco era para ele como um irmão mais novo. Praticamente o havia criado após a morte dos tios e o havia encaminhado bem na vida clerical. Conhecia sua revolta contra certas decisões que o governo português tomava na Bahia, seu exacerbado gosto por justiça, um tanto entranhado de um sentimento patriótico pela Bahia e pelo Brasil. E isso o preocupara sempre.

Francisco tinha formado um caráter daqueles que dá ao seu possuidor um sentimento de desajuste e inconformidade, quando fora nomeado capelão da Casa de Santa Misericórdia, aos vinte e três anos. Um tal caráter que bem poderia ser perigoso naqueles tempos, nas terras do Brasil. E tudo aquilo já estava claro, então, para Eugênio; quanto mais Francisco galgava suas posições dentro da hierarquia clerical, mais Eugênio temia por ele. Seus ideais, suas preocupações e sua ousadia eram muito conflitantes com sua posição e seu cargo na Casa. Restava a Eugênio apenas rezar para que o primo aprendesse a dissimulação necessária para sobreviver. E parecia que havia mesmo aprendido... Naquele ano de 1799, Francisco gozava de uma boa posição. Além disso, contava também com os recursos de suas casas e terras arrendadas, herdadas de seus pais. Apesar disso, levava uma vida de hábitos simples, desempenhando, por vezes, atividades que qualquer outro homem de sua posição consideraria aviltante ou pesada demais, razão pela qual era visto por muitos como uma figura excêntrica.

- O que é que me tens a falar? Francisco, dize-me logo!

- Monsenhor é que havia mandado um documento ao Desembargador Francisco Álvares da Costa Pinto, pedindo que fosse dado enterro cristão aos despojos, com a autorização de S.Exª. Reverendíssima, esteja claro. O primo conhece... é uma das sete obras corporais da Misericórdia. Pois bem... Foram entregues dous sacos numa caixa. Quando foi enterrá-los, o escravo da Casa apercebeu-se de que um fedia, como só podia feder aquilo mesmo que continha. Mas do outro saco não exalava nenhum fécio. Veio então avisar

Monsenhor, quando estava eu na presença deste, na sacristia da sede da Misericórdia.

Ifigênia apareceu à porta.

- A comida tá pronta. Qué que bote, yoyô?

- Padre Francisco comerá daqui a pouco, Ifigênia.

- Yoyô me chame quando quisé. - Ela deu meia volta e desapareceu pela porta afora. Francisco levantou-se desconfiado. Ifigênia sabia de tudo o que ocorria na Igreja de Santo Antônio, de cuja paróquia Eugênio era vigário, e de toda a vida deste. Francisco sempre desconfiara de que isso não se dava por mera adivinhação. Ela era daqueles seres que parecem nada saber, nada querer. Entrava e saía, servil, como se nem sua sombra ocupasse espaço. Mas uma mente mais arguta poderia ver em seus olhos um brilho de inteligência e malícia que outras pessoas menos sagazes jamais lhe atribuiriam. Ifigênia era íntima da alma daquele templo e da casa do outeiro, íntima das vidas de todos a quem havia servido e, se lhe dessem a importância suficiente para lhe pedir conselho, o que ouviriam aqueles brancos seria de admirar. Francisco intuía, talvez, que seria impossível manter qualquer segredo pronunciado naquela casa longe dos ouvidos de Ifigênia. Embora muito afeiçoado fosse a ela, tinha para si que Eugênio deveria ser menos complacente. Foi até a porta que dava para a cozinha e fechou-a.

Permaneceu de pé, encostado à porta, fitando o primo.

- Pois, continua! - disse Eugênio.

Francisco prosseguiu, abaixando o tom da voz, até que esta se tornasse um sussurro.

- Estávamos eu e Monsenhor sozinhos na sacristia da sede da Casa. Ouvindo o que contava o escravo, desconfiamos de que, por qualquer razão, haviam-nos embusteado e que o segundo saco não continha as mãos do condenado. Ofereci-me para ir ver o que sucedia. Acompanhei o escravo pelos corredores e escadas abaixo, até um recanto das lavanderias. Abri o saco... e... primo, as mãos estavam lá! Mas... não se

Os olhos de Eugênio estavam esbugalhados, mas logo se tornaram descrentes. Esboçou um leve riso irônico.

- Primo, não é mentira!

- Então, o que é que me estás contando!? Que as mãos do condenado mulato das Virgens não se apodrentaram, como se fora um santo? Um homem que pregou contra a própria Igreja Católica! Oxalá não andes por aqui e acolá, espalhando essa história absurda, para não ser tomado por herege. Um cônego! Um cônego abrir a boca para dizer isso!

Francisco correu para junto da mesa, apanhou no chão a caixa que havia trazido e abriu-a diante dos olhos do primo, num movimento brusco.

Pois olha, primo. Vê! – disse, desamarrando um saco sujo e fazendo aparecer as mãos do condenado a Eugênio.

Este pulou da cadeira num susto. Sua expressão de pavor estava congelada. Tinha diante de si um par de mãos, um tanto enegrecidas, era verdade, mas com certeza não podres. Cortadas na altura dos punhos, traziam marcas de algemas ou cordas, ou o que quer as houvesse prendido.

- Crês agora? Estás vendo? Não se apodrentaram! – disse Francisco, continuando a sussurrar. – Não sei como os passantes não se aperceberam. Talvez não olhassem. Ou talvez percebessem algo diferente, mas não se perguntassem o que podia ser, como se uma tal cousa fosse por demais fantástica para suceder, mais ainda a um condenado.

- O que significa isso, Francisco?

- O que o primo desejar... Quem isto descobrir, nestes tempos de revolta, pode dizer o que quiser.

- Como essa carga malsã veio parar contigo?

- Disse ao escravo que me deixasse sozinho para rezar pelo condenado. Substituí as mãos por duas almofadinhas que estavam por secar numa pedra. Coloquei o saco menor dentro do outro, onde estava a cabeça. Envolvi as mãos numa fronha e, na falta de outro lugar, guardei-as na minha algibeira. Era uma hora antes do meio dia. Estavam todos jantando. As lavanderias estavam desertas. Ninguém viu nada. Dizendo ao negro que estava tudo ali dentro, ordenei severamente que sepultasse os restos mortais sem tardança e sem mais abrir o saco. Contei depois a Monsenhor Vicente que estava tudo correto e que ordenara o sepultamento. Afetei uns ares de mal-estar e saí sem mais demora.

- Enlouqueceste? Que sandice é essa? Nestes dias em que gente vai degredada, quando não enforcada, queres te enredar? E queres comprometer a mim, o que é pior? - Eugênio esforçavase para manter sua voz num sussurro, ainda que no meio daquela explosão - Trazer isso aqui! Fecha essa caixa! E não tentes sugerir que é um milagre, pois é certo que não pode ser! Deve haver uma explicação para isso!

O primo tome o assunto como desejar. Eu próprio, quando vi as mãos, não soube o que pensar, nem qual serventia teriam. Foi um impulso. Só depois foi que principiei a atinar. Crê que te não quero comprometer. Mas o primo não pode deixar de ver o que isso pode significar. Essas mãos podem ter o poder de mudar muita cousa! Na Bahia, no Brasil, na Igreja. Pode-se levantar o povo com elas!

- Perdição, está aí o que pode significar! Não venhas exalar tuas francesias aqui, Francisco!

Queres me tentar?!

- É um fato! O primo está vendo com os próprios olhos. São as mãos de um condenado, de um dos homens que planejavam uma revolta contra o Reino e estão perfeitas. Olha, vê-se até as marcas dos grilhões! E eu vim pedir para que as escondas aqui.

- O quê?! Livrai-me, Deus, de uma tal danação! Tentação! Isso é uma tentação! Francisco, vai enterrá-las em outro lugar, agora!

- Não, primo. Não posso enterrar. E manter isso na Cidade seria por demais perigoso. Aqui ninguém vem procurar. Se esconderes esta caixa onde ninguém a possa descobrir, prometo vir buscá-la, quando encontrar outro lugar seguro.

- Aqui!? Não, Francisco....

- É, primo... Aqui há uns escondedouros que só tu conheces. Sabemos que tem cousa grave escondida aqui. Nada te custaria guardar a caixa por uns tempos.

O velho padre estava paralisado de medo e descrença no pedido de Francisco. Este, por sua vez, confiava em seu poder de ir amolecendo o coração do primo com suas súplicas, como havia feito sempre, desde pequeno. Uma vez vencida a primeira explosão...

- Não tarda muito a Província se há de apartar de Portugal. Essas mãos podem nos valer se quisermos levantar o povo. Podem ser um símbolo de martírio. Um símbolo pátrio.

- Mas não desejo que minha cabeça seja um símbolo junto com elas.

- Não haverá de ser. Não haverá de ser... Francisco...

- Por uns tempos, primo. Por uns tempos... – e olhava nos olhos de Eugênio, procurando seduzi-lo, usando daquele amor que sabia lhe ser votado.

Eugênio, nervoso, passava as mãos pelo rosto. Andou pela sala, aproximando-se da outra janela, por onde o sol entrava. Francisco permaneceu calado, sentado.

- E se alguém descobre isso aqui? Que é que digo eu? - respirava ofegante àquela altura, de pé, em posição de defesa, com os pensamentos atrapalhados, falando mais para si mesmo que para o primo - Temo pela minha alma e pelo meu corpo também... Onde é que posso esconder isso?

- Tu é quem melhor hás de saber, ora. Há de ser um lugar secreto. Quiçá onde guardas...

- Pssssiu!! Não ouse nem pronunciar o nome do que há escondido lá.

- Ora, nós sabemos o que há ali. Falar entre nós não faz mal...

- Calado! É melhor olvidar esse assunto. Arre! O que me trazes já é bastante difícil. Tenho para mim que não há nenhuma razão para mantermos isto aqui, nem em nenhum outro lugar... Mas deixa-me pensar...

Aqueles eram tempos em que os assuntos e atos secretos tornavam-se ainda mais perigosos. O risco de ser descoberto num passo em falso era grande. E talvez Francisco, em mais um lance de sua descida à manipulação aberta, houvesse mencionado aquilo para lembrar o primo de que já havia em suas vidas segredos demais para que se negasse a abrigar mais um.

- É que lá eu sei que ninguém encontraria...

- Deixa que eu hei de resolver! Não basta já proferires um tal pedido, e também me queres dizer onde guardar essa... essa carga?

Passaram-se alguns minutos, durante os quais Eugênio permaneceu imóvel, olhando através da janela, contemplando as águas lá embaixo. Às vezes uma brisa fraca lhe mexia de leve o cabelo

grisalho. "O mar... O mar...", era o que pensava quando meditava assim. Sua mente se esvaziava, seus olhos soltavam-se no azul. À sua frente, a tarde ia caindo mansa. Com o silêncio, era como se a paz fosse retornando à sala. Eugênio virou-se para o primo.

- Está bem. Mas só até Dia de Reis. Então vens buscar tua caixa e eu não quero mais ter parte nesse assunto, já que te convencer a abandonar esses planos será decerto impossível. Espero que não me venha a arrepender... que isso não venha a ser a tua perdição, nem a minha.

- Não há de ser. Deus não há de permitir.

Eugênio voltou à mesa, num movimento brusco. Encarou o primo e disse:

- Não metas Deus em concertos de conspiração, Francisco! – Pegou a caixa e fechou-a – Fica aqui. Eu guardarei no tal lugar.

Francisco abaixou a cabeça. Por sua mente passavam todas as cenas dos últimos dias. As notícias dos enforcamentos, a visão das mãos intactas. Perguntava-se o que realmente iria fazer. Estava amedrontado, mas de alguma forma também sabia que não podia estar errado. Havia ademais o prazer de conseguir convencer Eugênio. Pensava que seu primo talvez tivesse um certo gosto em participar daquilo, como tivera antes em tomar parte de tantas outras "sandices". As explosões de raiva e as reprovações seriam só um ritual, uma formalidade que seu caráter mais rígido exigia para não explicitar uma vontade muito íntima de obter alguma emoção diferente, cuja fonte em sua vida tinha sido sempre Francisco.

Não se poderia duvidar do amor que Francisco nutria por seu primo mais velho. Não... Era de fato um amor sincero. Mas era também depois de discussões como aquela que vinha no fundo de seus pensamentos um regozijo antigo. Nem ele mesmo atentava para o fato de que era um gozo de vitória, por trás do amor, por trás do respeito e da gratidão que lhe dedicava. Talvez não notasse por que vinha agora esmorecido, pois era como saber pela milésima vez como um inimigo se deixa perder.

Eugênio deixou a sala carregando a caixa e retornou vinte minutos depois. Sentou-se de novo à mesa, passando um longo olhar ao primo. Este compreendeu quanta benevolência vinha contido naquele olhar e sorriu. Os dois começaram a rir então, embalados por aquele carinho mútuo, aquela cumplicidade que havia existido sempre entre eles. Aquele riso foi se tornando uma gargalhada. Parecia que haviam acabado de fazer uma molecagem, algo muito errado mas delicioso. Eugênio a muito custo foi parando de rir e gritou por Ifigênia. Quando esta bateu à porta, ele a mandou entrar.

- Ifigênia, quede a comida de Francisco?

- É pra já, yoyô.

- Não me demoro muito, primo. Se saio tarde, só chego a altas horas.

- Não penses que volta hoje. Hás é de pernoitar aqui. Amanhã cedo retornarás.

Francisco aceitou o convite.

Não demorou muito e Ifigênia foi chegando com um prato de peixe, onde o azeite de dendê borbulhava ainda da fervura. Seus olhos cruzaram com os de Francisco.

"Ela sabe. Ela já sabe de tudo...." - ele pensou consigo.

A escrava sorriu, feliz por ver Francisco bem disposto e com fome. Gostava de ver os dois homens assim, e de saber o quanto apreciavam sua comida. Indo e vindo da cozinha, trouxe depois um prato de louça branca com feijão verde e cebolas picadas miudinho e um prato de louça grossa para que Francisco comesse. O cheiro da comida azeitada preenchia toda a sala, escapava pela janela e, se alguém por acaso estivesse pela encosta do outeiro, debaixo dos tamarindeiros, sentiria também aquele aroma levado no vento.

Eugênio observava o primo comendo e reconheceu-se espantado não só com sua ousadia, como também com o seu estômago. Depois de toda aquela conversa e da visão das mãos, ainda mantinha o apetite!

Enquanto comia sob o olhar de Eugênio, Francisco espiava pela janela a praia do porto da Vila Velha, com suas águas mansas quebrando de leve na areia. Ifigênia cantarolava uma canção meio triste, que vinha devagar se aninhar em seus ouvidos:

- Ilaiê, ilaiê...laiálaiá...

Quando ele terminou de comer, Ifigênia serviu- lhe mangas que abriram seu interior dourado como se oferecessem um tesouro ao comensal. Lá fora, aos poucos, o sol ia perdendo sua força no ar da Bahia. A vida retornava. Os fiéis chegavam aos poucos à igreja branca do outeiro, vindos das poucas casas da Vila Velha. O vento, já então mais fresco, ia remexendo as preguiças, acordando os poros das gentes daquele lugar. O brilho dourado da luz sobre a água... o cheiro das árvores que se balançavam num abraço profundo, das mangas servidas por Ifigênia, do mar próximo... Francisco permitiu-se soltar os músculos, respirar os perfumes do lugar, apreciar a voz entoada de Ifigênia. Ali, com seu primo, estava no seu lar mais íntimo e seguro, no fim das contas. Era o lar que ele vinha sacudir com suas ideias que o acolhia da forma mais terna.

Por enquanto esqueceria que a caixa com as mãos do mulato das Virgens estava guardada num lugar secreto da Igreja de Santo Antônio, na Vila Velha. Deixaria dormir ali aquele segredo. Voltaria para pegá-la? Não sabia... Veria se Eugênio não se acostumaria a ter aquela carga escondida no templo. Talvez até esquecesse o assunto. E quando a história já houvesse se tornado lenda, ou morrido com o suspiro dos mistérios que são esquecidos por todos, aí então talvez ele, Francisco, voltasse para mostrar ao povo da Bahia aquela maravilha (ou aberração?). Talvez algum outro o fizesse, em anos distantes daquela tarde. Talvez alguém encontrasse a caixa e com ela clamasse que, de alguma forma, aquele que havia sonhado com a liberdade da província havia sobrevivido. As mãos, as marcas das algemas... Para Francisco eram uma visão quase messiânica. E foi pensando nisso que se deixou embalar pela vista que se abria pela janela.

E a tarde foi caindo, caindo... Na paz quente de um novembro já desde então antigo, a tarde foi embora, sem destino certo, deixando o rastro vermelho de sua despedida no céu da Baía de Todos os Santos.

II

Mais de vinte e dois anos se haviam passado quando o bergantim Vistosa ia chegando tranquilo ao porto da Cidade da Bahia. Passou pelo Forte de São Marcelo, uma grande construção circular assentada sobre um banco de areia. Guardando o porto, parecia flutuar nas águas e por isso os habitantes também o chamavam de Forte do Mar. O velame do bergantim perdia-se no meio da floresta de mastro e velas de tantas outras embarcações: sumacas, saveiros, brigues, escunas, bergantins que portavam bandeiras das mais diversas nacionalidades. Não muito distante do Forte, dois grandes veleiros de três e quatro mastros tinham suas velas dobradas sobre as vergas, repousando como gigantes sonolentos. Eram navios ingleses, italianos, franceses, suecos, alemães... Ali aportados, traziam as marcas de todos os mares, gente das mais diversas terras que vinham espantar-se com as belezas da cidade da Bahia, enojar-se com suas ruas estreitas e sujas, reprovar seus costumes tropicais.

Os passageiros do Vistosa foram se aprumando para passar ao escaler, diante da visão da Cidade, espalhada sobre a encosta da colina que se desfraldava ao longo do litoral interno da baía e que descia, íngreme, sobre o porto.

A estreita faixa do bairro da Praia, no sopé da colina, era onde ficavam a alfândega, os escritórios, as lojas dos grandes comerciantes portugueses, depósitos e trapiches e estava apinhada de gente. Aqui e ali se via um branco passando em meio à confusão. De resto, parecia que todos os habitantes eram negros. Sim... os homens que trabalhavam no cais carregando caixas e feixes de açúcar, pipas balouçantes de água ardente, pesados barris de goma e de farinha de mandioca, fardos pequenos e grandes de fumo, barris de melaço de cana, levando-os em direção aos trapiches ou aos guindastes que ligavam a Praia ao topo do monte. Também as mulheres que carregavam em suas cabeças gamelas cheias de cocada puxa, cocada branca; que se sentavam diante dos tabuleiros cheios de acaçás, bolinhos de tapioca, pamonhas, beijus, laranjas de umbigo vindas do distante arrabalde do Cabula; os homens que consertavam as palafitas do trapiche ao lado do arsenal da marinha, à beira mar, e aqueles que apontavam na direção da Ladeira da Conceição e da Rua da Preguiça, carregando as cadeiras de arruar; mesmo os artesãos, que traziam todos suas ferramentas para a rua estreita, e aí se sentavam em bancos a trançar chapéus e tapetes, a fazer sapatos, a martelar ferros e madeiras. Diante daquela visão, qualquer um poderia facilmente imaginar estar aportando na capital de um poderoso reino africano. Uma nova Guiné, uma nova São Jorge da Mina com seus negros de molejo elegante, seminus, suarentos, súditos dedicados de um rei negro orgulhoso de sua cidade encravada no alto da montanha; cidade cujos pés se deixavam lamber pelo mar na Praia.

Alexandre foi o primeiro a saltar na ribeira das naus, seguido dos seis escravos que seu pai designara para escoltarem-no e carregarem os dois baús contendo os pertences do jovem, bem como a cadeira de arruar, sem a qual a gente considerada de bem na Bahia não se aventurava na rua. Eles e os demais passageiros do Vistosa vinham da Vila de Nossa Senhora do Rosário da Cachoeira e da Vila de São Francisco da Barra do Sergipe do Conde, situadas no Recôncavo da Baía de Todos os Santos, numa viagem que havia durado uma noite e uma manhã, cortando a baía. Alexandre olhou ao redor, mirando a multidão ativa ao seu redor. Atravessando o pátio do edifício da Alfândega, cruzou seu portão e chegou à Rua da Alfândega, uma via estreita que acompanhava a praia, espremida entre o mar e a colina. À esquerda, erguia-se o casario do Cais do Pedroso, com seus sobrados de oitão, seus prédios de três e quatro pavimentos com fachadas recobertas de janelas com diferentes tipos frontão, o que fazia com que tais edifícios se assemelhassem a uma enorme colcha de retalhos.

À direita de Alexandre, um pouco além do prédio da Capitania dos Portos, estava a Matriz de Nossa Senhora da Conceição da Praia, com sua fachada clara toda forrada de lajes de mármore português, dando para um pequeno largo quadrado. Na escadaria de seu adro, viam-se homens brancos que conversavam, seus rostos cobertos pela sombra profunda que àquela hora as amplas abas dos chapéus, uns de palha, outros de feltro, produziam. Mais adiante, depois da Matriz, no sopé da colina e mesmo na sua encosta, via-se o bairro da Preguiça, salpicado de residências pintadas de azul, rosa, amarelo e verde, e os telhados do Seminário de Santa Teresa, um pouco mais acima. Por fim, mais longe e no topo do monte, via-se ainda um pedaço do Teatro São João, uma grande construção rosa, cuja fachada lateral dava para o mar, na beirada da ribanceira.

Coroando todo aquele cenário, plantada no alto, à esquerda de Alexandre, estava a Sé, com sua fachada frontal voltada para a baía e protegida por um pequeno largo. Era uma construção clara, com três portas maciças no andar térreo, havendo sobre cada uma delas, sucessivamente, uma claraboia redonda e uma janela, dividindo a fachada em três níveis. A construção era encimada por um frontão triangular, sobre o qual brilhava uma cruz. Nela, simplicidade e imponência abraçavam-se. Erguia-se forte, corajosa, à beira da encosta, atraindo sobre si a vista de qualquer transeunte da Praia, de qualquer navegante da orla da cidade, de qualquer estrangeiro recém-chegado, como se fora uma rainha altiva, mas bondosa. Aquela igreja dominava a paisagem, ofuscando, inclusive, a Igreja dos Jesuítas que era maior, mas estava voltada para o continente e da qual quem chegasse por mar só veria o telhado.

Caminhar por aquelas vias cheias de cheiros sempre fora uma aventura asquerosa para Alexandre. Vendedores de frutas, chouriços, peixe frito e azeite apregoavam seus produtos no meio da multidão, perto de homens agachados nos cantos dos muros, de calças arriadas, e das fezes que deixavam ali expostas; nuvens de rapé que aqui e ali saíam das janelas das casas onde o fabricavam, temperando o ar com seu odor. Cães e porcos circulavam entre as pernas dos transeuntes, entre as barracas do mercado de peixe, onde dominava um fedor asfixiante. Sob o sol ardente, a figura clara e magra, não muito alta, de Alexandre distinguia-se no meio dos passantes; seu nariz afilado dilatava-se ao sabor dos cheiros bons e ruins da rua; seus olhos castanhos e pequenos, apertados contra a luz do dia, emoldurados pelas sobrancelhas grossas arqueadas, que revelavam sua vaidade, corriam aquele cenário tumultuado. Sua camisa branca de bretanha e sobrecasaca de veludo; seu chapéu alto de castor marrom protegendo o cabelo castanho abundante, cortado na altura das orelhas; seus passos firmes nas botas pretas de couro; tudo nele dizia quem era e de onde vinha. Mas, de alguma forma, aquela figura não destoava do que lhe surgia ao redor, amoldando-se, ao contrário, ao cenário luminoso e confuso do bairro da Praia.

Alexandre reconhecia toda aquela paisagem, mas como sentia que algo desta vez mudara!

- Pudera... - pensou, fechando os olhos e suspirando com um leve sorriso. E, como tantas vezes antes nos últimos meses, sentiu-se inundado por uma sensação que lhe vinha morna, e quase o paralisava tamanho o gozo que trazia: orgulho. Contando apenas vinte e três anos e, portanto, há muito pouco tempo emancipado, Alexandre sentia-se como tendo já vivido mais aventuras do que a maioria dos homens maduros da Bahia. Sempre sonhara em participar de episódios que, imaginava, teriam aos olhos dos outros algo de heróico. Para Alexandre, aquilo era uma predestinação. Sempre havia sido, desde que, aos sete anos de idade, assentara praça de cadete na 8ª Companhia do 2º Regimento de Iª Linha. - "A carreira militar" - assim ouvira sempre - "é essencial à nobreza de sangue e caráter e, como se nasce nobre, a carreira há de começar o mais cedo possível, para moldar a personalidade para um futuro glorioso". Era certo que, aos sete anos, tal patente funcionava mais como um título simbólico, conferido ao filho de uma família influente. Mas, aos dezoito anos, havia já sido promovido a alferes do 2º Batalhão de Caçadores. Aos vinte anos, chegou a tenente daquele Batalhão. Já não se poderia dizer então que era uma patente simbólica, embora não houvesse visto nada de guerra e muito pouco de exercícios. Porém, sentia um verdadeiro pendor para a carreira e o pouco contato que tivera com a disciplina militar ocorrera mais por sua própria vontade que por exigência da formação.

Aliado àquele pendor militar, carregava consigo o peso e orgulho de um nome poderoso na Bahia: Gomes de Teive e Argollo Ferrão. Aquilo já tinha sido o suficiente para imprimir nele não só o sentimento de nobreza, como também a nítida impressão de que sua vontade seria lei, pairando sobre as cabeças daqueles que porventura se achassem sob suas ordens ou sob sua propriedade.

O primeiro Argollo chegado à Bahia aportara ali com Thomé de Souza, fundador da cidade, em 1549. Era Rodrigo Argollo, fidalgo da Casa Real, que fora nomeado por D. João III Provedor da Alfândega da Bahia. Casara-se mais tarde com Joana Barbosa Lobo, uma das órfãs enviadas à colônia pela rainha D. Catarina de Portugal para aí desposarem alguns homens brancos de boa estirpe, para que não precisassem estes, ao fim, recorrer às gentias nativas nem para suas necessidades, nem para procriação mestiça que, aos olhos do Reino, era reprovável quando se tratava de um fidalgo.

No decorrer dos séculos, havia aquela família participado da vida da Província sempre de forma intensa, mas austera. Ainda no século XVI havia sido agraciada com grandes extensões de terra no Recôncavo, das quais se encarregara de expulsar os índios Abatirás, por meio de não poucas refregas. Em troca dos serviços prestados à Coroa, fosse na conquista de terras aos nativos, fosse na guerra para expulsão dos invasores holandeses, ou ainda pela ocupação de cargos camarários no Senado da Bahia e nas Câmaras das Vilas do Recôncavo, vários antepassados de Alexandre haviam sido honrados com hábitos da Ordem de Cristo, comendas e foros de fidalguia.

E assim destacaram-se sempre como um clã de senhores de plantações de cana-de-açúcar, benquisto entre os principais da terra. Além disso, uma genealogia intricada fazia com que fossem aparentados, de uma forma ou de outra, com toda grande família da província. Mas naqueles dias conturbados, não era apenas seu senso de nobreza familiar que o enchia de orgulho.

A longa permanência da família real no Rio de Janeiro, mesmo tendo o perigo napoleônico já cessado, criara uma situação tida como vergonhosa pelos portugueses. A colônia virara metrópole e vice-versa. As decisões eram tomadas no Brasil e a economia em Portugal minguava, os prédios públicos decaíam, as estradas se desfaziam, enquanto o Rio de Janeiro se embelezava com jardins e palácios. Com o aumento da pressão pelo retorno da família real a Lisboa, uma revolução estourara na cidade do Porto, em 1820.

Os rebeldes pretendiam transformar todo o Reino Unido de Portugal, Brasil e Algarves numa monarquia constitucional. A insurgência espalhou-se e após um movimento iniciado por civis e militares brasileiros na capital da Província e durante o qual houve até enfrentamentos de tropas, conseguiu-se a adesão da Bahia à causa constitucionalista, a 10 de fevereiro de 1821. Uma vez vitoriosos os rebelados, uma junta provisória foi escolhida para governar a Província, sendo seus membros nomeados em voz alta da janela da Casa da Câmara, que dava para a Praça do Palácio, para onde acorrera toda a tropa, os comerciantes portugueses do bairro da Praia e o povo em geral. Na manhã do dia 11 de fevereiro, a Junta Provisional, como ficou conhecida, enviou uma declaração formal ao rei Dom João VI, manifestando a adesão da Bahia à revolução. Ordens foram expedidas a todas as vilas e comarcas da Província para que também aderissem.

A 26 de abril do mesmo ano, tendo já vencido a revolução também no Rio de Janeiro e em outras províncias, voltou Dom João VI a Portugal, deixando no Brasil o Príncipe Dom Pedro, como Regente. No dia 13 de maio, a Junta Provisional da Bahia ofereceu um concorrido baile no Palácio do Governo para comemorar a adesão à Revolução e, a 25 de maio, na imponente igreja dos jesuítas, foi celebrada uma missa solene, na qual foram juradas as bases da Constituição portuguesa que ainda haveria de se fazer.

Mas o ambiente político continuava muito agitado. Os jornais "O Seminário Cívico", "A Idade de Ouro" e "O Constitucional", atacavam e defendiam personalidades de forma arrebatada, insuflando a população. Estouravam nas praças discussões, rixas e tumultos, no mais das vezes entre brasileiros e portugueses radicados na cidade. A 23 de agosto, desembarcou, vinda do Reino, a tropa da Legião Constitucional Lusitana, cuja missão era reforçar o contingente de soldados portugueses estacionados na cidade da Bahia, para descontentamento de muitos patriotas.

Foi nesse cenário que, no dia 03 de setembro de 1821, dera-se, por voto indireto, a eleição dos deputados baianos que iriam às Cortes Gerais e Extraordinárias da Nação Portuguesa, instaladas em Lisboa, votar os termos da Constituição do Reino Unido. Assim como outros proeminentes cidadãos o pai de Alexandre, José Joaquim de Teive e Argollo, fora eleito deputado para representar a Província nas Cortes. Aquela era uma incumbência única naqueles tempos em que os espíritos mais aguçados viam delinear-se a independência do Brasil por trás da névoa de sonho dos libertários mais arrojados. Participar da discussão e elaboração da Constituição significava a confirmação plena da importância da família na vida política da colônia; a oportunidade de demonstrar que a raça dos Argollo estava ainda, como estivera sempre, pronta para defender aquela terra que há séculos vinha cultivando. Era, enfim, uma missão suprema, digna de um membro do clã.

Mas a 10 daquele mês, às vésperas da partida para Lisboa, José Joaquim Argollo adoecera. Aquela ameaça à realização de uma participação histórica afetou Alexandre, a ponto de atá-lo ao leito do pai dia e noite. Ele era assim: capaz do desprezo mais profundo por seres que considerasse inferiores, podendo, entretanto, dar sua vida por um de seus familiares, ou mesmo (quem saberia dizer?) por algum estranho que reconhecesse como igual em posição social. Cuidara do pai, nos dias que se seguiram, com desvelo angustiado, nutrido pela admiração que tinha por aquela força, aquela resistência que atribuía, como tantas outras virtudes, ao sangue que lhe corria nas veias. Porém, acometido de uma febre persistente, José Joaquim não dava sinais de melhora.

Por fim, no dia 07, o enfermo chamou Alexandre, na presença dos outros dois filhos mais novos, Jerônimo e Bernardino, e fez a proposta que Alexandre, em sua devoção familiar, nem sequer chegara a ambicionar:

- Não é de serventia nenhuma esperar. Agora é a hora de decidir. Quem vai é Alexandre. Vai, vai te aviar! Manda preparar tudo sem tardança.

- Mas, senhor, meu pai... Vosmecê conhece... Foram eleitos deputados substitutos ao que sei. Desembargador Cristóvão de Morais Sarmento, o Sr. Inácio Silveira da Mota... A Junta não haverá certamente de aceitar a mim como substituto.

- Haverá, sim! Um Argollo foi eleito, porque é o certo que a gente nobre do Recôncavo seja representada. E não haverá de ser outro, ainda que de família boa, a apor seu nome onde deveria estar o de um Argollo. Só outro Argollo substitui um Argollo. Escrevo já ao amigo Luís Moura, que é Presidente da Junta, e verás se aceitam ou não teu nome.

Se o jovem Alexandre não havia até então sequer sonhado com uma tal possibilidade, muito não demorou para que a aceitasse como o caminho natural da vida; mais um sinal de sua predestinação. Além disso, era já tempo de que uma nova geração se adiantasse para representar a família. E ele seria o primeiro dentre os irmãos e primos a desempenhar um papel de tal relevância.

Célere, providenciou a arrumação de suas roupas. Não tinha nem uma vaga idéia do que o esperava naquela missão. Assim mesmo partiu ainda naquele dia do Engenho de Nossa Senhora do Socorro, escoltado pelo feitor-mor do engenho, Antônio Vaz, empregado de grande confiança da família, e mais dois escravos também de confiança, rumando para a Vila de São Francisco da Barra do Sergipe do Conde, onde embarcaram numa escuna que os levaria à capital.

Tendo chegado na manhã seguinte, logo procurou ter audiência com o desembargador Luís Manuel da Moura Cabral, entregando a este a carta de seu pai. A comissão dos Deputados partiria dali a três dias, e o desembargador providenciou o devido ofício às Cortes reunidas em Lisboa, comunicando a substituição do deputado Argollo por seu filho e a ausência da necessidade de se socorrer dos suplentes. O ofício partiu na mesma tarde, num navio que seguia para Lisboa. Ficava assim claro que, em obediência às regras, a solicitação havia partido em regime de urgência para o Reino, antes da comitiva. Mas tudo fora calculado, pois era óbvio que não haveria tempo hábil para o retorno de uma ordem, convocando um suplente, como seria de direito. Quanto aos suplentes em si, essas questões se resolviam como sempre... e ninguém haveria de questionar o acertado entre o desembargador e um grande senhor baiano. Faltaria apenas a licença do presidente da Província para a partida do novo passageiro para o exterior.

Mas isso seria o mais fácil de se obter...

No mesmo dia da audiência, seguindo ainda ordem de seu pai, Alexandre procurou Pedro Rodrigues Bandeira, que era um dos deputados que haviam sido eleitos para as Cortes. Naquele dia em que retornava à cidade da Bahia, soavam ainda nos ouvidos do rapaz as recomendações de seu pai a respeito daquele homem:

- Leva esta outra carta contigo. Procura Pedro Rodrigues Bandeira e lhe conta o que sucedeu. Entrega-lhe a missiva, que confirma tudo. - e mais disse... - Pedro Bandeira pode até não ser um homem assaz inteligente e, demais... é reinol... Porém é um homem bom e toma o lado dos baienses. Tem obrado sempre pela paz e pela justiça. Na juventude, não se dava a querelas pelo que não valesse, mas quando uma questão de honra se apresentava, era sempre o primeiro a tomar o partido certo, seguido pelos gentis homens que o admiravam. Também não costumava tomar-se de amores com quem não devia e, se em alguma ocasião o fez, foi com tão poucos acenos namoratórios que nunca se deu a desonrar nem seu nome, nem o de outrem. Sua lealdade mais de uma vez pude comprovar. Nele confia! A ele devota respeito. Permanece junto a ele nos momentos importantes, e será como se estivesses com a minha própria pessoa. Ele foi um exemplo em jovem. Há de sê-lo também agora. - conforme ia caminhando, seguido pelos escravos, para o sopé da Ladeira da Conceição, Alexandre ia rememorando as palavras de seu pai quanto ao que encontraria na viagem para Portugal: - Também respeita o mar, que ele não é bom nem mau. É só o mar e é forte e fundo sem fim. Dá a vida e a toma por capricho. Hoje beija e amanhã mata com a mesma beleza, sem ver nem a raça, nem o credo, nem o dinheiro de quem o desafia. - E, apertando os olhos para ver melhor o filho, como se fosse preciso enxergar muito bem sua natureza de homem jovem e afoito, continuou: - E se por acaso não resistires às tentações da Corte, o que na sua idade não é tão difícil de suceder, ainda que nem por isso seja menos reprovável, age quando menos como o senhor que és. Recorda-te, Alexandre: um beijo não se pede. Se considerares que tem o direito a ele, toma-o, então. Conquista-o como um senhor guerreiro toma a terra que deseja e regozija-te na doçura do melado que dão suas canas. Um beijo não é nada senão uma batalha! Mas tem cuidado aí também, que vencer essa batalha bem pode ser uma armadilha. Pode ser a porta d'uma tempestade que te faça perder o juízo e, pior, o nome. E um nome perdido, Alexandre, conheces bem, não se há de recuperar jamais."

Partiram da ribeira do porto; aquela mesmo que agora Alexandre pisara ao retornar. Ele foi aos poucos entendendo o que estava por testemunhar, conforme foi ouvindo, mudo, as discussões entre os deputados, trancados na cabine do navio. Às vezes subia ao convés apenas para olhar o mar. As águas da Baía de Todos os Santos haviam ficado para trás. Mas onde é que terminavam elas e começavam as águas estrangeiras? E por que não haveriam, de alguma forma, de seguilos as ondas conhecidas daquele berço que era a Baía de Todos os Santos? Era a primeira vez que deixava a terra natal e, de tão excitado que estivera naqueles dias, pensara que o gosto pela aventura superaria qualquer saudade. Mas ali, em pleno oceano, a meio caminho entre a terra nova e inculta da grande e farta e inocente mãe colônia e o vibrante mundo velho, ancestral, cheio de histórias de guerras, cujos motivos nem o mais sábio dos homens poderia mais lembrar todos; ali seus pensamentos confluíram para uma ideia que o acompanharia depois por toda a vida: àqueles que vinham à luz na Província da Bahia se lhes imprimia, ao nascer, um sinal na alma. Por mais que corressem outras terras e mares, por mais que vissem as maravilhas de outros cantos da colônia e do mundo, carregariam para sempre aquele sinal; saber-se-iam sempre baianos; seriam marcados dentre os homens com alguma característica que lhes faria sempre peculiares e padeceriam d'uma perene ânsia pela visão dos mares internos daquele golfo rodeado da verdura das canas de açúcar.

Chegou a Lisboa morto de saudades. Mas não pôde evitar deslumbrar-se com cada novidade que via, cada mulher com quem cruzava nas ruas da cidade, as carruagens que passavam reluzentes. Onde estava o acanhamento das vilas de sua terra? E ali não se usavam as cadeirinhas de arruar? As mulheres não escondiam seus rostos da multidão? Havia um vaivém mais frenético nas praças! As vias não eram tão sujas quanto as da Bahia. Os cafés estavam apinhados de gente tão elegante que Alexandre sentiu-se um humilde plebeu. Olhava ao redor enquanto seguia a comitiva, transformado numa criança.

A verdadeira intenção dos deputados portugueses em Lisboa revelou-se cedo, posto que já haviam iniciado as sessões mesmo antes da chegada dos deputados brasileiros, e sistematicamente votavam contra a autonomia política e militar do Brasil. Aliados às delegações das Províncias de Pernambuco e São Paulo, os baianos opuseram-se com veemência, liderados por Cipriano Barata, um médico-cirurgião de gênio instigante, arguto e convicto de suas posições, sempre com seu cenho franzido. Já tinha tomado parte importante no movimento de 10 de fevereiro, que causara a adesão da Bahia à Revolução do Porto e agora ali estava, elevando sua voz de um timbre meio metálico, gesticulando com suas mãos queimadas de sol.

Os brasileiros queriam autonomia política, além de exército e marinha próprios. Os portugueses recusavam. Os confrontos foram se tornando mais e mais graves nas sessões, diante dos olhos assustados de Alexandre, no decorrer daqueles poucos dias que passou em Lisboa. Para os brasileiros era uma decepção. A revolução constitucionalista, que desejava acabar com o absolutismo no Reino de Portugal e que exigia agora também a volta do Príncipe Dom Pedro a Lisboa, não mudava em nada os projetos da metrópole quanto ao Brasil. A constituição que seria aprovada imporia uma sujeição humilhante à colônia, que perderia todos os privilégios conquistados desde que a Corte se mudara para o Brasil, incluindo o título de Reino Unido a Portugal.

Tudo aquilo ia incutindo em Alexandre uma visão mais profunda e analítica da verdadeira condição da colônia e dos brasileiros. Influenciado pelos argumentos de Cipriano Barata, ia deixando inflar em sua mente um patriotismo inesperado, uma convicção política que nunca possuíra, pelo menos não de forma tão consciente. Entretanto, esteve em todos os momentos vigiado de perto por Pedro Bandeira, e não ousou desobedecer-lhe às ordens e conselhos.

A delegação baiana acabou por sofrer baixas em pouco tempo. Ao perceber que a missão ia se tornando muito perigosa, Pedro Bandeira providenciou para si e Alexandre o imediato retorno ao Brasil, num bergantim que partiria à noite do dia 21 de novembro, direto para a Bahia.

Poucas horas antes da partida, os dois estiveram reunidos com alguns dos demais deputados baianos e pernambucanos. Um deles chegou atrasado à casa de pasto em que se encontravam, no Rocio. Estava acompanhado de homens bem vestidos, brasileiros residentes em Lisboa. Os recém-chegados foram avisando que a situação não poderia ser remediada. Havia rumores de que logo se ordenaria a prisão de alguns integrantes da comitiva brasileira, inclusive Cipriano Barata. Teriam que fugir. A reunião terminou em alvoroço. Saíram a providenciar a fuga para a Inglaterra. Alguns protestaram que deveriam ficar e enfrentar os riscos. Alexandre e Pedro Bandeira, membros da comitiva que se haviam portado de forma mais discreta, ofuscados pela figura de Cipriano Barata, manteriam seu plano de seguir direto para a Bahia.

O retorno foi sofrido para Alexandre. As palavras de seu pai sobre o mar retumbavam em seus ouvidos nas noites de tormenta que tiveram. Já no fim da viagem, quando avistaram a costa brasileira, o céu abriu-se e tiveram dias esplêndidos. Não sabiam como estaria a situação na Bahia. Uma certeza, porém, crescia no peito de Alexandre: seu envolvimento naquela luta pela separação seria irreversível. Decidiu que, quando chegasse ao Brasil, não voltaria a viver no Engenho do Socorro. Ficaria na Capital junto a Pedro Bandeira. Não pouparia esforços para ajudar a causa. Usaria seu dinheiro e influência. Concluiu que valia a pena pagar qualquer preço pela liberdade de sua terra e, afinal, de sua própria família. Havia se dado conta de que também esta, de alguma forma, permaneceria cativa enquanto a própria terra de onde vinham também o fosse. De Lisboa não tivera tempo de escrever ao pai. Este por certo não estaria ainda informado do sucedido na Corte, mas haveria de concordar quando lhe explicasse todas as razões que vinham à sua mente para não permanecer no engenho e que, a seu ver, eram perfeitamente lógicas, honrosas e viris. Ademais, para Alexandre, era uma questão de predestinação. Para ele, os Argollo estavam destinados, em todas as épocas, a tomar parte nos eventos mais importantes daquela terra. Não poderiam furtar-se a incorrer até mesmo em derrame do próprio sangue. Era uma causa que bem valia o risco.

Estava exultante quando apontaram na entrada da Baía de Todos os Santos, a 05 de janeiro de 1822, e Alexandre viu de um lado a Ponta do Padrão, com o Forte de Santo Antônio guardando sua entrada e, à sua esquerda, a costa da Ilha de Itaparica, reluzente de morros esverdeados, estendida no interior da baía.

No engenho, ninguém o esperava tão cedo de volta. Com efeito, as notícias de Lisboa não haviam ainda chegado àquele rincão, onde a vida continuava no mesmo ritmo dantes, seguindo o rodar das bestas na moeção da cana, do bater dos golpes dos facões e enxadas no eito. Aparecendo de sopetão pela casa adentro, estacou à porta do gineceu. Naquela sala, aninhada no centro do primeiro andar da casa-grande, onde as mulheres da família passavam a maior parte do tempo entre rezas, cantigas e bordados, ele causou arrepios de surpresa nas irmãs e na mãe, Virgínia; também em Damásia, sua ama de leite que, já velha, sentava-se num ângulo do recinto cantando, enquanto as outras mulheres bordavam. Pediu a bênção à mãe, rodeado pelas irmãs eufóricas e pelos irmãos que acorreram à casa grande quando ouviram os gritos dos escravos de dentro: "Yoyô Lixande voutô! Êêê, Yoyô Lixande voutô!"

Acompanhado de todos, passou pela "capela-de-dentro", como chamavam um grande oratório de jacarandá entalhado que ficava no fundo da grande sala principal, para distingui-lo da capela do engenho. Alexandre ia olhando cada detalhe da casa mobiliada com poucas peças, das feições dos seus, enquanto subiam a escadaria de madeira escura e rumavam para o quarto do patriarca. Ali, encontraram-no sentado na cama, recostado nos travesseiros, já ciente da chegada do primogênito. Pela aparência via-se que a recuperação era já quase completa, mas que a doença lhe havia levado o viço. Os cabelos estavam mais grisalhos; o rosto, embora sorridente, estava mais magro. Alexandre sentou-se à beira do leito do pai e pediu-lhe a bênção também. Diante dos olhos atentos do velho Argollo e de toda a família, narrou nos mínimos detalhes todas as peripécias, todas as impressões que tivera, todas as discussões que ouvira.

Conforme ia narrando, Alexandre cuidava para que, aos olhos do pai, a tirania portuguesa ficasse ainda mais viva e a necessidade de uma luta contra Portugal, mais premente. Aquilo fazia com um cuidado calculado, preparando o terreno para contar ao pai a sua intenção de mudar-se para a Cidade. Em seu íntimo, indagava-se o que faria se o pai negasse sua autorização. Apesar de ser já emancipado, Alexandre ver-se-ia compelido a obedecer-lhe por fidelidade ao espírito de clã, mesmo porque a desobediência, num caso desses, poderia significar o banimento e a desonra pública, com o que Alexandre não poderia jamais conviver. Mas, pela liberdade da Província, não valeria pagar qualquer preço...? Enquanto continuava sua narração, Alexandre procurava dissimular o conflito que já tomava sua mente e poderia se estampar em seus olhos a qualquer momento.

Entretanto, ao findar sua narrativa, dizendo que tudo o que contara poderia ser confirmado por Pedro Bandeira, Alexandre já sabia que poderia contar com a permissão do pai. E, provavelmente, pensou então, caso não houvesse solicitado ao senhor Argollo, quem sabe ele próprio até o houvesse ordenado que ficasse na Bahia.

Terminada a conversa, saíram todos. Virgínia, na frente, adiantou-se rumo à sala do andar de baixo, dizendo meio para Alexandre, meio para si mesma:

- Mando já avisar padre Flávio na Vila, para vir dizer missa aqui, no engenho, amanhã mesmo.

Cândida e Júlia, as duas irmãs mais novas, rodearam Alexandre com os olhos esbugalhados de admiração. Jerônimo e Bernardino queriam ouvir mais, mas aguardavam com paciência, na esperança de escutar em particular algum fato picante. Mas, não... Não havia tais novidades. Alexandre imbuíra-se de tal forma do papel de "deputado" que os irmãos logo perceberam que uma mudança se havia operado nele. Um amadurecimento súbito. Cândida ainda arriscou uma pergunta impertinente: "- Mas... que vestidos viste as senhorinhas trazendo lá? Que atavios? Como estavam?" De trás do grupo falou Damásia, numa voz sussurrada e de autoridade incontestável: "- Sinha sirigaita! Deix'stá que si sua mãe iscuta... Puxe já na minha frente!" e marcharam as três para o gineceu, Cândida fazendo uma cara amuada, Júlia assustada pela ousadia da irmã mais velha.

Dez dias se haviam passado desde o regresso de Portugal e agora, ali, ao sopé da Ladeira da Conceição, Alexandre sentia-se de novo senhor de suas pernas e de seus dias. Não havia mais a insegurança que sentira em Portugal, quando se vira obrigado a refugiar-se debaixo das asas do amigo de seu pai até mesmo para caminhar nas ruas, com medo de perder-se. Tudo na cidade da Bahia parecia-lhe seguro e pequeno. Sentia-se como se nada escapasse ao seu poder de análise e decisão.

Assim que chegaram à Rua da Alfândega, dois de seus escravos baixaram ao chão a cadeira de arruar para que Alexandre subisse. O exterior daquele pequeno veículo fechado era adornado com veludo azul, cortinado, passamanarias, franjas e pingentes dourados, contrastando com a pobreza ao redor e com a própria simplicidade de seu interior. Alexandre sentou-se, indicando com um gesto displicente para onde iam, ladeira acima, no bairro alto. Os negros, um na frente e outro atrás, pegaram sobre os ombros as hastes horizontais de madeira que saíam das partes dianteira e traseira do veículo e começaram a caminhar. O de trás ia um pouco à esquerda do da frente para dar melhor equilíbrio ao veículo. Os outros escravos acompanhavam em cortejo a pé, carregando os baús.

O jovem senhor deixava o cortinado da cadeira entreaberta, de forma a ocultar seu rosto do sol e, ao mesmo tempo, deixá-lo ver a via calçada de pedras escuras, aqui e ali lixo espalhado, excrementos pelos muros, vendedores de comida e fumo, restos de alimentos, cachorros esfomeados, tudo aquilo junto gerando um odor acre acentuado pelo calor do meio dia, que nem a brisa marinha abrandava.

Alexandre ia pensativo. Sabia quem deveria encontrar agora para se informar dos últimos acontecimentos políticos na Província e na metrópole. Não, não era Pedro Bandeira. Deveria encontrar uma outra pessoa melhor informada, e protegida pela discrição de sua posição. Depois, sim... Depois, procuraria Pedro Bandeira para decidir todas as questões relativas à moradia e tudo o mais.

Entretanto, era verdade, ia pensativo não por causa daqueles encontros e das providências que deveria tomar. Sentia uma pontada de angústia no fundo da alma, mas não soube dizer de imediato a sua causa. Sua sensação de segurança esmoreceu. Deixou-se levar por uns instantes ladeira acima até que sua mente encontrou, num recanto escondido, a razão daquele sentimento. Na verdade, trazia-o desde antes da partida para Portugal, quando ouviu o que seu pai dissera ao lhe aconselhar:

"...Um beijo não é nada senão uma batalha! Mas tem cuidado aí também, que vencer essa batalha bem pode ser uma armadilha. Pode ser a porta d'uma tempestade que te faça perder o juízo e, pior, o nome. E um nome perdido, Alexandre, conheces bem, não se há de recuperar jamais."

Era ali que estava a fonte de seu desconforto: naquelas palavras ditas com uma voz rouca e cansada, mas ainda altiva. Alexandre estremeceu. Fechou os olhos, sucumbindo à angústia. Agora que sabia de onde vinha, rendia-se a ela como uma terra invadida pela água que rompeu o dique. Sim, porque ele, Alexandre Gomes de Teive e Argollo Ferrão, o jovem e promissor herdeiro de nome e fortuna, possuía um segredo e agora temia que ele muito lhe pudesse custar. Abriu os olhos e procurou afastar aquela nuvem de seus pensamentos. Iam chegando ao topo da Ladeira da Conceição, onde esta confluía com a Ladeira da Montanha, diante do largo do Teatro São Pedro. Daquele ponto, deveriam tomar a esquerda pela antiga porta de Santa Luzia, para seguir rumo à cidade. A fim de se distrair dos pensamentos ameaçadores, começou a antever em detalhes seus próximos passos: chegaria a seu destino, deixaria seu cortejo de escravos aguardando do lado de fora e iria ter com aquele que, conforme ouvira dizer em conversas sussurradas no navio que o transportara a Portugal, seria um dos homens mais bem informados da cidade da Bahia.

III

Passando pela Rua Direita do Palácio e pela Praça do Palácio, o pequeno cortejo chegou à Rua da Misericórdia, que seguia como continuação daqueles dois logradouros. Em frente à sede da Casa da Santa Misericórdia, o veículo parou e, afastando o cortinado, Alexandre saltou.

O prédio que sediava a Casa da Santa Misericórdia era um palácio antigo, simples, mas orgulhoso em sua austeridade. Em seu centro erguia-se uma igreja, cuja fachada de dois andares, além do térreo, terminava num frontão e elevava-se um pouco mais alto que os lados do edifício. Do telhado da igreja, à direita de quem olhasse para ela, subia uma torre sineira quadrada, encimada por uma pirâmide brilhante de azulejos azuis e brancos. De cada lado da igreja, a construção prolongava-se por uns quinze metros ou mais, caiada de branco, com andar térreo e superior. A parte que ficava à esquerda da igreja continha cinco portas no térreo e, no andar superior, estas últimas abrindo-se em sacadas estreitíssimas, com grades de ferro. Na parte à direita da igreja, havia quatro portas com sacadas no andar de cima, mas o térreo não se abria para a rua. Em vez disso, havia quatro janelas quadradas emolduradas de pedra de cantaria e gradeadas, o que dava àquela parte da Casa um aspecto de prisão. Devido ao ligeiro declive, conforme se fosse caminhando de volta para a Praça do Palácio, tais janelas iam se distanciando do chão de forma que, na extremidade direita o térreo transformava-se em primeiro pavimento e, sob a última das janelas, uma porta abria-se para a rua, dando passagem para uma pequena capela quadrada. Nos cantos da fachada, grandes pilares de pedra de cantaria ficavam aparentes, emoldurando todo o prédio.

A Casa da Santa Misericórdia da Bahia havia sido concebida com inspiração na instituição homônima de Lisboa, criada em 1498 pela Rainha de Portugal, Dona Leonor de Lencastre. No local onde se erguia sua sede, existira sempre um hospital. O primeiro de todos havia sido fundado por Thomé de Souza, ainda em 1549, enquanto se erguiam os primeiros casebres da cidade. Era uma construção de paredes de taipa de pilão e coberta com folhas de palmeiras, instalada na ribanceira, do lado de fora da cerca de pau a pique que protegia os moradores dos ataques dos índios. No decorrer dos séculos, com doações e legados de gente rica da Província e alguma ajuda vinda do reino, a Casa se foi transformando no palácio que agora se erguia no alto da colina.

E, conforme a Bahia foi enriquecendo, tendo o açúcar, o ouro branco do Brasil, como motor da economia local por séculos, a Casa foi se tornando mais e mais prestigiada, a ponto de correrem a tornar-se Irmãos da Misericórdia juízes, desembargadores, funcionários públicos graduados, membros importantes do clero e homens das famílias ricas da província. Fosse ser eleito provedor, fazer parte da Mesa Deliberativa da instituição, ou tornar-se irmão da Casa, era aquilo sinal de grande distinção na Província.

Naqueles anos em que se falava de revolução e independência, funcionava no palácio da Misericórdia não só o Hospital São Cristóvão, como também, havia já alguns anos, a Academia Médico-Cirúrgica criada pelo Rei D. João VI. Aquilo fazia com que uma quantidade ainda maior de gente afluísse ao prédio. Por seus diversos cômodos e corredores transitavam enfermos miseráveis, a quem a Casa de Santa Misericórdia dava guarida, visitantes e acompanhantes daqueles doentes, ou ainda pessoas de posses que acorriam ao hospital para se tratar, estudantes de medicina e cirurgia e, por fim, aqueles que compravam remédios na botica que funcionava no andar térreo.

Por alguns segundos Alexandre deteve-se e examinou o prédio e toda aquela gente. Entrou, altivo, e viu-se num corredor estreito e curto e, logo depois, diante de um pátio quadrado e aberto, cercado de arcadas como se fora um claustro. Dentro do edifício havia uma confusão enorme. Perguntou a um padre que passava apressado:

- Com sua licença... Cônego Francisco da Anunciação está na Casa?

- Está na sacristia. - disse, apontando a direção.

Rodeou o pátio. Ao fundo, no corredor oposto à entrada, ficava a enorme sacristia, com suas janelas grandes, ladeadas por conversadeiras de pedra de cantaria que, por se abrirem sobre a encosta, deixavam entrever o Forte do Mar e a Ilha de Itaparica. Com efeito, assim como a Rua Direita e a Praça do Palácio, a Rua da Misericórdia acompanhava a borda da encosta e, por isso, como a maioria das construções situadas entre aquelas ruas e a ribanceira, a sede da Casa da Santa Misericórdia ficava a cavaleiro do porto. Dessa forma, enquanto a sua fachada frontal dava para a Rua da Misericórdia com dois andares apenas, de costas para o mar, a sua parte posterior acompanhava o declive da colina, o que lhe permitia ter mais dois andares para baixo. Isso fazia com que o prédio fosse, na verdade, muito maior do que o que se poderia supor apenas por olhá-lo da rua.

Ali, de pé, olhando através de uma das janelas, estava um velho religioso, já meio vergado e totalmente grisalho. De costas para Alexandre, parecia esquecido do mundo. O jovem já o havia visto, posto que era conhecido de sua família, tendo mesmo visitado o Engenho de Nossa Senhora do Socorro havia muito tempo, quando Alexandre era recém-saído da infância. Haviam se fechado na sala seu pai e aquele padre, Francisco da Anunciação. Depois que este partiu, lembrava-se de ter ouvido seu pai comentar baixinho, distraído, a sua mãe:

- Esse homem sabe é de muita cousa! Apercebe-se isso não porque fale, mas porque fica calado quando nos empolgamos e deixamos escapulir uma confidência. Depois, quando se pensa que é chegada a hora da troca, fala só o que já foi dito, o que já se conhece. Mas bem se vê que guarda os segredos todos. Só os ajunta e faz dele sabe lá Deus o quê.

Naquela tarde em que o padre partira do engenho, Alexandre ficara de pé defronte da casa grande com seus pais, olhando-o sumir no caminho com sua pequena comitiva de escravos, rumo à Vila de Nossa Senhora do Rosário da Cachoeira. Por um instante, Alexandre deixou-se absorver por aquela memória. Subitamente o padre virou-se, dando com a figura estática do jovem, que por sua vez viu-se arrancado de suas lembranças com um pequeno tremor de susto.

- Vossa Mercê, quem é?

- Cônego Francisco?

- Sim, quem procura?

- Vossa Reverendíssima não se deve recordar de mim. Eu sou Alexandre Argollo, filho primeiro de José Joaquim.

A simples menção ao sobrenome, mais do que a visão de um jovem vestido no rigor da melhor moda local e com a riqueza e austeridade de um membro da elite, desanuviou o semblante de Francisco. Sabia estar diante de alguém que deveria tratar com igualdade respeitosa e amizade.

- Vimo-nos já algumas vezes, mas eu era ainda pequeno para que Vossa Reverendíssima me reconhecesse agora. Sua bênção...

- Deus lhe abençoe. Sim, vêem-se bem em vosmecê as feições dos Argollo do Socorro. Folgo muito com vê-lo! Como vai passando? E os seus?

- Passamos todos muito bem. E Vossa Reverendíssima?

- Vou como manda Deus, e como me permite minha idade. E sua avó, Don'Anna, como vai passando, lá nas terras de Nossa Senhora das Dores?

- Muito bem, rezando muito, como sempre.

- É mui devota Don'Anna. Quando por último estive em Rosário de Cachoeira, há uns poucos anos, vi como ajuda os pobres de lá. Já nos enviou muitos donativos também. Mas, em que posso ajudá-lo? É chegado há muito do engenho? Esteve nas Cortes, não é assim? Venha, sentemo-nos à mesa!

O padre caminhou com um pouco de dificuldade. Trazia olheiras e um ar cansado. Sentaram-se a uma mesa redonda que havia no centro da grande sala, diante do enorme arcaz de jacarandá entalhado em cujos gavetões e portas, guarnecidos de puxadores de prata, eram guardados os paramentos e alfaias da igreja do Palácio da Misericórdia.

Francisco era o Mordomo do Hospital havia muitos anos, desde que, sob a influência de Monsenhor Vicente do Rosário, fora feito Irmão da Misericórdia. Era um mordomo mais dedicado do que seria razoável esperar. Ao contrário dos outros mordomos da Casa, passava a maior parte de seu tempo ocupado com a função, percorrendo o Palácio da Misericórdia, a enfermaria, dando ordens, solucionando problemas, para o que contava com a tranquilidade de viver das suas rendas. Com o passar do tempo, foi conquistando a amizade de muita gente graúda da Província. Naquele cargo relativamente obscuro, obtinha muita informação e aconselhava muitas pessoas. E, ainda que alguma manipulação viesse entranhada em tais conselhos, passava despercebida, já que estes vinham de um homem tido por todos como desprovido de ambição.

Por causa de sua clareza de espírito, procuravam-no clérigos e juízes para se aconselhar a respeito de questões públicas e particulares. Cada um dos Arcebispos nomeados pelo Papa com indicação do Rei D. João, quando chegava à Bahia, compreendia que poderia ter nele um conselheiro fiel e inteligente. Ele esteve junto ao leito do Arcebispo Dom Frei Francisco de São Dâmaso quando este, após um banho de mar, foi acometido de uma apoplexia e faleceu. Foi um dos primeiros a saber que o Padre João Mazzoni, nomeado Arcebispo para substituir o falecido Frei, recusara sua eleição. Algum tempo depois, viu ser nomeado outro Frei: Vicente da Soledade. Mas, por estar envolvido na política da Corte, este resolveu tomar posse por procuração, determinado a jamais pisar os pés na Colônia. Dessa forma, terminou por receber tal procuração o Vigário Capitular da Bahia, Deão José Fernandes da Silva Freire, a quem Francisco assistiu por ter com ele boas relações. O Deão José Freire era desde então quem, na prática, exercia a dignidade de Arcebispo na Bahia e Francisco tinha acesso a ele como poucos.

Com o passar do tempo, Francisco terminou por criar em torno de si uma aura que inspirava confiança. Quanto mais se transformava em depositário dos segredos da gente da terra, mais atraía todas as classes de informantes voluntários e pessoas importantes necessitadas de conselhos. E o uso que fazia de todas essas informações, quando não apenas guardá-las em segredo, era a manipulação de várias questões na vida da Província. De sentenças decidindo disputas de terras entre famílias poderosas a conselhos sobre nomeações para cargos públicos, passando por entrevistas sobre amores ilícitos, filhos bastardos, jovens freiráticos, sinhazinhas defloradas, religiosas que pecavam contra a castidade... A todos aconselhava, tendo uma visão inteira da vida da comunidade: um rebanho que poderia fazer vagar ao sabor de seu entendimento. Mas usava sempre sua influência para perseguir a paz que fosse possível e o fortalecimento daquela sociedade.

A uma única pessoa vazava o que ouvia e as opiniões que formava: seu primo Eugênio que, da distante igreja de Santo Antônio da Vila Velha, recebia as notícias como um alvoroço benfazejo a quebrar a monotonia dos seus dias de velhice, queimando depois todas as cartas, ao que teve de se acostumar conforme as confidências do primo foram ficando mais e mais graves, com o passar dos anos.

Mas eis que Eugênio falecera havia pouco mais de uma semana, e Francisco sentia-se triste e cansado. Tivera de empregar algum tempo arrumando as questões deixadas pendentes pelo primo, cuidando de alforriar as escravas deste, Ifigênia e sua neta Domingas, e mandá-las trazer para a cidade.

Naquele instante em que Alexandre sentava-se diante do clérigo, era um homem triste e abatido que contemplava, um homem que já via diante de si a curva descendente das vidas que findam.

- Perdoe-me vir de visita sem aviso. Sei que Vossa Reverendíssima é um homem muito atarefado. Mas muito lhe queria falar do passado nas Cortes, para onde, como Vossa Reverendíssima sabe, fui enviado por estar meu pai acamado na ocasião da partida para o Reino.

- Eu sei. E o senhor seu pai passa melhor agora?

- Com a graça de Deus, obrigado.

- Sou muito agradecido que me venha contar essas notícias, que a nós da Casa muito interessam.

Alexandre tinha ainda muito vívido em sua mente o ocorrido e começou sua narrativa. Francisco, por sua vez, estava apreensivo. Por que vinha agora aquele rapaz, ainda mal saído do cueiro, sem saber nada das intrigas da Província, despejar-lhe aquela história toda que, além do mais, Francisco já ouvira de Pedro Bandeira? "Ah! - pensou - Haverá de querer alguma cousa em troca. Mas o quê? O que não conseguirá ele com seu nome e dinheiro?" Que exercícios não fez a mente de Francisco durante aqueles instantes... Estava acostumado a buscar intenções dissimuladas, segredos, mensagens subliminares... Mas Alexandre só estava esvaziando seu coração jovem, afoito. Sua intenção era tão clara que se tornava obscura para Francisco.

Ao terminar de contar tudo o que lhe parecera passível de interessar ao clérigo, um pouco sobressaltado porque temia esquecer algo importante, ou talvez por não querer a custo fazer-se entediante, Alexandre suspirou. Francisco esforçava-se para parecer surpreso, no que convenceu o rapaz.

- E agora - continuou o jovem - não se sabe o que será...

- É... quem saberá...? Mas o que tenciona fazer vosmecê?

- Vim oferecer meus préstimos. Na comitiva que foi às Cortes, Vossa Reverendíssima era tido em alta conta e considerado muito bom protetor da causa. Pedro Rodrigues Bandeira mui bem me falou do senhor. Pode contar com meu auxílio e não só... também com o do senhor meu pai e com o prestígio de minha família.

Agora Francisco farejava perigo! Então a quem se havia confiado um de seus segredos mais preciosos: seu envolvimento com a causa?! A um rapaz sem a malícia necessária para transitar naquele mundo onde a forca e a desonra esperavam apenas um passo em falso!

Sua posição na Casa tornava tudo ainda mais perigoso, uma vez que a instituição, ligada a Lisboa, era naturalmente contra qualquer idéia de separação do Reino. Francisco poderia perder a posição galgada se levantasse a mínima suspeita sobre si. Por outro lado... Não havia mais como remediar a situação... Inconfidências muito piores deveria ter ele ouvido na missão em Portugal. Por que não confiar? Mesmo assim, nada daquilo valeria um ato tomado por impulso. Ganharia tempo para pensar melhor, investigar com Pedro Bandeira o caráter de Alexandre, se seria digno de confiança. Haveria muito a perder àquela altura.

- Vosmecê ouviu falar dos acontecimentos do dia 3 de novembro passado?

- Ouvi contar... Mas estava então na missão, rumo a Lisboa, e as notícias que chegaram ao Socorro foram confusas e apoucadas. Confio que Vossa Reverendíssima me há de contar os detalhes.

Era a tática de Francisco. Contar algo que já era de pleno domínio público; algo que Alexandre poderia ter ouvido em qualquer botica da cidade, e fazer parecer que era um segredo que se contava. Podia não funcionar com todos, mas apostava que com aquele rapaz seria a melhor saída, pois ficaria contente e Francisco continuaria seguro e em posição de estudar-lhe as reações.

- Pois bem... - iniciou sua narrativa olhando em direção à porta, parecendo querer certificar-se de que não vinha ninguém. - Lá pelas onze horas da manhã, Coronéis Egídio Gordilho de Barbuda e Felisberto Gomes Caldeira comandaram, na subida da Ladeira da Praça do Palácio, uma turba de militares e civis, gente boa misturada à arraia miúda.

Foram subindo aos berros, gritando vivas à Constituição e às Cortes de Lisboa. Depois começaram a gritar vivas à nova Junta Governativa e morras à atual. Arrastaram o procurador da Câmara consigo e invadiram o Palácio do Governo; a sala mesma em que naquele instante se reunia a Junta.

- Então é verdade...? E o que intentavam, invadindo o Palácio?

- Ah! Meu jovem... Há algum tempo que se fala na cidade contra a Junta, por ser demasiadamente submissa a Lisboa e ter mesmo concorrido para a vinda da Legião Constitucional Lusitana, que nos oprime aqui. E muitos acusam a Junta também de roubo... Mas o que queriam mesmo os revoltosos era cousa qu'inda muito se demora de realizar nestas nossas terras. O que tencionavam era fazer um governo novo, pela vontade do povo. Acreditavam no que vosmecê viu ruir em Lisboa: que, com a Revolução, viria o apartamento do Brasil de Portugal.

Governo do povo...?! Alexandre não sabia muito bem o que poderia vir a ser aquilo. Mas ficava desconfiado. A gentinha das ruas, ainda que brancarrona, decidindo os rumos da Província? Pardos livres governando a colônia? Toda aquela ralé que formava a camada social dos livres, mas pobres, o povo mecânico, cujas mãos viviam enfiadas nos seus afazeres dia e noite, a querer comandar tudo? "Não... - pensava Alexandre - ...não há de ser isso o que deseja Deus para esta terra...Como poderia haver um governo nobre sujeito ao povo que moureja em lavores desprezíveis...?" Além disso, os membros da Junta lhe haviam parecido tão respeitáveis, quando esteve de passagem na cidade a caminho da Corte... Serem acusados daquela forma! Alexandre não se esquecia de que o Presidente da Junta, Luís Manoel da Moura Cabral, era compadre de seu pai. Mas logo depois lembrou-se também: "É, porém, português..."

Francisco ia prosseguindo com sua narrativa:

- Mas a Junta já havia mandado correr gente para avisar ao batalhão de infantaria 12, que lhe é leal. Por isso é que os seus membros pareceram ainda entabular conversa com os revoltosos. Era só para haver tempo. Enquanto isso, à Praça acorriam pessoas de todas as partes, na maioria reinóis. Na turbamulta via-se muita gente dos comerciantes lusitanos de grosso trato, que os baienses agora chamam de Praístas, em forte grita de vivas à Junta e a Portugal e morras aos coronéis Gordilho de Barbuda e Gomes Caldeira. Pouco depois, entraram na Praça o batalhão de infantaria e a Legião Constitucional Lusitana com passante de trezentos soldados armados para batalha, fazendo correr a muitos. Tomaram o Palácio, mas os revoltosos não se acovardaram. No fim, foram todos presos e levados para a fortaleza do Barbalho e, de lá, dias depois, a Portugal, com mais gente comprometida com o caso, que havia sido presa nos dias seguintes à revolta. Entre estes estavam Capitão José Antônio da Fonseca Machado, da Legião dos Caçadores, e Brigadeiro José Thomaz Bocaciari, conhecido do senhor seu pai. Sabe o que se passou com estes dois? O primeiro matou-se em Lisboa, na prisão. O segundo atirou-se n'água quando apontava a fragata na foz do Tejo. Mas diga ao senhor seu pai, quando lhe contar desse assunto, que corre à boca miúda que o Brigadeiro não está morto na verdade. Seu corpo não foi achado, e conta-se que foi visto no cais do Porto de Lisboa um brasileiro que se disse náufrago e procurava meios de retornar à Bahia.

Alexandre, por sua vez, já estava àquela altura entre chocado e impaciente. Ele próprio conhecia Capitão José Machado, pois ele mesmo, Alexandre, era tenente do 2º Batalhão de Caçadores.

Francisco continuava:

- Demais, na tardinha do dia 12 de novembro, correu na cidade um boato de que os brasileiros pretendiam bater os soldados portugueses. Foi por isso que esses soldados do batalhão de infantaria 12 e da Legião Constitucional saíram a dar bordoadas nos civis passantes, homens e mulheres, pelo mero fato de serem brasileiros. E começaram a roubá-los também, tomando roupas e dinheiro dos homens e joias, se alguma encontrassem, das mulheres. Deu-se o pior à noite, quando na Praça da Piedade defrontaram-se grupos de um lado e de outro, em rixa que resultou em todo tipo de ferimento e até mortes. Daí por diante, o que se vê todos os dias é a desordem que causam, a insultar os civis que correm espavoridos e a dar pancadas em soldados brasileiros, se encontram algum sozinho.

Na mente de Alexandre, desenhava-se uma visão quase apocalíptica. Imaginar que ele próprio poderia ser alvo de uma tal humilhação em via pública... e da qual poderia nem sair vivo! Sua raiva não era tanto por causa da gente branca da plebe que se via ameaçada, embora, por ser feita de baianos, merecesse ser defendida. Mas aquela situação significava que também gente da sua estirpe estava sujeita a todo tipo de sórdidos ataques, ao circular pela cidade. Felicitou-se por não ter aportado na cidade, vestindo sua farda de tenente do 2º Batalhão de Caçadores.

Poderia ser pego de surpresa.

Do outro lado da mesa, Francisco refletia que a situação de fato se tornava, dia a dia, mais grave. Havia uma tensão no ar, nas ruas, nos quartéis. Famílias boas da cidade falavam já em deixá-la, valendo-se das casas que possuíssem nas vilas do Recôncavo.

- E não há de ser a gente de bem desta terra que permitirá continuemos calcados. Não é assim, Cônego Francisco?

- Não, não há de ser... De qualquer forma uma nova Junta se elege daqui a pouco tempo. Vosmecê, que esteve em Lisboa, sabe que desde 1º de outubro passado que as Cortes do Reino ordenaram a eleição de Juntas novas para as Províncias. Quiçá as cousas já se acalmem na Cidade. - olhou um instante para o rapaz antes de prosseguir - Bem se vê que vosmecê é um jovem bravo, que muito pode ajudar a causa dos baienses. Mas há que ter cuidado, filho! Há de ver muito bem o que se fala e com quem se fala, que a Legião Constitucional aqui está é para vigiar e abafar qualquer tentativa de rebelião, e gente de toda classe tem sido mandada presa ao Reino, como acabei de contar.

- Eu fazia muito gosto em lutar na causa. Vossa Reverendíssima, fique assossegado. Não comento nada a ninguém do que se disse aqui.

"Será que aprende rápido este jovem a manter-se discreto para melhor obrar pelo nosso intento?" - perguntava-se Francisco - "Será que me serve tê-lo por perto?''.

Mas o olhar de Alexandre parecia trazer mais inquietações, como se esperasse encontrar em Francisco respostas. Olharam-se nos olhos. O jovem movia a boca, hesitando entre calar-se e prosseguir.

- Que tem o amigo? Que mais te angustia?

"Tanto e, na verdade, nada..." - pensou Alexandre. Mas procurou direcionar seus pensamentos e tentar absorver o máximo daquele momento. - Nessa viagem que empreendi às Cortes... era como se eu despertasse para um outro mundo... Minha mente encheu-se de perguntas que eu próprio nunca havia feito a ninguém, nem mesmo a mim. Não sei com segurança de onde vieram, ou por quê. Mas, por não possuir as repostas, sinto-me inquieto e quiçá não conheça outrem que mas possa responder, senão Vossa Reverendíssima, que é homem de letras, mas também, à sua forma, de ação.

Francisco sorriu, melhor se acomodando na cadeira. Aquiesceu com a cabeça, encorajando-o.

- Se pudesse dizer numa frase o que me inquieta, creio que seria uma pergunta... uma pergunta só: quando deixamos nós, homens brancos e de estirpe, nascidos no Brasil... quando deixamos nós de ser portugueses? Em qual pequeno instante?

Francisco mantinha um olhar calmo que, por um momento, permitiu se perdesse no chão, à frente deles. Suspirou e, cruzando as mãos sobre a barriga, encarou Alexandre.

- Que posso dizer? Não sei eu tampouco todas as cousas deste mundo... Mas, se pudesse dizer algo sobre isso... Creio que todos os dias, não é assim? Quiçá não será o oceano um fosso por demais profundo? Quiçá nele todo sangue não se dilua? E, assim, como se as naus tivessem cruzado portões mágicos, vieram dar num mundo outro, onde daí por diante os que nelas aqui arribavam em tudo se apartavam do que era europeu. Nossos olhos e ouvidos desejam ver e ouvir como nossos antepassados, aqueles mesmos homens. Mas já nos não é possível. Aquele passado se nos chega como um eco distante; são antigas inscrições que o oceano e os gestos pequenos de todos os dias foram lavando. As selvas, os sertões, o sol... Que é o homem senão um barro mole que se modela de forma diversa a cada passo que dá? Não há escolha quanto a isso! O sol derreteu-nos e as pelejas com os índios, o som dos eitos dos engenhos, a vida nas brenhas, o descer e subir dessas colinas, o contemplar das cores deste mundo que nos rodeia... tudo isso nos fez hirtos novamente, numa forma outra, um milhão de vezes. E daquelas inscrições já quase não se lê nada, embora saibamos que cá estão ainda.

Alexandre estava quieto como um menino que escuta uma história maravilhosa. Podia-se ouvirlhe a respiração cortando tenuemente o silêncio da sacristia.

Naquele instante, entrou na sala o jovem padre a quem, minutos antes, Alexandre havia perguntado por Francisco. Os olhos deste iluminaram-se, como que vendo num estalo, diante de si, a resposta a suas perguntas. "Deus seja louvado!" - pensou, contente.

- Com sua licença, Vossa Reverendíssima... - disse o recém-chegado - Entreguei sua mensagem a Dom José Freire. Ele estava no Palácio, mas muito azafamado e, demais, aguardava ser recebida Dona Lutécia Quirino, pelo que não pôde o Vigário ocupar-se muito comigo. Leu sua mensagem e disse que respondia tão logo fosse possível.

O prédio a que se referia era o Palácio dos Arcebispos, ali perto, junto à Sé. A senhora Quirino era a viúva do desembargador Farias de Quirino, mulher muito respeitável e caridosa na opinião dos que lhe tinham convívio.

- Muito bem... muito bem. - e, virando-se para Alexandre, disse - Fazia-me muito gosto de que conhecesse padre Manoel Jacintho de Jesus. Manoel, este é Alexandre Argollo.

Os dois jovens cumprimentaram-se com acenos de cabeça. Francisco continuou:

- Há cinco anos que Padre Manoel me assiste aqui na Casa. Há pouco tomou a ordem de diácono e, como digo sempre, há de ainda fazer figura e muito mais obrar pela Igreja. É meu braço direito e também meus pés... - e disse aquilo, sorrindo.

Manoel Jacintho também sorriu. Compartilhava da vocação de Francisco e com ele trabalhava voluntariamente no Hospital. Era mais um tipo raro. Sem precisar preocupar-se muito com ganhar a vida, dava-se à caridade com sua alegria simples, sempre ajudando Francisco com uma bisbilhotice contida e, segunda pensava este, inofensiva por inútil. Manoel Jacintho vinha a saber até alguns detalhes do envolvimento de seu amigo mais velho em questões políticas, mas àquela altura estava claro para Francisco que ele não possuía talento para tirar partido daquilo. Daí vinha também a grande confiança que Francisco lhe votava. Uma vez advertido da confidencialidade de algum assunto, assumia o estandarte de sua lealdade.

Era dono de uma beleza compenetrada, posta num corpo alto e esguio. Possuía uns olhos verdes tão acastanhados que, de longe, pareciam meio amarelos. Por tais olhos já haviam suspirado sinhazinhas, e até senhoras e viúvas da Bahia. Trazia os cabelos castanhos claros tonsurados, já um pouco ralos para os seus vinte e seis anos, era verdade, mas ainda assim uma moldura agradável para aquele rosto e sua boca pequena, nariz um pouco adunco, olhos inocentes, sinceros, dentes um pouco amarelados, porém perfeitamente encadeados. Mas, apesar da beleza, era padre... E um padre devotado, convicto de sua vocação. Justo por causa daquela raridade é que se contorciam os espíritos das mulheres que lhe tinham convívio. Para elas havia uma enorme sensualidade naquela compenetração cheia de inocência, misturada a um corpo que prometia tantos prazeres àquela que o conseguisse tocar. Mas, não... Nada de solicitações lascivas, nem encontros clandestinos, nem licenciosidades... Nem sequer um sorriso mais malicioso... Nenhuma das mulheres atiçadas por aquela beldade obtinha nada dele, senão, no máximo, um conselho honesto e desinteressado.

Ora... o que tinha vislumbrado Francisco para ele? Quando o viu entrar na sala, atinou de imediato para a oportunidade que aparecia. Manoel era um homem esforçado, trabalhador, sério, mas faltava-lhe de todo o pendor político, a capacidade de fazer amizades importantes quando não fossem, em primeiro lugar, prazerosas. Por causa da afeição que lhe devotava, Francisco começava a preocupar-se. Tempos difíceis envolviam a Província e ele próprio talvez já não tivesse muito tempo para providenciar a carreira de Manoel, como Dom Vicente do Rosário providenciara a sua. Mais de uma vez aconselhara ao jovem padre, com uma voz terna, mas firme:

- Se amicos bene elegeritis, socios malorum habebitis! Medita sobre isso, meu caro. Medita! Mais valem os amigos, e tão melhores serão quanto mais nos queiram e mais nos possam valer em tempos difíceis.

Mas, e se o apresentasse a Alexandre, que era filho de uma família poderosa...? E, se os dois se tornassem amigos...? E, se Francisco desse os conselhos certos a Manoel sobre como se portar e como tirar partido daquele conhecimento...?

Na mente de Francisco não havia nada de errado com aquele proceder. Jamais aconselharia Manoel Jacinhto a ser desleal. Sabia que, se tentasse nele talhar um homem falso, nada conseguiria, pois se trairia nos primeiros passos. Entretanto, alguém como Alexandre, com suas ambições e nome, teria com certeza um futuro brilhante numa Bahia independente de Portugal. E um homem assim precisaria de um amigo verdadeiro, prestativo e discreto; alguém que o tivesse conhecido na juventude, partilhado suas fraquezas, as confidências que só os jovens fazem aos amigos; alguém que estivesse a seu lado quando conhecesse sua esposa e que tivesse visto seus filhos nascerem. Ora! Essa pessoa seria Manoel Jacintho! E não precisaria nem sequer ensinar-lhe nada, pois era leal por natureza. E mais... Com seu raciocínio rápido, treinado, Francisco havia se dado conta de que Alexandre não possuía ainda uma tal amizade. Estava claro em seus olhos! Era provável que não a houvesse encontrado ainda no isolamento do Socorro, nem nos moleques filhos dos escravos do engenho, com quem brincara quando criança, antes de desprezá-los, nem nas amizades superficiais do exército, nem nos jovens filhos dos muitos compadres de seu pai. Por certo tinha segredos que palpitavam em seu coração, e que precisavam de um ouvido voluntário e discreto para desaguar. Manoel Jacintho, com seu caráter capaz de uma fidelidade rara, poderia vir a ser esse ouvido. E, se fosse bem orientado, ao menos no começo, poderia também tirar para si algum proveito daquela amizade sincera, profunda e lucrativa.

Aquela visão durou um segundo. Francisco interrompeu sua reflexão para pôr em prática ali mesmo o que acabara de conceber.

- ... É uma pessoa de minha máxima confiança. Meu alter ego! - disse aquilo, mantendo o sorriso e olhando fixamente para Alexandre, que entendeu logo o que o velho queria dizer.

- Muito gosto em conhecê-lo. - falou Alexandre, levantando-se e apertando a mão do outro jovem. As palavras de Francisco haviam funcionado como uma senha, algo como se houvesse dito: "não é nobre, não é tão rico como vosmecê, mas bem pode ser útil."

Manoel respondeu, ainda sorrindo. - O gosto é meu.

Francisco regozijou-se e pensou: "Vede, almas do céu, que nessa obra nem haverei mais de meter a mão... Não demora um credo e eis que esses dois saem daqui amigos de longa data..."

- Manoel, Alexandre esteve em Lisboa para as Cortes. É um homem corajoso. Só por ter atravessado o oceano, quanta aventura não terá para contar! - Para aproximá-los, Francisco usava a vaidade de um e a curiosidade de outro, misturadas ao respeito que os dois lhe tinham. Continuou... - E, Alexandre, é certo que Manoel seria deveras útil na sua chegança à Bahia. Bem sei que sua família possui muitas conhecenças na cidade e que Pedro Bandeira há de mui bem olhar por vosmecê, como fez na viagem. Mas ele é um homem que está muita vez azafamado. Vosmecê carece de um companheiro de sua idade que lhe ajude a aviar-se de tudo. Manoel também tem suas ocupações, mas é moço e eu lhe darei uns descansos para que melhor lhe possa dar auxílio.

Alexandre agradeceu muito aos dois pela cortesia.

- E o amigo não tarde a tornar de visita. Folgo muito com vê-lo! - respondeu Francisco. - Manoel, faze-me a mercê de acompanhar Alexandre até a rua.

Os jovens foram saindo, já conversando. Francisco escutou-lhes as vozes animadas sumindo conforme deixavam a sacristia em direção ao pátio e suas arcadas. A máscara de alegria e normalidade que havia sustentado durante toda a visita desabou sob um suspiro. Sua mente voltou-se não para suas ocupações diárias, mas para o bilhete que havia mandado a Dom José Freire e o que precisava lhe falar. Como procurador do Arcebispo da Bahia, era Dom José Freire quem respondia pela arquidiocese inteira, como se Arcebispo fosse, relatando a Lisboa apenas aquilo que entendesse ser mais importante. Com Francisco ele partilhava muitos assuntos: decisões do Arcebispo, conferências havidas em Lisboa...

Francisco sentia avizinhar-se um tempo muito difícil para a Bahia. Sentia-o não só nas notícias que chegavam, como também nos rostos, nas ruas, dos soldados aos negros ganhadores. No fundo, todos sentiam que eventos de espantar estavam para acontecer.

Olhando pela janela, de onde se viam, morro abaixo, o cais do porto e o Forte do Mar, Francisco lembrou-se de uma outra tarde tão quente como aquela, no outeiro de Santo

Antônio, na Vila Velha. Lembrou-se de Eugênio, de pé à janela, olhando o Forte de Santa Maria. Lembrou-se de como se deixava ficar assim quando precisava refletir. Olhando o mar, esquecia-se do mundo e mergulhava em seu próprio coração, em busca da atitude mais justa, do conselho mais certo.

Quanto amor não nutrira por ele sempre...

A saudade que sentia do primo era uma dor quase insuportável. Quase o fazia querer blasfemar e pedir a Deus que o levasse também. Francisco angustiava-se pela total consciência de que sua geração já se esvaía do mundo. Todos os que tinha conhecido quando pequeno já haviam morrido. Restava-lhe Ifigênia, que mandaria buscar sem demora da Vila Velha. Agora que Eugênio morrera, Francisco parecia querer agarrar-se a ela como ao último laço que restava com aquela vida que não existia mais; com aquelas tardes no outeiro de Santo Antônio; com a infância na companhia de tia Clara, mãe de Eugênio, na Chácara do Livramento, que ficava na estrada que levava ao arrabalde da Cruz do Cosme. Lembrou-se de que, com a morte de Eugênio, a Chácara passava a lhe pertencer, já que era o último parente vivo.

Seus pensamentos voltaram ao segredo que ele e o primo tinham guardado. Agora só o próprio Francisco carregava o fardo de conhecê-lo. Seria chegada a hora de revelá-lo, para que uma outra geração se apropriasse dele e decidisse que uso lhe dar? Jamais havia voltado para buscar a caixa contendo as mãos de Luís das Virgens. Permanecia lá, em algum lugar do Outeiro de Santo Antônio da Vila Velha. Agora perguntava a si mesmo, a Eugênio, a Deus: o que fazer? Deixar aquela história morrer? Passar o peso de suas consequências a um ombro mais jovem?

Precisaria decidir com rapidez... Encontrar uma forma de apoderar-se novamente da caixa sem levantar suspeitas. Talvez devesse ir ele próprio ao outeiro e trazer a caixa consigo. E, se as mãos houvessem, ao fim de tantos anos, apodrecido?

Recordou depois as providências que teria de tomar para alforriar Ifigênia e sua neta Domingas. E mais... Naquela mesma noite faria vir a sua casa o tabelião Jerônimo dos Santos. Mandaria lavrar um testamento deixando a Chácara do Livramento para Manoel Jacintho. Não a deixaria para a Casa de Santa Misericórdia...? Não... A Casa já tinha o bastante com que se manter... O governo e os ricos da Província que a sustentassem. À Casa só deixaria suas poucas roupas. A Chácara iria para Manoel, a quem tinha como filho. Sabia que isso espantaria a todos... "Cônego Francisco," - diriam as beatas e os irmãos da Misericórdia, indignados - "que dedicara sua vida à Casa, deixava a esta só as roupas!?" Bem, depois de morto já não teria de preocupar-se com o que pensavam os da Terra. E, se toda a sua vida não houvesse já sido o suficiente para lhe garantir um lugar no Céu, não seria aquela doação que lhe salvaria a alma... Sabia que era uma forma excêntrica de pensar e agir, quando tantos deixavam fortunas para que lhes rezassem missas após a morte e pagar a paz eterna. Mas Francisco era assim... Já estava acostumado com aquele estranhamento ao mundo em que vivia.

Uma vez resolvido aquilo em sua mente, Francisco deixou-se ficar fitando a paisagem, ao sabor de seus pensamentos aleatórios. E estes o levaram, depois de algum tempo, de volta a Eugênio, ao passado, a um mundo que começava a desaparecer, ao segredo do outeiro...

Precisava decidir.

IV

No outeiro de Santo Antônio, desde a morte de Eugênio, viviam Ifigênia, Domingas e Pedro, à espera de que Francisco os mandasse chamar para a cidade, como havia prometido durante o enterro do primo. Ifigênia cuidava aos poucos de arrumar os pertences para a partida e sua neta vagava pela igreja, pela casa, pelo quintal que desembocava na encosta da colina, sobre o telhado do Forte de São Diogo. Ajudava a avó nos afazeres, mas seus olhos volta e meia paravam sobre as águas da enseada do porto, numa melancolia mal disfarçada. Pensava em Eugênio, na avó e, às vezes, na mãe que não conhecera.

Santa, a filha de Ifigênia, havia sido enviada ainda meninota para a Chácara do Livramento, a fim de fazer companhia a Sinhá Clara, como era chamada pelos escravos e empregados a mãe de Eugênio. Poucos anos depois se viu grávida de um mulato que andava pelas bandas da Chácara. Ele tomou suas liberdades com Santa e depois saiu pela Estrada da Boiadas, levando mercadorias para vender no sertão. Nunca mais voltou. Santa, desconsolada, permaneceu com Sinhá Clara até o fim da gravidez, quando pediu a esta o favor de voltar à Vila Velha. Desejava dar à luz com a ajuda de sua mãe. Retornou num carro de boi, numa viagem sacolejante de quase duas léguas pela Rua da Vala, atravessando a cidade e por fim tomando o caminho da Vitória para a Vila.

Chegou ao outeiro já sentindo as dores do parto. Atravessou a noite contorcendo-se. Quando já amanhecia, nasceu Domingas, com seu choro fraquinho. Mas Santa ficou silenciosa, sangrando, sangrando... Ifigênia consolou-se de ter enterrado a filha tão nova, voltando-se para a neta. Eugênio empolgara-se por ter uma criancinha em casa e também, dali a muito pouco, já fazia planos do que lhe ensinar. Viu renovar-se sua vontade de viver.

Domingas foi criada assim, pela avó, com os mimos de Eugênio, que também a tomara como se fosse uma neta. Brincara na areia da praia, correra entre as árvores do quintal, pelos degraus do adro do templo. Crescera dona de uma graça tímida, ressaltada pelos olhos puxados que lembravam os de uma gazela. Ao tornar-se moça, sua pele permanecia de uma maciez deliciosa e seu corpo intumesceu-se de uma volúpia da qual ela própria não suspeitava; desabrochou em seios empinados, firmes, de mamilos salientes; em ancas fartas, boas de pegar... Mas que mãos é que haveriam de tocar aquela maravilha que era Domingas? Que braços é que haveriam de envolver aquele corpo e suas delícias prometidas? Quem haveria de conhecer o interior daquela flor de um recato de endoidecer?

Em torno de Domingas, viviam Ifigênia e Eugênio, a vigiar qualquer um que pusesse os olhos na menina. E quanto trabalho não tiveram, sem que ela muitas vezes desse por si? Os negros, os pescadores, os moleques, os rapazolas brancos da Vila Velha esgueiravam-se para ver Domingas passar. Diziam a si mesmos os gracejos que não ousavam dizer a ela, porque havia sempre a presença da velha negra ou do padre. Os moleques olhavam de longe, boquiabertos e, depois que ela passava, corriam todos a se masturbar agachados nos matos. Procuravam cruzar seus olhares com aqueles olhos rasgados, mas eles estavam sempre baixos, na presença masculina.

Era inatingível aquela negrinha, em seu recato de sinhazinha branca.

Tomé pescador, um rapazola crescido na areia do porto da Vila Velha, cantava modinhas para a negrinha do outeiro:

"Ó! Caiumba, vá no arto chamá

A fulôzinha do ôtero, a fulôzinha do mar

Ó! Caiumba, que eu num posso ir lá só fico na areia sentado p'rá oiá

Ó! Mãe D'Água, sinhora do mar

Vô lhe levá presente é p'rá já

Ó! Janaína, faça um feitiço no mar

Que é p'rá fulôzinha do ôtero me amá"

Era Domingas passar com a avó no caminho para o porto, a viola de Tomé começava a pontear e se ouvia sua voz entoada, cantando os versos feitos para a mocinha. Ele deixava presentes de conchas na escadaria do adro, na esperança de que ela os visse e aceitasse. Ia à missa, para tentar vislumbrar seu vulto, por trás do muro que separava o adro da igreja da casa contígua. Ficava de tardinha na praia, olhando para o quintal da casa do outeiro, esperando a figura pequena de Domingas aparecer. Mas a menina dos olhos de gazela era apenas um sonho.

Simão sapateiro, homem feito, casado com Mariinha, rendeira que costurava de ganho peças famosas até na cidade, andou também uns tempos bebendo para criar coragem. Olhava de longe, olhava de longe... Não tinha coragem... O olhar de Ifigênia era uma metralha e a figura de Padre Eugênio, uma montanha. Simão deu para beber até cair.

Mariinha ia chorar na igreja. Fez novena com Padre Eugênio e oferenda com Yíá Bené, no terreiro das roças do Rio dos Seixos. Ninguém sabia por que Simão começara a beber daquele jeito... Só ele próprio sabia que era por causa de Domingas, com seus olhos sempre baixos; que era por causa dos seios de Domingas, sempre apontando para o céu.

Mas quem maior temor inspirava a Ifigênia e Eugênio eram os poucos moços brancos da Vila. Estes, sim, eram perigosos! Era difícil fazer-se respeitar por eles. Apenas a figura de Domingas apontava na descida da igreja e já se ouviam assobios e risadagens, gracinhas ditas como se fora para ninguém. Mas eram para Domingas, com seu andar de rebolado tímido, seus pés pequenos, descalços no barro, seus braços recobertos de uma pele negra sedosa, brilhante.

Domingas passara seus quinze anos de vida assim, protegida, amada pelos seus, e depois de já grande, meio alheia, meio ciente de um poder que atraía para si os olhares dos homens. Esse poder ela não sabia se reconhecia em si mesma, ou se simplesmente devia atribuí-lo à natureza fogosa de todo homem. Todo homem, exceto Padre Eugênio e, talvez, Pedro.

Este último, por sua vez, já ia lá pelos quarenta anos e era também incumbido de vigiar e proteger Domingas. Mas muitas vezes não queria passar o ridículo de bater-se por cada dito que faziam os passantes a Domingas. Ademais, ele próprio era também um pouco vigiado. Era negro da casa, respeitador, mas era homem, afinal. Saía de noite para seus encontros; às vezes, de madrugada, quando havia batuque na roça da Iyalaxé, nem retornava. Ficava por lá mesmo e aparecia de manhã, com a cara alegre.

Com a morte de Eugênio, Ifigênia e Domingas tornaram-se mais reclusas. Não só de tristeza... Ambas se consideravam felizardas pela vida que haviam levado junto a Eugênio e sua família. "Com tanto branco ruim por esse mundo..." – pensava Ifigênia e agradecia aos céus. Houvessem pertencido a um senhor de engenho, poderiam ter ido parar no eito. Mesmo na cidade, ouviamse tantas histórias de gente ruim, que mandava negro para o tronco por nada, ou que tratava os escravos debaixo de palmatória. Havia, sim, gente como Eugênio, Francisco e Sinhá Clara, mas eram poucos. E quem as haveria de proteger agora, até que Francisco os mandasse chamar? E, na Bahia, não seriam ainda maiores os perigos? Com tanto homem mau no mundo, como é que se haveria de proteger uma negrinha como Domingas? Para os negros, não havia o que perder em tentar desfrutar daquela florzinha. Para os brancos, o que é que havia de importar? Desde quando para eles negra escrava tinha honra? Poderia Francisco dar-lhes a guarida que oferecia Eugênio? Os tempos haviam mudado com a morte deste... Futuro incerto vinha se aproximando.

Quem é que haveria de saber o que as aguardava?

Assim como para Francisco e Ifigênia, também para Domingas era toda uma vida que se ia embora. A rotina acolhedora do outeiro, da Vila Velha, das tardes quietas, das missas... tudo ficaria para trás, com o canto das rodas do carro de bois que deveria levá-las, junto com Pedro, para a Bahia. Muito em breve, um novo padre jesuíta seria designado para a igreja. Passariam a morar com Francisco e a vida mudaria para sempre. Cuidava de aproveitar aquele lugar e sua quietude o mais que podia. Demorava-se mais no quintal, olhando o mar. Deixava-se ficar na escadaria do adro, olhando a Ponta de Monte Serrat ao longe, nos confins da cidade, admirando a colina de onde despontava a Igreja de Nosso Senhor do Bonfim. Dali, do alto da colina, parecia tudo tão pequeno, menos nítido, apesar dos dias ensolarados, mas era por causa do ar cheio de maresia.

Naquele dia, no final da tarde, Ifigênia preparava-se para sair. Ia e vinha, dando ordens a Pedro. Apressava-se em embrulhar alguma comida para levar consigo. Bolo de fubá, num pano branco.

Num saco, os acaçás enrolados em pedaços quadrados de folhas de bananeira.

- Duminga, ó Duminga! Já é hora de se aviá, minina! - gritava, indo e vindo entre as panelas e pratos.

Domingas entrou pela cozinha, apresentando-se para acompanhar a avó. Depois de atravessar o gramado que ladeava a igreja, saíram pelo adro acompanhadas de Pedro, que carregava dois candeeiros, descendo todos três descalços pela escadaria. Caminhando pelo resto da ladeira abaixo, foram dar num descampado quadrado, em frente à praia do porto. Mais adiante, via-se a Ponta do Padrão, um promontório elevado que avançava verdejante sobre o oceano e sobre o qual estava o Forte de Santo Antônio, guardando a entrada da baía. Era o primeiro de uma série de fortes que, desde a embocadura do golfo, passando pela cidade e indo até os confins da Ponta de Monte Serrat, defendiam a orla interna da baía.

Passaram pelas casas brancas, térreas, cujos quintais davam para a praia do porto. O caminho começava a escurecer debaixo das copas de grandes mangueiras e jaqueiras. Depois de algum tempo, após deixarem para trás a Ponta do Padrão e tomarem o rumo em sentido contrário à praia, chegaram às margens do Rio dos Seixos, um riacho que cortava um pequeno vale raso, cheio de goiabeiras, gameleiras, mangabeiras e mato alto. Aquele rio nascia numa grota escondida no vale que separava o caminho da Vitória e a povoação de Nossa Senhora da Graça, mais ao norte e, correndo quieto, ia desaguar na praia repleta de coqueiros, depois da Ponta do Padrão, onde já era mar aberto. A paisagem era ponteada de bananeiras que sacudiam as copas abertas no limiar de pequenas roças. Ali não havia casas, não havia rumor humano, a quietude reinava e só o vento mexia o mato em ondas suaves. Foram acompanhando o rio até que, depois de longos minutos, tomaram a esquerda e subiram por uma trilha.

No fundo daquele caminho estreito, repentinamente, abria-se uma clareira no meio da qual se erguia uma jaqueira centenária.

Os três foram se aproximando mais e só então puderam ver, meio escondido entre árvores menores, um casebre minúsculo, feito de taipa de pilão.

Na clareira, já havia uma fogueira acesa e em torno dela uma roda de gente. Eram todos negros, escravos da Vila Velha, alguns pretos forros que moravam em roças das redondezas; gente que largava seus afazeres do dia e ia para o terreiro ao cair da noite. Ali podiam dançar e cantar, sem que os brancos os viessem importunar. Não que estes não soubessem do que ocorria ali. Pelo contrário. Havia, sim, os sambas-de-roda, nos quais Eugênio não via grande ofensa. E o próprio Eugênio conhecera a velha que comandava aquelas reuniões, conhecida por todos como Iyalaxé. Ele sabia dos seus cultos... Mas, na maioria das vezes, sentia-se cansado demais para combater tudo que fosse ou parecesse errado para a Igreja. Desde que se mantivesse a primazia da Igreja Católica e, portanto, trouxessem imagens de santos católicos nos seus cultos, estava disposto a fechar os olhos.

Aquela terra era governada pelos brancos, mas a verdade é que já era mais negra que branca havia muito tempo. Isso era o que secretamente ele pensava, enquanto procurava disfarçar a sua pouca ortodoxia. Nas missas, procurava pregar o que entendia por tolerância. Ao menos duas vezes por ano tornava ao assunto nos seus sermões:

- Pois não ofereceu Deus em tudo o melhor aos europeus? Então as quatro virtudes cardeais, a prudência, a justiça, a fortaleza e a temperança nos ensinam como nos devemos portar com os de fortuna mais baixa. Obrigar que trabalhe o escravo, com a devida moderação, não faz dúvida ser virtude. E ao escravo cabe sujeitar-se e em tudo obedecer ao seu senhor, pois assim nos ensina São Paulo em sua epístola aos Colossenses. A razão e a natureza exigem que a legítima violência física seja empregada no governo da escravaria. Mas as sem-razões, injustiças, tiranias e rigores que praticam os brancos com os escravos ofendem a Deus e à Virgem Maria.
- e ele se empolgava quando chegava a essa parte do sermão.
- Posto que a Virgem Maria é mãe de misericórdia e o objeto da misericórdia é a miséria, portanto para a parte da miséria e dos que a padecem há de se voltar a Mãe da misericórdia!

E, assim, seguia cuidando de suas ovelhas, dentre elas muitos negros, pelo que dava por cumprida sua parte, desde que ninguém viesse com denúncias ou escândalos. Mas, não... Aquilo não ocorria nunca na modorrenta Vila Velha. E, por isso, com a aquiescência discreta de Eugênio, Ifigênia sempre pudera ir à noite, na companhia de Pedro, ouvir os atabaques, encontrar seus conhecidos e participar da devoção a São Sebastião, na confraria fundada pela velha Iyalaxé. Em torno da confraria se uniam todos aqueles negros, fosse doando um pouco de dinheiro que possuíssem, fosse ajudando a capinar a roça, a construir casebres e, na verdade, também cultuando deuses já quase esquecidos pelos que há muito habitavam o Novo Mundo.

Ifigênia indicou a Domingas que ficasse na clareira. Pedro já se pusera a conversar com os homens que empunhavam os atabaques. Uma animação pacífica tomava conta do lugar, das pessoas. Agiam todos com muita intimidade, mas com grande respeito entre si. Eram hora e lugar sagrado.

Ifigênia dirigiu-se ao casebre, sobre cuja porta via-se pendurado um chifre de boi. Duas mulheres encontravam-se do lado de dentro, na beirada da porta, e sorriram para ela. O interior estava iluminado por uma candeia velha ao lado da qual se via, numa pequena prateleira, uma imagem de São Sebastião. Ao fundo, via-se sentada num banquinho, diante de uma esteira de palha, uma mulher velha, de olhar incisivo. Sua figura era de uma imponência espantosa. Trajava uma saia ampla e branca, de cambraia de gaze, arrematada na barra por bicos de renda, que parecia inflada pelas anáguas que escondia. Sobre a saia, vestia uma bata também branca, de tecido fino, sob a camisa de rapariga bordada em richilieu no colo do peito e nas mangas, as quais iam até o meio dos braços. Sobre seu ombro direito, caía o pano-da-costa listrado de cores vivas, terminando em franjas que iam se emaranhar pelo colo da mulher. Na cabeça, trazia um turbante feito de uma tira de tecido branco. Mas a maior maravilha eram mesmo suas joias. Enfeitada como uma rainha, ela trazia em cada braço punhos e braceletes de ouro, em formato de copo, com relevos em forma de folhas, volutas e efígies. Os dedos brilhavam de anéis. O pescoço carregava correntões de ouro e um colar que era um fio triplo de pequenas contas redondas azul-celeste, entremeado de contas maiores, cilíndricas, da mesma cor e no qual se via um dente de onça pendurado, encastoado em ouro. À cintura, trazia preso um argolão de prata com pequenas imagens penduradas: arco e flecha, peixe, frutos diversos e medalhas de prata, figa de azeviche, dentes de onça engastados em prata, figuras de âmbar. Aquela mulher vestia-se para os rituais do seu pequeno templo como se a maior das festas a esperasse, na qual ocuparia um lugar supremo. Seu poder emanava de suas roupas, de suas joias, de sua altivez, mas, acima de tudo, de seu olhar.

Ifigênia entrou, tocando o chão de terra batida com a mão e levando-a à testa. Saudou a velha:

- Yíátemí! Iyalaxé!

A velha retribuiu a saudação com um aceno de cabeça, estendendo a mão para que Ifigênia a beijasse. Acenou para as outras mulheres, ordenando que saíssem. Ficaram as duas a sós, a velha com seu olhar cravado no de Ifigênia.

Semiescuridão. A luz da candeia era como uma pequena estrela bruxuleante, que tornava as paredes e a face da sacerdotisa eivadas de sombras dançantes, cambiando a realidade, trazendo ilusões momentâneas, deixando incerto o chão.

Aquela sacerdotisa possuía um nome de cristã: Benedita da Conceição. Mas quem a chamava assim? Ninguém, nas redondezas da roça do Rio dos Seixos. Ninguém! Quando por forma mais carinhosa, a chamavam simplesmente Bené, ou Iyá Bené... Mas Iyalaxé era como a chamavam, quando carecia mostrar respeito, por que os africanos recém-chegados à terra e os ladinos, os crioulos, já aclimatados à terra do Brasil e à vida sem liberdade, os mestiços, enfim, toda aquela gente da Vila Velha sabia quem era ela. A Iyalaxé, vinda da Africa, onde era sacerdotisa de Geledé, guardiã do culto das Iyami, as grandes mães ancestrais, as protetoras das águas e dos saberes ocultos, da vida uterina e da fecundidade, mães de moderação e concórdia. Iyalaxé ela era, mulher importante em sua terra, depositária de profundos conhecimentos rituais, senhora de grande ascendência moral. Descendente da linhagem real de Arô, de Ilê-Ketu, viera mais de trinta anos antes do Reino de Ketu, onde fora raptada, nas redondezas da cidade de Iwoyê, por uma falange de guerreiros do Daomé. Levada de vila em vila, atravessando a floresta, vendida como escrava, chegara acorrentada àquela terra brilhante e que logo se revelaria inóspita. Mulher ainda jovem, transmutada em escrava, por anos e anos saíra a vender quitutes pelas ruas da cidade da Bahia, com a gamela de barro equilibrada sobre a cabeça, entoando seus antigos cânticos, aqui e ali aprendendo a língua de seus senhores. A féria de cada dia entregavaa a sua senhora, mas para si guardava um tanto. A cada dia... E quinze anos lhe foram venturosos o bastante para que o dinheiro juntado fosse suficiente para comprar sua liberdade.

Por algum tempo, por ter se aliado a outras negras na Devoção de Nossa Senhora da Boa Morte, que tinha capela na Igreja de Nossa Senhora da Barroquinha, fronteiriça à antiga Porta de Santa Luzia, residiu ainda nas imediações da Ladeira do Berquó, perto do baixio alagadiço da em que findava a Rua da Vala. A Devoção fazia sair sua procissão no dia 15 de agosto, e Benedita, Iyalaxé, era mestra laboriosa na organização do cortejo e no embelezamento de estandartes. Mas a verdade era que a Devoção servia também para que se coletassem fundos, sob catolicíssimos pretextos, a fim de se comprar a alforria de outras sacerdotisas importantes de Ketu trazidas para a vida de escravidão. E nisso tinha Benedita, Iyalaxé, participação fundamental.

Um dia, talvez como que ressoando as antigas migrações míticas de seu povo, Benedita da Conceição, Iyalaxé, deixou o bairro da Barroquinha. Solitária, havia quize anos se instalara num rincão abandonado e deserto, à borda da Vila Velha. A notícia de sua chegada espalhou-se, porque possuía os segredos de infusões, unguentos e cataplasmas poderosos, e aplicava-os para obter curas físicas e espirituais nos residentes das vizinhanças. Um ou outro negro vindo da região de Ilê-Ketu pôde reconhecê-la por sua sabedoria e dotes. Espantados e contentes, sentiram-se afortunados por terem entre si uma antiga sacerdotisa do culto às Iyami. Algum tempo depois, era já em torno da Iyalaxé de idade avançada, em seu casebre de barro, que muitos negros das redondezas reuniam-se para os rituais, realizados de acordo não só com os conhecimentos da velha, mas também com tradições que traziam outros pretos de origem também nagô e alguns provenientes de nações jeje, que ali se iam juntar. Naquela área escondida, aonde nem os donos das terras nem os senhores dos negros iam, ergueram pouco a pouco outro casebre, plantaram o axé sob o pilar central, feito de um tronco tosco de madeira, consagrando o local a Odé Oni Popô, Rei e Senhor de Ketu, Oní Araaiyé, ancestral caçador, senhor das florestas e de todos os seres que a habitam, o deus patrono da linhagem real de Arô. Mas havia que cuidar para que não importunassem os brancos, para que estes não viessem violar seu templo. Por isso, Iyalaxé trouxera para sua roça o manto da devoção a São Sebastião, sob a forma de uma confraria humilde. E, assim, era ali que os negros colocavam suas oferendas e dançavam em louvor dos deuses de seus antepassados, sob a sombra duma imagem de São Sebastião, atravessada de setas, trajada somente de tormento.

A própria Iyalaxé, no decorrer dos anos, conforme fosse tendo gente a seu redor para auxiliá-la, muito aos poucos e, com grande critério e força, ia escolhendo seus ajudantes, aqueles que teriam suas funções no templo. Em alguns aspectos ia tendo de adaptar seu culto devido ao fato de que nem tudo que abundava na África encontrava-se fácil na Bahia. Embora alguns objetos os mercadores trouxessem pelo oceano, muitos outros ia tendo mesmo que mudar: animais para sacrifícios, folhas, sementes. Mesmo o oráculo utilizado havia agora de ser o Merindilogun, que consistia no jogo dos dezesseis cauris, em vez de outros métodos mais tradicionais, que só podiam ser consultados por homens. Apesar disso, atentava muito para as tradições e de tudo fazia para mantê-las vivas entre a comunidade.

As pessoas por sua vez acabaram, com o passar do tempo, unindo-se por um sentimento de família. E era isso mesmo que a Iyalaxé desejava. Tendo muitos deles e dos seus antepassados vindo da África, haviam sido separados de todos os parentes. A Iyalaxé esforçava-se por recriar aqueles laços agora, na nova terra. Esperava deixar tudo pronto, com os rituais bem aprendidos, os assentamentos feitos, antes que morresse, quando então uma sucessora ocuparia seu lugar, como sucedia nos templos da África. Mas tal sucessora não havia ainda aparecido, nem o templo estava perto de ser terminado naquelas roças esquecidas do Rio dos Seixos.

- Fia Figênia num tá im paz? - a Iyalaxé conhecia Ifigênia desde que se mudara para a Vila Velha. Conhecera também Eugênio e Francisco e ajudara no parto de Santa... Com sua capacidade de adivinhar no olhar dos outros suas inquietudes, a Iyalaxé apercebeu-se da tristeza da outra mulher.

- Iyalaxé, eu tô só c'uma tristeza... é só sodade de padre Eugênio...

- Fia Figênia já sabe, que eu já falei... Nem preto nem branco num morre... Pade Eugênio era fio de Yemoja, agora mora no mar. Fia, deixe ele discansá. Pade Eugênio era homi bom, agora tá no Òrun Rere... Mas num teve fio; num vai tê quem lhe dê presente; num vai tê quem le cante o nome; num vai sê egun de ninguém.

Ifigênia baixou os olhos. Sim, elas já haviam conversado a respeito daquela tristeza e a Iyalaxé já tentara consolá-la. Porém o fizera com a dureza da verdade. Do alto de seus mais de oitenta anos (e quem poderia dizer com exatidão sua idade?), a Iyalaxé sabia como falar, conhecia os ensinamentos de seu povo e os usava, não só para pacificar a alma de sua filha espiritual e amiga, como também para passar-lhe a força que era necessária para encarar as verdades dos Orixás; dos caminhos do Àiyé e do Òrum, a terra dos homens e a morada dos deuses africanos.

No entanto, havia algo mais na tristeza de Ifigênia e a Iyalaxé percebeu isso também.

- Meu coração tá apertado, Iyalaxé. Num é só pur causa de Pade Eugênio... é a viage, é a distança que vai ficá. - continuava Ifigênia, mas o olhar de Yíá Bené procurava penetrar em sua alma e enxergar o nome daquele sentimento.

- Figênia tá é com peso de segredo guardado. Segredo pesado. Segredo de morte... Segredo que fia num pode falá, pur que pode chamá Ikú pro lado de nóis.

Os olhos de Ifigênia abriram-se mais, tornaram-se sérios, como se agora as duas estivessem pisando um terreno perigoso, um pântano que poderia arrastar a ela, à Iyalaxé e a toda aquela comunidade. Um poço mais poderoso e desolador que todos, porque seu fundo seria a morte sem defesa possível para gente como eles. Ifigênia temeu dar um passo em falso.

- Não, Yíá! Não! Eu num tenho segredo. Eu tenho só esse peso é de sodade mesmo...

- Intonce, veio aqui só de prosa? Veio trazê presente p'rá Odé? - perguntou a Iyalaxé para provocar Ifigênia. Esta olhou para a velha com uma certa hesitação.

- Não... Vim pedi p'rá Yíá oiá nos cauris de Merindilogun e preguntá do meu futuro.

A Iyalaxé viu confirmada sua intuição. Talvez o jogo de búzios acabasse sendo uma forma de ajudar a serenar o espírito de Ifigênia. Consentiu, então, sem nada mais dizer. Sabia que Ifigênia conhecia o poder que emanava do oráculo, e que os búzios consagrados tinham o condão de revelar felicidades e também descortinar eventos ruins. Colocou entre a consulente e si mesma o Opon-Ifá, uma pequena bandeja retangular de madeira, dentro da qual estavam dispostos de forma circular vários fios de contas de cor azul-celeste e azul-turquesa. Depositou nos cantos da bandeja montículos de cereais triturados que ia tirando de cabaças postas ao alcance de sua mão, junto a uma das paredes do casebre. Enquanto fazia isso, ia repetindo baixinho os encantamentos necessários ao início do ritual de consulta. À sua direita, colocou o Ifá-Iroke, um sino esculpido em marfim. Foi dispondo sobre a esteira os diversos objetos de que precisaria para cumprir o ritual sem ofender nem a Ifá, nem a Exu, nem aos outros deuses. Por fim terminou colocando uma figura feita de madeira, coberta de conchas e cauris, representando o poder feminino de Exu, sem cuja permissão nada poderia ser começado. Em seguida, ergueu sobre a cabeça uma cabaça contendo os vinte e um cauris do oráculo, apresentando-a aos quatros pontos cardeais, em homenagem aos quatro odus de Ifá que neles habitam. Depois, retirando dezesseis cauris da cabaça, deixou os cinco restantes depositados ao lado da bandeja, com a cabaça emborcada sobre eles.

Ifigênia estava concentrada, olhando a Iyalaxé cumprir o ritual. Pensava nas respostas que tanto precisava receber para si, para Domingas e, de fato, como bem percebera a velha olhadora, para saber o que fazer com um grande segredo que trazia no peito e que tanto o fazia pesar. Um segredo que não era seu, mas que talvez, em breve, já não fosse de mais ninguém.

A Iyalaxé olhou para Ifigênia e, fechando os olhos, deixou cair sobre a bandeja os dezesseis búzios. Quando abriu os olhos para ler a mensagem, só a muito custo se manteve firme, sem esboçar nenhuma reação. O que seus olhos viram era de aterrorizar. Ifigênia mantinha o olhar fixo no jogo sacado com as lágrimas escorrendo pelo rosto. Ambas sabiam o que aquilo poderia significar. Ambas se viram rodeadas de um presságio medonho, porque os dezesseis cauris caíram todos com as fendas viradas para baixo. O jogo estava completamente fechado. Cabia à Iyalaxé apenas falar:

- É Exu Akésan que tá mandano fechá o jogo, fia! - e olhando para Ifigênia, tomou coragem para dizer o que lhe era permitido dizer. - Iku vai estendê as asa di novo. Ikú qué o segredo guardado. Ikú vem com a guerra.

Então era isso!? Ikú, a morte... O poder que nem os Orixás ousavam desafiar,Aquele que jamais deixa de cumprir sua missão inteiramente; aquele que um dia montará todos os seres humanos, tomando suas cabeças. Ifigênia estava atônita. A olhadora apressou-se a recolher os cauris e guardá-los, conforme a mensagem que lera.

A Iyalaxé viu a angústia no rosto de Ifigênia. Detestava amenizar as verdades que os búzios traziam, mas naquele momento compadeceu-se da amiga:

- Fia, Igi t'Olórun gbìn kò sí eni ti o lè fà a tu, que na língua de branco qué dizê "A árvre que Olórun plantô, ninguém pode arrancá". O que for direito, há de sê, mas tudo fica bem quando se tá com Olórun.

Não havia mais nada a ser dito. Ifigênia agradeceu à olhadora, beijando-lhe a mão. Ela, por sua vez, continha-se para não demonstrar a angústia que sentia. Mantinha no rosto uma expressão impassível. Era a face da mãe que protege, mas que sabe até onde pode ir sem desafiar os desígnios dos deuses.

Saindo do casebre, Ifigênia viu que já havia anoitecido. As outras pessoas reuniam-se em torno da fogueira, algumas portavam candeeiros. Domingas e Pedro estavam lá também. Ele ria, parecia feliz... Mas, Domingas... Domingas viu quando sua avó saiu, respirando de novo o ar fresco da clareira. Trazia aquele olhar melancólico que Ifigênia podia sentir de longe.

Em torno do fogo, sob a proteção da grande jaqueira, os demais esperavam a saída da Iyalaxé, para iniciar os rituais da noite. Ifigênia, Domingas e Pedro ficariam até o seu fim e depois, atravessando as roças na alta madrugada, retornariam ao outeiro, guiados pelas luzes dos candeeiros que haviam trazido. Muitos dos demais retornariam com eles pelo mesmo caminho, até a Vila Velha. Mas conforme deixassem a Vila em direção à igreja, os três tornariam a estar sozinhos no caminho estreito e escuro, ladeira acima. E, para Ifigênia, embora tantas vezes houvesse feito aquele caminho madrugada afora, aquilo também já não deixava de ser um mau presságio.

V

Alexandre orgulhava-se intimamente de haver se desincumbido muito bem das primeiras providências que se havia imposto em sua chegada à cidade.

Passados poucos dias de sua conversa com Padre Francisco, encontrava-se já bem instalado no solar que sua família possuía na cidade, na Rua da Oração, na esquina com a Rua do Tijolo. Ficava a três quarteirões da Casa de Santa Misericórdia, no ponto onde o caminho já começava a enladeirar-se, descendo para o vale profundo que circundava, do lado oposto ao porto, a grande colina onde a freguesia da Sé ficava assentada.

Construído pela família Argollo havia mais de um século, o solar localizava-se no coração da cidade, onde estavam também outros solares de antigas famílias. Ao pai de Alexandre não agradava muito o luxo de manter casa na cidade, quando era na Vila de São Francisco que a família tinha suas atividades urbanas mais frequentes e em cuja Câmara ele possuía seu cargo de vereança... Aquilo não fazia sentido a seu ver. Num passado então já meio distante, muitos senhores de engenho gastavam fortunas com charameleiros, trombeteiros, tangedores e lacaios, trazendo a escravaria toda vestida e calçada e os cavalos ajaezados sem regateio. "- Nada disso se presta a ajuntar fazenda" - dizia.

Mais ainda naqueles tempos em que o açúcar do Brasil sofria a concorrência das colônias das Antilhas e os engenhos baianos haviam deixado de ser tão lucrativos. Por isso, José Joaquim vinha cogitando desfazer-se da propriedade na Capital, esbarrando na oposição ferrenha de sua mãe, Don'Anna, para quem tal venda não poderia ocorrer sem a diminuição da dignidade da família. Mas eis que novamente vinham mudando os ventos e o preço do açúcar principiava a subir. Alguns produtores já vislumbravam uma nova era dourada para a região, o que fazia José Joaquim perguntar-se se não deveria aguardar, antes tomar qualquer decisão. Poderia, outrossim, desfazer-se do solar antigo para mandar construir outro, mais moderno, na Freguesia de São Pedro Velho, que em tempos idos ficava fora dos muros da cidade, mas que era agora o bairro para onde as famílias fidalgas estavam se mudando. Era que a Freguesia da Sé, com seu quilômetro e meio de norte a sul, ao longo da colina, e trezentos metros da encosta sobre o porto até o vale que a cercava, por onde passava a Rua da Vala, abrigava os prédios administrativos, a Casa de Santa Misericórdia, a grandiosa igreja dos Jesuítas e, claro, a Sé. Apinhava-se de gente que de todas as partes vinha ali ter e alguns sobrados começavam a abrigar diversas famílias menos nobres.

O solar dos Argollo era amplo, apesar de à primeira vista parecer espremido no meio das outras casas. Mas, se assim parecia era por causa de seu tamanho, um tanto maior que o das outras construções daquela rua. Trazia o ar pesado, simples, solene das grandes casas coloniais da Bahia. Na fachada principal, que dava para a Rua da Oração, tinha ao centro um grande portal de pedra de cantaria que formava um perfeito retângulo em torno da porta de madeira entalhada. De cada lado do portal, havia um belo lampião com quatro janelas seguindo-se alinhadas. À esquerda do edifício, via-se o portão que dava para a cocheira. A fachada superior era formada por pequenas sacadas, com seus gradis de ferro. A casa havia passado por melhorias no decorrer do tempo e, assim, suas janelas eram envidraçadas e guarnecidas por bacias de pedra de cantaria portuguesa, um luxo acessível a poucos. No andar térreo estavam as salas de visitas e de jantar, os dormitórios e a cozinha, que dava acesso ao quintal, à cocheira e a uma pequena senzala. O piso superior era o andar nobre, onde estavam os salões destinados a festas mais importantes. Ao passar pela Rua da Oração, era aquele solar que as pessoas não conseguiam deixar de olhar. Ele remetia à força e austeridade de seus donos.

No interior da casa, onde Alexandre agora caminhava a passos largos, dando suas ordens, quase não havia móveis. Aqui e ali se via uma cadeira de espaldar alto e pernas torneadas de jacarandá ou vinhático, sofás forrados de palhinha trançada, arcas antigas; na sala de jantar, uma pesada mesa retangular de jacarandá com dez cadeiras. Uma vez que a família muito pouco vinha à cidade, algumas novidades chegadas com a abertura dos portos, promovida por Dom João VI, mais de uma década antes, não haviam sido adotadas ali. Naquela residência, o luxo residia não na quantidade de móveis ou no seu conforto, mas na delicadeza e perfeição simétrica dos entalhes e volutas, na qualidade das madeiras, na arte arduamente conquistada pelas mãos dos marceneiros negros e mulatos da terra.

Nos primeiros dias após sua chegada, Alexandre entreteve-se com as arrumações, colocando os escravos para limpar e lustrar, com a aquisição de mantimentos, de dois belos cavalos castanhos, pelos quais pagou cinquenta mil réis. Para aquela despesa de vulto tinha a autorização paterna já desde sua partida do engenho. Se devia instalar-se na Bahia, que o fizesse como um verdadeiro senhorio, ainda que, por ser jovem, não fizesse questão de todos os luxos e confortos que uma família inteira demandaria.

Distraía-se também com a presença de Manoel Jacintho, com quem seguia horas a fio em conversa animada, e com alguns passeios pelas ruas dos arredores, pela do Tijolo, dos Campelos, das Vassouras, pelas Praças do Palácio, do Colégio, do Rosário de São Francisco. O jovem padre levara uma certa noite seu violino e tocara um pouco para Alexandre, que ficara impressionado com a sensibilidade e educação de seu novo amigo.

Foi também uma ou duas vezes visitar Francisco na Casa de Santa Misericórdia, lá pelo fim da tarde. Agradava-lhe a conversa do velho padre, que falava sempre o que o jovem queria ouvir.

Num daqueles dias, Pedro Rodrigues Bandeira, de sua casa na Baixa da Soledade, mandou portador para saber como se estava arranjando o rapaz e no que poderia lhe ser útil. Acompanhava o portador uma escrava, de nome Felícia, que era boa cozinheira e que Pedro Bandeira enviara para ficar à disposição de Alexandre. Dois dias depois, apareceu pessoalmente, em visita demorada, cheia de comentários de teor político.

Alexandre estava excitado, ansioso para lançar-se em atos heróicos. Mas Pedro Bandeira esfrioulhe os ânimos, fazendo-lhe ver que todo cuidado seria pouco, para que não tivesse o mesmo destino de Capitão Fonseca Machado e Brigadeiro Bocaciari. Mais valia agora agir em surdina. Ofereceu-lhe ainda portadores para levar correspondências a sua família, uma vez que dispunha já desse serviço toda semana, por ser ele próprio possuidor de engenho de canas-de-açúcar.

Entre um passeio e outro, uma visita e outra, uma sombra atravessava o olhar de Alexandre. Foi se decidindo aos poucos a tomar uma atitude com relação ao assunto que o atormentava. Aquele seu segredo enchia-lhe o peito, pesava-lhe os ombros. Pensou em confessar-se com Manoel Jacintho, em contar-lhe tudo e o que pretendia fazer a respeito. O padre chegou mesmo a perguntar-lhe, certa vez:

- Vosmecê está apoquentado com alguma cousa? Se eu puder lhe ser de alguma serventia...

Alexandre titubeou. Esteve a ponto de abrir o coração, mas freou o impulso. Decidiu que deveria agir sozinho. Seria melhor assim... E deveria desvencilhar-se logo daquele problema, a fim de que pudesse embrenhar-se à vontade na política. Limitou-se a responder:

- Quiçá eu lhe peça ajuda, sim. Se necessidade houver...

Dez dias após sua chegada à cidade, ao cair da noite, ele vestiu-se de forma mais simples que o usual: uma casaca de linho e calça de lã fina. Calçou uns borzeguins de cordovão e dispensou o chapéu alto de pele de castor, tomando um chapéu baixo de feltro. Muniu-se de uma bolsa de dinheiro e montou um de seus cavalos, rumando para os lados da antiga porta de Santa Luzia. Desceu a ladeira da Conceição com cuidado, pois era muito inclinada e, por qualquer descuido, o cavalo poderia escorregar no calçamento de pedras lisas e irregulares. Os sinos da cidade já haviam tocado o Ângelus e uma mansidão ia caindo sobre as ruas. Uma vez no bairro da Praia, tomou a esquerda, rumando para onde se erguiam os trapiches e, mais adiante, o porto das Pedreiras, que nada mais era que um pequeno cais de pedra no meio de casas muito pobres. Ali, um jovem senhor como ele, montando um cavalo garboso, destoava de tudo, chamava a atenção, ainda que vestido de forma mais simples. Quando chegou ao dito porto, já estava escuro e a falta de luz escondia suas feições. Divisou uma luz fraca no interior de uma casa quase à beira d'água, cujas paredes estavam encardidas de umidade e salitre.

Apeou de manso em frente à tal casa, engolindo em seco. Seu coração estava acelerado. Diante da porta, bateu palmas. Alguns segundos depois, a porta rangeu, deixando-o entrever por uma fresta a cabeça de uma velha. Depois de um momento de hesitação, apertando os olhos para enxergar melhor, ela perguntou quem era. Em vez de responder, o rapaz perguntou;

- Dona Capitolina, mora cá ainda Maria Idalina dos Santos?

A velha então abriu a porta, fazendo aparecer sua figura assustada, meio encarquilhada.

- Sim, mora. Mas decerto não esperava mais visita de Vossa Mercê.

- Este é assunto que a ela cabe tratar, com seu perdão. Posso entrar?

A velha fez que sim. Ele entrou e esperou de pé no cubículo que fazia as vezes de sala e cozinha, mal iluminado por uma vela que já ia pela metade. Enquanto isso Capitolina sumiu no quarto contíguo. Pouco depois, aparecia na sala uma moça de seus dezoito anos, com um rosto belo escondido atrás de olhos encovados e cabelos castanhos cujo desalinho procurava disfarçar. Os olhares dos dois jovens encontraram-se. Ambos não sabiam se deviam sorrir. Alexandre procurou quebrar o constrangimento.

- Como estás passando?

- Certamente não tão bem quanto tu.

Alexandre já esperava aquela agressividade na recepção. Havia um ano e meio não se viam e, durante aquele tempo, não tinha mandado nenhuma notícia. Mas ele acreditava que o propósito da visita aliviaria aquele sentimento.

A moça, por sua vez, examinava-o com atenção. Um olhar mais arguto veria por trás do ressentimento uma admiração velada, até mesmo um prazer em contemplar uma figura bela, limpa, elegante como a daquele rapaz, que exalava um conforto, um asseio, enfim, toda uma qualidade de vida que a ela parecia uma fábula. Sentiu vontade de aproximar-se e tocá-lo; sentir seu corpo rijo num abraço, suas mãos que outrora haviam sido carinhosas... Seriam elas capazes ainda de acariciá-la? Portariam ainda aquela leveza que lhe ficara impressa na pele? Teria ainda sua saliva aqueles mesmos sabor e aroma que seus sentidos a faziam relembrar sempre de forma tão vívida?

Ele a olhava com um desconforto, entre remorso e compaixão, mas não compartilhava de nenhuma saudade que Maria Idalina pudesse ter. A ele parecia muito longe o tempo em que se haviam encontrado na Praia, ela órfã, bela, trabalhando como aprendiz de costureira no bairro da Preguiça; ele afoito, livre e feliz. A visão da mulher que ela fora para ele em outros tempos esvaíra-se, entretanto, no decorrer dos dias calmos no Engenho do Socorro, dos dias conturbados na Corte e na Bahia. Ele próprio se sentia um outro homem, agora senhor de si e de um solar na cidade, pronto para herdar um nome e aceitar a responsabilidade que tal legado faria cair sobre seu futuro.

- Venho ver como estás passando. Há cousas de que carecemos falar.

Ela apontou-lhe um tamborete. Ele esperou que ela se sentasse primeiro num outro, depois sentou-se também.

Há algo que rege a vida de muitas pessoas, uma força que enceguece e da qual os mais perspicazes conseguem escapar. Maria Idalina não era um desses últimos e, como a maioria, no mais das vezes via e ouvia só o que queria ou podia ver e ouvir. Faltava-lhe capacidade para adiantar-se além dos limites de seu mundo estreito e de suas fantasias, de seu próprio espírito; não conseguia ver além de seus sonhos mais ternos e descabidos ou de seus medos mais escuros e por isso olhava Alexandre com a esperança de que ele pudesse vir estender-lhe a mão e tirá-la daquele buraco que era sua vida.

- Conta-me tudo o que se passou nesse ano e meio.

- Não se deu muito que contar. O pequeno nasceu em janeiro do ano passado.

Os olhos de Alexandre tornaram-se mais doces ao ouvir aquelas palavras. Ela continuou:

- Mas o dinheiro que me deixaste cedo minguou e não mais tive cartas tuas. Desde então sou o que bem vês agora, porque, dando leite, adoeci, e não tenho podido trabalhar. Estou entre a cama e a criança. Vivo da caridade de Dona Capitolina, que moureja na cozinha e costura de ganho. Já não me cobra o aluguer do quarto e ainda me ajuda com o de comer, pelo que lhe sou obrigada. Tem a mim como filha e eu, a ela, como mãe. Não tenho mais ninguém.

- Fazia gosto em vê-lo.

Maria Idalina levantou-se, foi ao quarto e retornou com uma criança de um ano nos braços.

- Não é mais pagão. Consegui batizar faz pouco tempo.

- Qual nome lhe deste?

Ela olhou Alexandre com os olhos esperançosos e disse:

- Dei teu nome: Alexandre. Nome de família tem só o meu. Se falasse o teu, muito havia de estranhar o padre, e não era de meu gosto ser de teu embaraço.

O menino pareceu ao pai um tanto pálido. Mas pôde reconhecer nele certos traços de sua mãe ou talvez de sua irmã Cândida. Estava adormecido no ombro da mãe, alheio ao embate que ela travava. Olhando para a jovem, Alexandre falou:

- Vim de visita também para tratar disso. - Tirou da cintura a bolsa de dinheiro e colocou-a sobre a mesa carcomida que, encostada a uma das paredes, atravancava a sala - Aqui estão dez mil réis. Há de ser uma boa quantia para tua mantença e do pequeno, se dela souberes fazer gasto. - e fez uma pausa quase imperceptível, que usou para tentar avaliar melhor no rosto da moça o efeito daquele ato.

Tentava manter imperceptível o descompasso que sentia em sua própria pulsação. Não era mais amor o que sentia por ela, estava agora mais certo do que jamais ousara reconhecer. Entretanto, um arrependimento secava-lhe a garganta e interpunha-se entre seus pensamentos e as palavras que tentava articular. Compaixão... era o que nutria, mas sua intuição o avisava de que ela se sentiria humilhada se deixasse transparecer aquilo. Ainda assim, a consciência daquela compaixão aliviava-o, pois a seus próprios olhos o transformava num homem não tão mau. E, de qualquer forma, procurava convencer-se de que não era por falta de coragem que cortava os laços com ela. Se dizia adeus, era porque cessara o amor, ou melhor, a paixão. E, ainda que assim não fosse, ainda que a amasse profundamente e ansiasse por deitar-se sobre ela, como antes, sentindo-lhe os seios apertados sob seu tórax, e o seu sexo coberto de um pelo espesso roçando-lhe a virilha... ainda que necessitasse dos seus beijos e de sua ternura para viver, como um dia pensou precisar... ainda assim... o respeito pela família e pela ordem social não exigiria que recuasse? Não exigiria que agisse como agia agora: uma retirada discreta, mas nem por isso irresponsável? Quantas vezes aquele fluxo desordenado de planos e sentimentos não o havia assombrado, deixando-o nu diante de si mesmo e da vida? Quantas vezes aqueles pensamentos eivados de pesar e medo não lhe haviam martelado as noites, para que pudessem se transformar, enfim, num curso ordenado de ações e palavras? Providências remoídas que lhe pareciam acertadas, mas nem por isso menos sombrias.

- Envio depois o nome de uma pessoa a quem possas recorrer em caso de precisão, seja por motivo de saúde ou de dinheiro. Deves também mandar vir um médico... E hei ainda de prover ao pequeno a educação devida, quando o tempo certo for chegado.

Ela ficou com uma expressão incrédula e decepcionada no rosto. O dinheiro lhe serviria muito, sim. Mas não era só isso que esperava. Ao vê-lo de novo ali, diante de si, tornara a sentir a paixão que a arrebatara antes. Acreditara por uns instantes que ele vinha em socorro também de seu coração, de seu corpo, de sua alma. Mas tudo que ele lhe oferecia era aquela bolsa.

- Não me posso alongar muito de conversa. Tenho muitas cousas a tratar e volto para o Socorro logo. Mas não te deves avexar. Não ficarás desamparada.

Maria Idalina tinha agora o olhar meio vazio, distante. Alexandre preparou-se para sair. Dirigiuse à porta, pronto para abri-la e desaparecer na escuridão da rua, rumo ao conforto de seu solar onde teria ao menos uma chance de esconder-se de medos e remorsos. Mas, então, sentiu na voz de Maria Idalina um timbre que jamais havia ouvido antes. Sua voz soou rouca, gutural, talvez embargada. Soava como a voz de uma mulher envelhecida e amarga.

- Toda paixão traz em si a semente do suplício! No mais das vezes, é lançada em terra fecunda, agora eu sei. E então só consome quem lhe dá abrigo, ilude quem lhe tem fé e parte sem olhar para trás. A pena não vale um instante de paixão, Alexandre!

Ele escutou aquilo calado, de costas. Abriu a porta e saiu sem volver o olhar para trás. Ela deixou-se sentar, lívida. Mas trazia agora nos olhos uma luz inesperada, como se uma cortina pesada se houvesse erguido afinal e ela pudesse enxergar o mundo, a vida de uma forma diferente. Assim, subitamente, sentiu-se forte, dona de uma compreensão clara de tudo ao seu redor, como se aqueles minutos houvessem operado nela a mudança que só muitos anos podem trazer. Capitolina apareceu muda, olhando para a moça e para a bolsa de dinheiro.

- Não te apoquentes, não, Idinha. Tudo se há de arranjar. Tudo se há de arranjar!

Mas a outra respondeu com os olhos presos na porta:

- À coragem de pedir, Dona Capitolina, carece ajuntar a força de encarar o enjeitamento e atinar com o que fazer dele. Sou pobre... Estou desonestada... De mim quiçá não se há de ouvir mais falar. Mas deste aqui... - e olhou para o filho - Deste aqui ouvirá dizer toda a gente.

As duas ainda permaneceram ali por um tempo, guardando o bebê, metamorfoseadas numa só figura com sua aura de pobreza amarga e deseperançada. Até que Idalina lembrou que já era hora de apagar a vela. Precisavam economizá-la, como tudo o mais. E soprou a chama num reflexo automático, com o olhar meio esgazeado, esquecida da bolsa sobre a mesa.

Após sair do casebre, Alexandre cavalgou pelo bairro da Praia e depois Ladeira da Conceição acima, rumo a sua casa, suspirando de alívio e tristeza. Esperava com aquele ato ter apaziguado Maria Idalina e tirado de sua mente qualquer pretensão que pudesse ter de procurá-lo, ou anunciar a alguém que carregava um filho dele. Não que um filho bastardo fosse algo inédito naquele mundo em que viviam. Ao contrário, os senhores de engenho e seus filhos muito se orgulhavam de ser femeeiros. Mulatinhos paridos pelas escravas era o que mais havia no Recôncavo. E quem sabe até seu próprio pai também não andara colocando no mundo pequenos que, no fim, acabavam apenas aumentando o patrimônio da família? Mas aqueles assuntos não eram falados entre os Argollo do Socorro e Alexandre temia que sua aventura amorosa com uma mulher branca e pobre, que resultara num fruto, viesse a ser vista como uma grande mácula.

Agora que sentia ter resolvido o assunto, ansiava por conversar com Manoel Jacintho, contar-lhe tudo e dormir, na tentativa de esquecer aquela cena e as últimas palavras de Maria Idalina. Qual não foi sua alegria ao encontrar justo o padre na sala de visitas! Este ia começando a desculparse:

- Vosmecê perdoe o abuso de vir de visita sem aviso, mas...

- Ora, Padre Manoel! Não é abuso nenhum! Fico muito feliz com vê-lo! - interrompeu o outro.- Ceia comigo?

- Pois, certamente.

Felícia havia preparado uma feijoada com carne salgada, cabeça de porco, linguiça e tudo o mais que seus dotes culinários lhe permitissem imaginar, e toda a casa rescendia ao aroma delicioso da comida. Alexandre ordenou que fosse servida a ceia na sala de jantar, onde a mesa já se encontrava preparada. Ali ceiaram entre comentários sobre assuntos leves e goles de vinho Figueira. Terminada a ceia com colheradas fartas de ambrosia, ficaram na sala de visitas conversando, bebericando licor de jenipapo. Alexandre esperava o melhor momento para abordar seu assunto. O padre percebeu isso quando a conversa chegou naturalmente a uma pausa e Alexandre pareceu-lhe um tanto grave.

- Vosmecê parece avexado de novo esta noite. Não é nada em que possa eu ser de sua serventia?

- É que eu careço mesmo de sua ajuda. É cousa que, embora não seja ilícita, pode muito ser embaraçosa. Terei de confiar na sua discrição...

- Mas, então fale! Folgo muito com ser de seu auxílio.

Alexandre contou tudo, em detalhes. Como conhecera Maria Idalina dois anos antes, durante os festejos da Páscoa, quando viera toda a sua família para a Bahia. Como conseguiu encontrá-la depois. As origens humildes da moça e o prazer dos momentos passados junto a ela, naquela ocasião e em outras poucas vezes que viera sem os pais à cidade, sempre por poucos dias. Narrou seu espanto quando ela lhe comunicou que estava grávida e de como a instalou na casa da senhora Capitolina, não tendo tido, nos meses seguintes, oportunidade de tornar a vê-la. Assegurou ao padre que era uma jovem honesta, apesar do deslize, e que apenas era de segunda condição, pobre e sozinha de todo, sem ninguém que por ela olhasse.

- Quero seu consentimento para comunicar à jovem seu nome, a fim de que, carecendo de qualquer cousa, possa requestá-la a vosmecê. Penso que seja tanto melhor assim, porque não estarei na Bahia sempre. Também não gostava de vê-la bater à minha porta e não deixava de ser uma caridade de sua parte. Vosmecê é padre, ajuda muita gente. Já percebo que é um homem bom e, por isso, já tem minha confiança. Que esteja claro que a proverei de tudo de que carecer para sua mantença. É, aliás, o que já fiz hoje. Deixei-lhe dez mil réis para que se vá arranjando. Depois enviarei mais.

Manoel Jacintho não estava tão surpreso. Seu espírito prestativo não viu nenhum problema naquele pedido, pelo contrário, viu uma lisonja. E era mesmo um ato de caridade, no final das contas. Já que o mal estava feito, que se cuidasse agora de prover a criança e sua mãe do que fosse preciso para viverem.

- Vosmecê conte comigo. Compreendo a situação difícil e quiçá não será essa, de fato, a melhor maneira de remediarmos a questão! Demais, sendo a mãe solteira e cristã, essa criança não é filha de punível e danado coito. Um dia, quem saberá dizer, vosmecê, em sendo nobre, não o queira legitimar, ainda que não o tenha por herdeiro?

Alexandre ficou satisfeito com a resposta. Congratulou-se por ter, num espaço de poucas horas, conseguido resolver o assunto. Conversaram um pouco mais até que o padre fez menção de retirar-se. Porém, subitamente, lembrou-se de algo.

- Já me olvidava, veja só! Padre Francisco, sabendo que cá eu vinha ter, encarregou-me de pedir a vosmecê que lhe vá ver amanhã, em hora que lhe for aprazível.

O jovem Argollo assentiu e chamou Bento, que já era escravo de dentro no Engenho do Socorro, para que acompanhasse a visita até a porta. Bento apareceu descalço, metido numa calça de algodão grosseiro e numa camisa larga de baeta listrada. Acompanhou o padre até a porta da rua.

- Nhonhô qué mais arguma coisa? - perguntou baixinho depois a Alexandre.

O jovem senhor estava distraído, imaginando o que padre Francisco teria para lhe falar, uma vez que pedia que fosse visitá-lo. A pergunta do escravo interrompeu seus pensamentos e ele respondeu com a rudeza que sempre usava para com os negros, exceto Damásia:

- Não! Vou é me deitar! Vem tirar-me a roupa.

Bento seguiu-o com seus passos silenciosos até o quarto principal da casa, que Alexandre estava ocupando, e no qual não havia mais que uma escrivaninha e uma grande cama de madeira maciça e cabeceira ornada de entalhes. O escravo segurou o urinol enquanto seu senhor urinava e depois foi despejar seu conteúdo no tigre, um barril de madeira vedado que ficava guardado num socavão na parte posterior da casa. Colocou o urinol vazio debaixo da cama do amo e pôsse a ajudá-lo a despir-se: desfez-lhe o laço de seda azul celeste que trazia ao pescoço, desabotoou-lhe a camisa, descalçou-lhe os borzeguins. Apressou-se em verter água da jarra de louça para que Alexandre lavasse o rosto. Preparou-lhe o leito. Certificou-se de que a bilha de barro ao lado da cabeceira da cama, continha água fresca. Apagou as velas, deixando acesa apenas uma sobre a escrivaninha.

- Boa noite, nhonhô. Deus le guarde. - e fechou a porta devagarzinho para não quebrar o silêncio que já enchia o ambiente.

O jovem ficou deitado, olhando o teto, deixando seu pensamento solto. Mas depois de um tempo, como não conciliasse o sono, levantou-se e sentou-se à escrivaninha. Olhou para o papel e a pena e resolveu escrever ao pai. Sentia-se agora seguro para isso. Escreveu:

"Cidade da Bahia a 25 de janeiro de 1822.

Mui Estimado Snr. Meo Pae,

Escrevo estas curtas linhas para avisallo de que está tudo bem na Bahia, comigo e com a casa, que achei em bom estado e que agora ainda melhor se tem.

Meo bom pae, muito, muito me tem sido proveytosa a amizade do senhor Pedro Rodrigues Bandeira e do mui honrado e digno Cônego Francisco da Anunciação, mordomo da Casa de Santa Misericórdia, que uma vez já esteve ahi no Socorro, e que bem conhece nossa familia. De muita serventia me têm sido ambos pelo que os tenho em alta conta, como ambos têm a nós, Argollos. A eles devemos ser muito obrigados.

Espero em Deos que estejam passando todos bem ahi. Envio minhas saudades affectuosas também às senhoras minha mãe e minha avó, e aos irmãos e irmãs e Damasia.

He quanto tenho por agora a dizer ao senhor meo pae, a quem Deos guarde muitos annos. Aceite minhas muitas saudades e deite sua bençam a este seu filho obediente.

Alexandre Gomes de Teive e Argollo Ferrão."

VI

A correspondência de Alexandre deixou a cidade, levada pelo portador de Pedro Bandeira, Antônio da Fé, um mulato que ganhava a vida servindo-o, embrenhado-se nos caminhos do Recôncavo, indo e vindo com as notícias tristes e alegres dos senhores da Bahia.

Foi-se a carta no lombo do cavalo, pela Estrada das Boiadas afora, palmilhando junto com seu portador aquele caminho que tinha como ponto de partida o Largo da Lapinha, localizado no alto da colina, debruçado sobre o pequeno largo à beira-mar, onde a gente do lugar ia colher água doce numa fonte. Beijou o pó daquela estrada que serpenteava depois rumo ao Recôncavo, pelos cerros que de vez em quando davam vista para a baía, quebrando para o interior, passando por pequenas povoações: Bate Folha, Campinas, Pirajá... todas com suas gentes apoucadas e pobres, feitas de mestiços e negros; seus casebres de taipa de pilão, cobertos de palha de piaçava.

No ponto em que a Estrada tomava a direção do sertão, Antônio da Fé bandeou seu cavalo para a esquerda. Começava então a adentrar o mundo do Recôncavo: o imenso entorno da Baía de Todos os Santos, um território que se estendia por oito léguas em todas as direções a partir de suas margens. Com a quentura do sol sobre seus ombros, foi atravessando uma a uma suas primeiras freguesias: Cotegipe, Matoim, Passé... Guiava-se pela paisagem recortada de morros arredondados e tabuleiros, adornada pelas copas espalmadas dos dendezeiros, buritis, piaçaveiras, coqueiros, entremeada de bambuzais extensos que acompanhavam o relevo desde os baixios, subindo pelas encostas e enchendo os caminhos de sombra. Foi pisando o terreno que os locais chamavam de salões: uma terra misturada de argila e areia, espetada pelos pés de mandioca dos sítios e fazendolas. E, depois o massapé, o valioso solo de argila espessa do qual brotavam os canaviais. Essa que era considerada por seus proprietários a melhor terra do mundo para o plantio da cana ia entranhando-se nos cascos do cavalo, fazendo subir uma poeira avermelhada que ardia os olhos de Antônio da Fé.

Aquele era o domínio dos grandes senhores dos engenhos de cana-de-açúcar, das fazendas de fumo e mandioca. Uma região onde o massapé era disputado a cada palmo, especialmente onde mais se aproximasse dos rios ou do mar pela facilidade com que daí se podia exportar o açúcar. Da estrada, viam-se sempre os grandes canaviais e, às vezes, um ou outro solar avarandado ou escravos tangendo carros de bois cheios de cana cortada, gritando um "êêêêêêêê, boi!", longo como uma saudade. Capatazes mulatos guardavam as cancelas dos intrusos ou comandavam algum comboio de burros, levando feixes de açúcar e pipas de aguardente. Aqui e ali se ouvia distante o barulho das casas de moeção, ou o mugido de uma vaca solitária, pastando à beira do caminho.

O cavaleiro ia marchando decidido, sem se deter nem diante dos muitos cursos d'água. Quando encontrava rios mais caudalosos, contornava até encontrar uma ponte. Às vezes, pagava a travessia a alguma balseiro. Todo o Recôncavo era cortado por rios: Sergi, Açu, Subaé, Paramirim... o maior de todos, o Paraguaçu, mais para o norte, que tinha às suas margens a Vila de Nossa Senhora do Rosário de Cachoeira. Mais abaixo, antes de encontrar a baía, aquele rio alargava-se formando a bacia do Iguape, cercada de engenhos e fazendas por todos os lados, cortada por embarcações que iam e vinham em todas as direções.

Antônio da Fé e seu cavalo conheciam todos aqueles recantos. Do alto dos morros, o mulato contemplava os grandes manguezais que brotavam na orla da baía, tornando sua água rasa e amarelada, salpicada de pequenas canoas da gente pobre dos lugarejos, que vivia de mariscar. Aqueles mangues bordejavam as fazendas como uma fronteira cinzenta entre o país das canas e do massapé, verdejante, de cheiro agridoce, ocupado de eitos e labutas suarentas, e o território do mar, prateado pelo sol incessante. O caminho profundo que levava até a cidade da Bahia os produtos do Recôncavo e por onde chegavam às vilas utensílios e histórias do mundo grande, da Europa, do Oriente e da África. Cassas, cetins, brocados e sedas, leques, incensos, porcelanas, frasqueiras, penicos e escarradeiras, baús, utensílios de cobre, escrivaninhas e palanquins para adornar as casas grandes e seus senhores, os livros sacros com que se rezava nas igrejas das vilas e, por fim, os escravos que haviam levantado e mantinham de pé o reino branco e verde da cana-de-açúcar.

As notícias que Alexandre enviava foram entrando naquele mundo. Eram poucas mas iam levando consigo um cheiro de alvoroço e burburinho. Iam na cadência do trote do cavalo, conforme seu portador fosse parando para se alimentar nos pousos ou para deixar cartas. Pedro Bandeira era importante e mantinha, no Recôncavo, com muito zelo, suas amizades com homens influentes na Província, como era ele próprio, a quem participava acontecimentos e de quem obtinha informações, numa rede de compadrios e favores trocados. Assim, para deixar as cartas, o cavaleiro ia fazendo um trajeto recortado pelas diversas freguesias, cruzando os vilarejos, entrando nos engenhos e fazendas.

Ao fim de quatro dias de viagem, Antônio da Fé chegou à Vila de São Francisco da Barra do Sergipe do Conde, que ficava às margens da baía, diante da Ilha de Cajaíba, banhada pela água amarela dos mangues que iam terminar ali, diante de suas casas. Tinha cartas a entregar ao vigário da matriz e ao Tenente-Coronel João da Trindade. Foi encontrá-los na sacristia da Igreja de São Francisco, no alto da colina por onde se espraiavam as casas e seus moradores, que subiam e desciam as ladeiras, vagarosos. Após ali pernoitar, iniciou o quinto dia de sua viagem, rumando para o Engenho de Nossa Senhora do Socorro, cinco léguas ao sul da Vila.

O Engenho Nossa Senhora do Socorro ficava na freguesia do mesmo nome, à margem norte da Baía de Todos os Santos, na parte fronteiriça à Freguesia de Nossa Senhora do Monte. Seus 800 hectares estavam cobertos de plantações de cana, aqui e ali interrompidas por áreas livres, desmatadas, onde pastavam solitários alguns bois e vacas. Sua parte sul era banhada pelo mar, diante de um labirinto de ilhotas que acompanhavam a orla com seus mangues e uma infinidade de angras.

Na propriedade dos Argollo, o dia inteiro havia transcorrido numa quentura insuportável que nem a brisa marinha conseguira amainar. José Joaquim passara a tarde inteira na varanda da casa-grande, balançando-se na rede, abanando-se, reclamando do calor. Um molequinho, filho de uma escrava de dentro, ficara incumbido de coçar-lhe os pés e espantar as moscas, enquanto o senhor cochilava.

Daquela grande varanda que circundava três quartos do segundo andar da casa grande, ele lançava de vez em quando seu olhar meio vesgo, sob as pálpebras pesadas de sono. Açambarcava, de sua rede, uma grande extensão de suas terras e percebia tudo o que via como uma entidade grande, bela e viva. Mesmo os feitores, que eram gente branca, quando menos parda, ele via como propriedade sua, legítima, indiscutível. Regozijava-se em mirar tudo aquilo: o verde dos pés de cana mais ao longe, a pequena igreja do engenho com sua torrezinha sineira, a casa da moenda com os ruídos da grande roda onde era triturada a cana, ao lado da casa das caldeiras, onde o sumo doce era levado à fervura nos paróis; mais adiante, a casa de purgar e o balcão de mascavar; os escravos que iam e vinham pressurosos sob as vistas dos feitores, do mestre de açúcar e do mestre purgador, que berravam, atarefados em fazer produzir a grande máquina que era o engenho. E, com essa visão, ia fechando os olhos, fechando... caindo num outro cochilo, tranquilo com o poder que exercia sobre toda a propriedade e sobre a família.

Às vezes inquietava-se, era verdade, com uma única pessoa que lhe escapava à voz máscula e poderosa: sua própria mãe, Anna Argollo. Viúva já havia muitos anos, recusara-se a viver debaixo do mesmo teto que o filho e a nora. Com uma vontade inquebrantável e uma força quase miraculosa, aquela velha de setenta anos fazia-se respeitar como se fora uma rainha, impunhase altiva sobre todos e desafiava a sociedade, ao comandar sozinha sua fazenda, o antigo Engenho de Nossa Senhora das Dores que já não produzia açúcar. Ela, entretanto, exigia de todos que se referissem a sua fazenda por Engenho, como que a combater a morte, o esquecimento de um tempo de poder que ameaçava deixá-la a qualquer momento. Era preciso uma vontade férrea para segurar aquela vida junto a si, acorrentá-la, se necessário fosse. E ninguém, em sua presença, teria coragem de nomear sua fazenda sem chamá-la de Engenho... Engenho Nossa Senhora das Dores. E nem seu filho, José Joaquim, ousaria desdizê-la.

De suas terras ela comandava novenas e rezas. Às igrejas e ao convento de Santo Antônio da Vila de São Francisco do Conde fazia doações para que se lhes construíssem altares e se lhes encomendassem adornos de prata, toalhas de rendas finíssimas, imagens de santos talhadas em madeira nobre.

Encomendava missas pela alma do falecido marido e pelas almas das pessoas ilustres que morriam. Sua reputação de pessoa boníssima e católica fervorosa corria toda a freguesia e os padres andavam sempre a visitá-la, sabendo que sempre sairiam levando algum donativo.

Aquela mulher, o único membro da família que escapava à autoridade de José Joaquim Argollo, tinha o condão de fazê-lo sentir-se uma criança e isso incomodava sua masculinidade patriarcal. Às vezes quedava-se refletindo, pensando numa forma de domá-la. Mas não desesperava... um dia, inevitavelmente, ela teria de render-se. Sua idade não lhe permitiria prosseguir por muito tempo mais com aquela independência e teria então que vir para o Engenho do Socorro. "Ou então... bem, então..." - pensava ele - "Não morreremos todos um dia?"

Em sua rede, José Joaquim perdia a conta das horas, distraído com seus pensamentos. Quando não era Don´Anna Argollo, eram os filhos que lhe ocupavam os devaneios. Dormindo e acordando, ao sabor do balanço, ia fazendo os seus cálculos e planos. Um filho estava já encaminhado na carreira militar, adentrava a política e retornaria um dia para comandar o Engenho. Cuidava agora de encaminhar os demais. A Jerônimo, que tinha dezenove anos, pensava mandar a Coimbra para que se diplomasse. A Bernardino, que contava dezesseis anos, pretendia fazer tomar as Aulas Régias para que se tornasse padre. Cândida, por sua vez, que aos dezessete anos era já considerada meio passada da idade de casar, estava destinada a receber o hábito de freira, para o que o pai zeloso já tomava as providências devidas junto ao Convento de Santa Clara do Desterro da Bahia sem que a filha sequer suspeitasse disso. Por fim, o senhor Argollo cuidava também de encontrar casamento digno para Júlia, a caçula de 14 anos. Para tanto, iniciara as tratativas com Vicente Ramiro

Dias Bulcão, Capitão-mor da Vila de São Francisco do Conde, cujo filho mais velho parecia ser o partido ideal.

Eram idéias que pretendia fazer vingar nos tempos próximos. Remoía-as, fazendo e refazendo as contas dos dotes para o Convento e para o casamento de Júlia; não porque lhe faltasse o dinheiro, mas pelo prazer de saber tê-lo. E assim seus planos iam e vinham na sua mente um pouco como os cochilos, balouçantes, zumbindo nas asas das moscas e besouros, no estalo distante dos chicotes dos feitores.

Aquela tarde quente as mulheres haviam passado no gineceu, fechadas em sua reclusão quase mourisca, sentadas em esteiras de palha, bordando, rezando, cantando, como sempre apartadas de maiores contatos com o mundo externo. Uma escravinha ficara a fazer-lhes companhia, volta e meia abanando uma, coçando a cabeça de outra, trazendo água fresca.

Jerônimo e Bernardino, por sua vez, que já não tomavam as aulas com Padre Flávio, viviam no engenho a ajudar o pai nas ordens que tinha este a dar, como se fosse aquilo uma instrução prática para a vida adulta. Mas uma vez que todo o serviço de administração era incumbido aos feitores, tais ordens não eram muitas e os rapazes procuravam preencher o tempo com pouquíssimos outros interesses. Naquele dia calorento, andaram em mangas de camisa pela casa, jogaram gamão, espiaram pela varanda, pelas janelas, tentando espantar o tédio e a quentura.

No fim da tarde, quando chegou a carta de Alexandre, houve um alvoroço na casa-grande e aquela calma modorrenta quebrou-se. Apesar de não trazer quase notícia nenhuma, a correspondência foi já suficiente para render umas boas horas de conversas às mulheres, que ainda se punham a imaginar o filho e irmão caminhando garboso pelas ruas de Lisboa; a José Joaquim que passava a Jerônimo e Bernardino suas impressões acerca da política local e do futuro da Província. Mesmo os escravos de dentro, para quem nenhuma parcela do ócio sobrava, sentiram-se tocados pela excitação que a carta de nhonhô Alexandre causou.

À noite, por ocasião da ceia, estavam os brancos saciados de conversar. Foi fácil para os jovens manter o silêncio respeitoso, imposto pelo pai à mesa. Após ceiar, José Joaquim havia ido à varanda para fumar seu charuto, e foi então que notou uma tempestade se armando. O calor cessaria, pelo menos à noite. Ficariam todos aliviados.

Em seu quarto de dormir, Cândida e Júlia preparavam-se para deitar-se. Encostada à parede oposta às camas das meninas, havia uma rede pendurada onde dormia Damásia, como um misto de cão de guarda e anjo protetor. Nutria um amor maternal pelas duas, em especial por Cândida.

Todas as noites as três cumpriam no quarto o mesmo ritual. Com a ajuda de Luzia, mucama das meninas, Damásia despenteava-lhes os cabelos para depois escová-los e trançá-los atrás. Então, vertia da jarra de louça água fresca sobre a bacia, para que as sinhazinhas lavassem os rostos e os colos e limpassem os dentes com o dentifrício que Virgínia mandava vir da capital. Aparavalhes os urinóis e, por fim, depois de despachar Luzia, que os levava a esvaziar, ajoelhava-se com elas para dizer as últimas rezas do dia. Às oito horas, já estavam deitadas, no escuro completo.

O sono leve de Damásia sempre custava a chegar e ela percebia, todas as noites, balançando-se de leve na sua rede, as luzes da casa irem morrendo, os passos pesados do sinhô José Joaquim pelo corredor, a caminho do quarto. Às vezes chegavam a ela uns sons distantes de atabaques e risos vindos da senzala; o ruído dos feitores passando a cavalo lá embaixo, indo e vindo da senzala para a casa de moer, atrás da qual ficavam seus quartos. De vez em quando, julgava escutar lá fora, além de grilos e sapos, outros ruídos: sussurros e gemidos ofegantes. Então pensava: - "Essas nêga que num se dão respeito!" - e procurava dormir, tentando não imaginar qual feitor e qual escrava estariam a divertir-se pelos cantos do engenho. Sentia-se briosa por não compartilhar os mesmos prazeres dos demais escravos. Filha, neta e bisneta de escravos, amava e criava as duas meninas como se fossem suas. E isso não só porque era sua obrigação. Vigiar seu comportamento era a única forma a seu alcance de protegê-las num mundo em que, para as mulheres das grandes famílias, a honra quase sempre valia mais do que a própria vida.

E, assim como havia cuidado das duas sinhazinhas, abraçara também um pouco modo de viver de seus senhores: as rezas, o medo do inferno, a rigidez dos conceitos católicos, o Deus. Aquilo caía de forma estranha aos olhos dos outros escravos, mas ela própria parecia não perceber o descompasso entre sua condição e suas crenças. Para muitos dos escravos do Engenho, seu comportamento significava mais do que submissão: ela compactuava com os brancos no cumprimento diário, em pensamentos e atos, do destino que lhes era imposto. Mas para Damásia não era só a forma que encontrara de proteger Cândida e Júlia? Não era um recurso para sua própria proteção, talvez? Vagando desde moça pelos cômodos amplos, realizando suas tarefas em silêncio, ganhando no decorrer da vida a confiança dos senhores Teive e Argollo, rezando com eles como fizera sua mãe, ouvindo seus segredos e calando, recebendo nos braços a pequena Cândida, recém-nascida, a quem lhe cabia alimentar, ninar e fazer sorrir... E era verdade que sua convicção aumentara ao ver pela primeira vez aquele rosto pequeno e sereno: a certeza de que podia viver com aquele Deus que odiava sua cor e suas origens, jogar para um canto da mente laivos esfumaçados de vida, uma canção que era só um eco, quase um soluço. O som de atabaques que vinha da senzala era só um vestígio iníquo, vindo de um mundo menos altivo e digno. O seu mundo era a casa-grande dos senhores, com Cândida e Júlia, suas quase filhas, um Deus branco quase seu, as rezas brancas quase suas, sobrepondo-se ao som da senzala que chegava abafado para encontrá-la no sono tênue da vigilância.

Naquela noite, enquanto Damásia ainda não havia subido ao quarto, Cândida e Luzia deixaramse ficar sentadas no largo parapeito de madeira da janela, olhando o céu sem estrelas, coberto por nuvens espessas. Júlia, deitada, lia um breviário com atenção. Só quando o brilho de um raio azulava o ambiente é que levantava a cabeça num estremecimento. Cândida, por sua vez, sempre adorara admirar os raios. Ficava tentando imaginar por que apareciam, o que explicava sua existência, por que caíam aqui e acolá, queimando ora árvores, ora casas, ora matando gente... Parecia a Cândida que alguma razão sobre-humana regia a vontade dos raios. Perguntara uma vez a Padre Flávio e ele respondera que alguns diziam que era uma força natural, mas que para ele era a ira de Deus que se manifestava nos raios.

- Quisera eu andar lá fora, para ver de perto os relâmpagos.

- Yayá, num diga isso! Intonce num sabe que é pirigoso? Raio mata!

- Padre Flávio não disse que são a ira de Deus? Então... por que haverá Deus de querer punirme? Que tenho obrado eu de pecado? Só quisera ver os relâmpagos de perto.

- Mas num foi isso que eu ouvi na senzala, não! Yiá Catarina conta toda noite as história da terra dela. Ela diz que é Oyá que rege raio, vento, tempestade...

Cândida já havia visto de relance, algumas vezes, a negra Catarina que fora comprada por José Joaquim poucos anos antes. Chegando ao Brasil, fora batizada com o nome cristão de Catarina. Era esquiva. Quando cruzava com os brancos da casa-grande, abaixava a cabeça, passava rápido. Cândida sentia uma curiosidade estranha por aquela mulher. Procurara ver seu rosto, observando sua forma de andar. Por isso sabia que Catarina era dona de um olhar penetrante, de uma altivez mal dissimulada que Cândida não conseguia entender. Quando Luzia começou a falar, a mocinha quase deu um salto. Acomodou-se melhor no parapeito. Luzia regozijou-se com o interesse da outra. Continuou então a contar, com vigor redobrado, mas dessa vez baixinho, para que Júlia não as escutasse.

- Yiá Catarina contô que essa deusa morava num rio grande, na África, e era uma muié poderosa, uma guerrêra! Quando tá carminha, manda uma arage pr'os home. Mas quando tá de zanga, manda é as ventania, as tempestade e faz cair no mundo os raio pra batê seus inimigo.

A sinhazinha sentiu-se muito mais interessada por aquela explicação do que pela de Padre Flávio. Luzia percebia a impressão que a estória deixara. Era como se a trouxesse um pouco para o seu mundo com seu imaginário apinhado de deuses, uma porta sempre meio aberta para uma realidade qualquer que não fosse a sua. Isso a encheu de vaidade, enquanto a outra ficou a pensar se, um dia, quando viesse uma tempestade, Deus de fato a puniria por seus pecados, mandando um raio sobre sua cabeça e fulminando-a num segundo. Ou será que havia mesmo a grande deusa da qual Luzia falava? Ficou a imaginar a grande guerreira Oyá como uma mulher linda, com sua pele negra luzidia, de espada em punho, dominando as tempestades e os raios, amedrontando os homens. Uma mulher dominando homens era uma imagem maravilhosa para Cândida!

Absorta na imagem da deusa que havia criado em sua mente, só a custo ouviu Damásia chamar para escovar-lhe o cabelo. Luzia passou rápido pela velha, saindo silenciosa do quarto. Temia a capacidade que Damásia tinha de farejar quando se fazia algo de errado. E ai de Luzia se Damásia lhe ouvisse contar aquelas estórias às suas meninas.

- Damásia, já rezaste para algum deus da África? - perguntou Cândida, oferecendo a cabeça à escrava. Esta olhou para a mocinha, dando um muxoxo. Via-se sempre às voltas com suas perguntas impertinentes.

- Padre Flávio num insinô que Deus é um só, minina? Que é o Pai que tá no céu? É só pra Ele que tem que rezá.

Júlia olhava para a irmã com uma admiração incrédula. Perguntava-se de onde tirava aquelas idéias. Lá fora, a chuva começava a cair barulhenta e um cheiro de terra molhada e mato invadia o quarto. Damásia correu a fechar a gelosia e a pesada janela de madeira. Cândida tentava prosseguir com sua inquirição, enquanto trovões começavam a rimbombar. De fato, a mucama velha nunca mencionava nada sobre a África. Ouvira-a uma vez contar que sua bisavó viera de uma tribo bantu. Mas, para questões de religião, era como se fosse branca.

- Ó, Damásia, que há demais. Luzia contou que...

- Vossuncê num tem que prestá uvido a Luzia! - interrompeu a velha – Si aquela sirigaita num tomá jeito vai é pará no chicote.

Seguiram as três o ritual noturno em silêncio. Uma vez de cabelos trançados e, após um Pai Nosso, uma Ave Maria e um Salve Rainha, deitaram-se. As meninas adormeceram, mas Damásia ficou ainda acordada, escutando o adormecer da casa e do engenho. Por fim, acabou dormindo também.

Luzia, por sua vez, ao sair do quarto, foi descendo a escada coberta de penumbra rumo à cozinha, onde dormia junto à cozinheira, numa grande esteira de palha estendida no chão. No salão deserto, viu uma vela ainda acesa, projetando sombras nas paredes. Desceu os últimos degraus e viu-se barrada por um corpo. Um braço agarrou sua cintura e outro levantou sua saia. Atordoada pela surpresa,demorou até compreender o que estava ocorrendo. Viu então o rosto de Jerônimo Argollo perto do seu. Sentiu sua mão quente entre suas pernas.

- Ai, yoyô! Num faça anssim, não!

- Pssssiu, negrinha. Cala a boca!

Luzia apertava as coxas, tentando travar o caminho para a mão do rapaz. Mas ele era insistente. Tinha as mãos fortes, seu suor rescendia um pouco a água de colônia e seu hálito, a licor de jenipapo. A escrava temia gritar e acordar os brancos. Seria recriminada por isso e talvez até punida.

- Cala a boca! Abra as pernas para mim, abra!

Ele insistia e Luzia lutava para desvencilhar-se. Na luta, a manga de sua bata escorregou e seu seio saltou para fora. Ele o abocanhou sofregamente, sugando o mamilo. Quando esbarraram numa mesinha que havia ao pé da escada, Jerônimo teve de segurar um vaso para evitar que este caísse no chão. Luzia então aproveitou para sair correndo para a cozinha, apavorada, deixando o rapaz ofegante ao pé da escada.

Ele ainda pensou em segui-la, mas resolveu aguardar uma nova oportunidade. Sentia o pênis latejar dentro da ceroula de linho. Resignou-se e caminhou para o vão sob a escada. Ali, agachado no escuro, ficou a masturbar-se, lembrando das coxas quentes de Luzia.

Não era a primeira vez que uma investida como aquela acontecia. Há semanas Jerônimo vinha cercando-a, fosse no pátio detrás da casa-grande, fosse na cozinha, quando vinha sorrateiramente surpreendê-la a sós, ou ainda no quarto das irmãs, de manhã, enquanto ela arrumava as camas e recolhia os urinóis. Não havia a quem Luzia pudesse queixar-se. Ia se conformando com o fato de que, um dia, não conseguiria fugir. E aquela perseguição gerava nela um nojo que lhe arrepiava a espinha, aquele odor de água de colônia acabava lhe parecendo um cheiro de sujeira. Não sabia direito... Mas aquilo se tornara tão insuportável que era o que lhe dava forças para se debater, desvencilhar-se, correr.

Perguntava-se, então, se era isso a que se chamava "conhecer homem". Um debater-se constante para não se submeter... E a essa pergunta juntava cenas que havia visto nas noites de batuque e dança na senzala, nos cantos do terreiro, atrás das árvores e dos arbustos: as mulheres se entregavam aos homens arfantes e sorridentes. Sob a luz fantasmagórica de um lampião, vira mesmo, uma vez, o falo enrijecido de um dos escravos como um mastro poderoso. Como podia aquilo não inspirar medo? Era àquilo que estava fadada? Sim... porque deveria ser aquilo que Jerônimo Argollo tinha a lhe oferecer! Mas por que não desejava aquele encontro? Por que não era como as outras, que tinham naquele ato uma diversão? Será que era porque escolhiam elas mesmas com quem se encontrar? Mas ela, Luzia, não tinha a quem escolher... Não queria, na verdade, escolher ninguém! Desejava apenas gozar o pouco tempo livre de que dispunha para desvencilhar-se do cansaço dos ossos e sonhar.

Sonhar, sim, era gostoso para Luzia... Impressionava-se com tudo que ouvia, os contos de Yiá Catarina, os deuses da

África e suas aventuras, narradas numa linguagem arrevesada mas mole que, na maioria das vezes, precisava ser traduzida. Ao escutá-las, Luzia via-se então a banharse em cachoeiras, em colóquios amistosos com a deusa Oxum, que a certo ponto deixava-a mirar-se na águas para ver sua própria imagem. Via-se na corte de Kêtu, observando as batalhas, navegando os rios que levavam a cidades onde ela, sendo negra, poderia ser senhora, princesa.

Que tinham todos esses sonhos a ver com o cheiro de água de colônia ou com o falo enorme e ameaçador? Que tinham seus devaneios a ver com a realidade do terreiro e da cozinha? Que prazer residia em esfregar-se com um homem que, em pouco tempo, desejaria estar dentro dela, como um dono inoportuno, inconveniente? Em nenhuma de suas fantasias havia tempo ou lugar para aquilo, porque lá, nos seus sonhos, havia só um caminhar constante que a entretinha, ao se aventurar pelas terras dos contos de Yiá Catarina.

Algumas horas depois de as sinhazinhas Argollo terem ido deitar, e de Luzia ter se desvencilhado de seu jovem e ansioso senhor, a tempestade ainda desabava sobre o engenho. Em seu quarto, Cândida acordou com o barulho de uma trovoada mais forte. Debaixo do seu lençol de linho, podia ouvir o ressonar de Júlia e Damásia. Não costumava acordar assim, no meio da noite e não gostava de sentir-se só, no escuro. Esforçava-se para conciliar o sono, mas a cada trovão sentia-se mais e mais desperta.

Foi então que pensou que seus olhos lhe estavam pregando uma peça. Sentiu um arrepio correrlhe a espinha até a nuca. Encolheu-se debaixo do lençol, mas não conseguia deixar de olhar.

Pela fresta debaixo da porta, via crescer uma luminosidade avermelhada lá fora, no corredor. Piscava, pensando ser uma impressão que se desfaria. Mas, a cada segundo, via mais nitidamente a luz mover-se no corredor, pulsando. Então, Cândida teve uma daquelas reações que faziam com que sua irmã a desconhecesse, ou que Damásia se assustasse. Pois era quando mais devia temer que Cândida avançava. Quando mais todo bom senso dizia que deveria se recatar, ela se abria para a vida, destemia-se diante dos perigos. Era uma curiosidade que tinha diante de tudo, que a tomava, que a impedia de parar ou de fugir.

A moça afastou o lençol com cuidado, pois sabia que o mínimo movimento poderia despertar Damásia. Mas percebeu que esta continuava a dormir, tranquila. Sentiu-se então segura para se levantar, com um olho na rede e outro na porta. A luz continuava lá, pulsando, por baixo da porta. Pé ante pé, Cândida foi se aproximando. Não deixava de arrepiar-se, mas precisava saber o que era aquilo. Seria um dos irmãos? O pai? Alcançou a porta, a maçaneta, e foi abrindo devagarinho. Colocou a cabeça para fora. Todo o corredor iluminava-se com uma luz vermelha, fazendo Cândida pensar que sonhava acordada. Sua boca entreabriu-se num esgar de pavor quando viu uma figura de mulher parada, de costas para ela. Não era sua mãe! Uma mulher de cabelo escuro, longo, e trajando um vestido azul que fazia lembrar os velhos moldes de costura que Virgínia tinha guardados num baú, no gineceu. Os olhos de Cândida estavam arregalados de medo, mas ela pisou no corredor, determinada a saber quem era aquela mulher. Quando esta se virou, viu-lhe os traços no rosto pálido. Tinha a mão direita sobre o peito e uma expressão profundamente consternada. Cândida sentiu em seu olhar a imensidão da maior tristeza do mundo, como se fosse um buraco por onde qualquer alegria que existisse ao redor se consumisse num segundo, tornando impossível qualquer esperança, qualquer felicidade. Ela olhou para Cândida por um instante e caminhou para a escada, desaparecendo. Paralisada, só depois de alguns segundos a jovem teve a reação de tentar segui-la. Mas, quando chegou ao alto da escada, a sala estava escura e não havia mais ninguém. Assustada, virou-se para retornar ao quarto, mas uma sombra grande aproximou-se e ela se bateu com Damásia.

- Candinha, o que vossuncê tá fazeno aqui essa hora, minina? Vorte já pra cama!

Cândida desistiu de querer dar qualquer explicação, porque sabia que nenhum argumento satisfaria a velha. Passou por ela calada, rumo ao quarto. A escrava, por sua vez, lançou um olhar desconfiado pelo salão lá embaixo. Procurava farejar algo, vislumbrar algum vulto, intuir por que sua menina estava ali... Que perigos a estariam rondando? Mas tudo que pôde sentir foi um arrepio, do qual não gostou nada. Deu meia volta e retornou ao quarto também.

Na cama, Cândida sentiu lágrimas escorrerem pelo rosto. Era um medo cheio de emoção que sentia. Quem era aquela mulher? Sentia-se contaminada por sua tristeza enorme, que transbordava de seus grandes olhos escuros. Viu Damásia deitar-se de novo, causando na rede um balanço que logo cessou. Sabia que nenhuma das duas conseguiria mais adormecer. E, de fato, as duas viram a noite transcorrer calma, enquanto a tempestade amainava e o silêncio e o cheiro de terra molhada tomavam conta do engenho, até que o dia foi raiando devagar, devagar, costurado pelo canto de galos ao longe.

Lá pelas seis e meia da manhã, as três levantaram-se. Cândida sentia o rosto inchado de choro e falta de sono. Correu a lavar-se na bacia do quarto, antes que as outras duas reparassem muito nela. No decorrer do dia, deixou-se ficar quieta. Trazia ainda muito forte a sensação de tristeza desesperada. Além disso, precisava ser discreta para que Damásia não viesse fazer mais perguntas e para que padre Flávio, que chegara de visita, não notasse nada. Entretanto, sabia que a velha não esqueceria nunca o ocorrido e que, a partir de então, passaria a vigiá-la mais de perto ainda.

Quando a tarde já ia pelo meio, um feitor pediu licença para falar com José Joaquim. Seguia-o um homem pardo, com o rosto coberto de marcas de varíola. Era André, um escravo de Don´Anna, que portava uma carta enviada por ela.

- É carta de Don'Anna? - perguntou Virgínia ao marido, quando este lhe entregou a correspondência aberta. Era ele o único que abria correspondências no engenho. Entregou a carta à esposa, dizendo: - É também para ti.

- Uma missiva de Don'Anna! – exclamou Padre Flávio, sentado num tamborete diante de Virgínia - É sempre tão prazeroso receber notícias de Don'Anna. Que senhora caridosa! Que boa alma! Essa, sim, possui já seu lugar nos céus.

Ao ouvir aquelas palavras, Virgínia lançou ao religioso um olhar entre irônico e conformado, antes de baixar os olhos à carta. A correspondência dizia:

"Engenho de Nossa Senhora das Dores, a vinte e cinco de janeiro de 1822.

Mui Estimados Snr. Meo Filho e Snra. Minha Nora,

Não he de meo gosto alarmallos, mas não tenho passado bem de saúde por esses últimos dias. Sabendo da novena de São Gonçalo do Amarante, que se principia na Villa de São Francisco do Conde e tendo para mim que não poderei estar ali, rogo à Snra. Minha Nora que vá e consigo leve seos filhos. Assim há de se fazer que a dicta novena se represente de Argollos e que os dittos Argollos se aproveytem da novena.

Deos vos guarde muitos annos.

Anna Pina e Mello Teive Argollo"

Virgínia leu a carta silenciosamente, com um traço de censura nos lábios. Depois suspirou e disse ao padre:

- A carta é de ontem. Don'Anna não tem passado bem. Pede que vá eu à novena de São Gonçalo, em seu lugar, e que leve meus filhos.

- Pobre Don'Anna! De que será que padece? Rogarei a Nossa Senhora por ela.

- Todos nós rogaremos, Padre. Todos nós... Mas Don'Anna é uma alma tão boa! Estou certa de que os anjos já lhe estão valendo. Escrevo já uma resposta, indagando se carece ir alguém à fazenda velar por ela. Antes, faço mais... Que vá um dos meus filhos ver a avó e ficar ao seu pé, se carecer.

Cândida ouviu aquela conversa com uma atenção disfarçada. Fingia-se distraída, bordando com o bastidor numa mão e a agulha na outra. Então iriam todos à Vila... Inclusive ela própria! Pela primeira vez no dia um sorriso pousou nos lábios da moça e ela pensou: "Então é assim... Nunca se sabe, mas o dia pode sempre trazer uma alegria que bem lave a tristezura da noite. Tão acabrunhada estava eu e, agora, que cambiamento! Que dia benfazejo! Ó, Candinha, suba logo mui quietinha e feliz ao quarto, e trate de arranjar os vestidos com que vai à Vila rezar".

VII

Dois dias depois do encontro com Idalina, Alexandre sentia-se disposto, depois da sesta. De chapéu alto de pele de castor, botas de cordovão ponteadas, bengala em punho, casaca de veludo preto e camisa branca de bretanha... Lá ia ele saindo do solar, no calor das quatro horas da tarde. Meteu-se na cadeira de arruar e mandou seguir para o Palácio da Casa de Santa Misericória. Ia atender o chamado que Padre Francisco fizera através de Manoel Jacintho.

Os transeuntes se iam afastando do caminho, para dar passagem à cadeira e seus carregadores. Seguiram pela Rua do Tijolo até a Rua da Misericória. Da esquina das duas ruas já se via o Palácio da Sede da Casa de Santa Misericórdia com sua torre sineira e, ao fundo, a fachada lateral da Sé, com seu portal de pedra de cantaria e madeira entalhada. Percorreram a distância de trinta metros e pararam diante do Palácio.

Francisco atendia algumas beatas trajadas de preto quando Alexandre adentrou a sacristia. Com a sombra do recinto e a brisa que entrava pela janela aberta, o ambiente era um oásis naquela tarde. O clérigo olhou de relance para o rapaz e empenhou-se em livrar-se das mulheres com sorrisos e promessas de muitas orações por suas dores. Uma vez estando o recinto deserto, Francisco fechou a porta e foi abraçar Alexandre.

- Folgo muito com vê-lo! Muito obrigado por ter vindo. Como vai passando?

- Muito bem. E Vossa Reverendíssima?

Sobre o grande arcaz de jacarandá entalhado, que ficava encostado a uma das paredes, numa bandeja de prata de lei lavrada, encontrava-se uma garrafa de licor. Francisco pegou-a, ofereceu um cálice ao jovem e tomou um para si também. Convidou-o a sentar-se à mesa e seu rosto tornou-se grave. Foi direto ao assunto.

- Ora, deixemos de lado o tratamento formal. És um amigo, não é assim? Chamei-te pois careço de um favor teu.

- Pois, claro! É um prazer ser de sua serventia.

- O jovem amigo deve ter ouvido que a nova Junta Governativa da Bahia se elege no dia 31 vindouro. No próximo dia dous de fevereiro será conferida a posse a seus membros. É acontecimento de bons auspícios, porque a verdade é que a Junta atual nada mais faz senão obrar pela causa de Portugal. Os baienses ali são minoria e acham-se acovardados.

Alexandre escutava, atento, olhando seu interlocutor nos olhos.

- Como disse, é um acontecimento auspicioso, mas não por isso menos grave. Antevendo isso, convoquei uma reunião para discutirmos a questão. Acertou-se a reunião para os dias vindouros com cidadãos ilustres. É a oportunidade que quero para introduzir o amigo nesse círculo. - parou por um segundo, olhando o rapaz, antes de continuar. – Mas as pessoas que se acharão presentes não devem ser vistas, reunindo-se em local público, mormente por se tratar de assunto que o amigo já deve adivinhar. Aqui na Casa seria por demais arriscado. Há sempre muita gente. Minha residência, pelo contrário, acha-se sempre quieta, menos pela escravaria, e uma tal reunião havia por certo de fazer-se notar aos vizinhos. Por isso considerei requestar ao amigo que cedesse o solar de sua família. Passaria tudo por mera reunião social, numa casa respeitável recém-aberta pela chegada de seu jovem senhor desejoso de receber conhecenças.

Como o amigo ofereceu-se para obrar pela causa, senti-me à vontade de lhe rogar o favor.

Alexandre, surpreso, pareceu refletir um pouco. Começou, então, a sentir a responsabilidade de estar envolvido naquelas questões. Aceitar aquele pedido equivaleria a trazer sobre si e sua família o risco da conspiração. Mas, enfim, estava disposto a colaborar de qualquer forma e não lhe pareceu honroso vacilar, àquela altura.

- Pois não, Cônego Francisco. Não prometi minha ajuda e a de minha família? O senhor meu pai certamente aprovaria meu ato. A reunião será, então, em minha residência, com muito gosto. Mande dizer quando será e a hora.

Francisco recostou-se na cadeira. Então, de fato, o rapaz estava disposto a envolver-se... Talvez fosse capaz de ir mais longe do que apostara. Talvez fosse mesmo de alguma serventia.

- Envio, esta tarde ainda, recado aos convidados. Estabeleceremos o dia e hora exatos. Tão logo seja possível, mando avisar o jovem. De qualquer modo, fá-lo-ei com alguma antecedência.

Uma batida na porta interrompeu-os.

- Entre! - gritou Francisco.

Era Manoel Jacintho, sorridente.

- Vi a cadeirinha diante da Casa e vim saudar-te!

- Eu carecia mesmo falar contigo. - disse Francisco ao recém-chegado, atravessando o cumprimento dos rapazes. - Já roguei um favor hoje ao senhor Alexandre, agora rogo outro a ti.

De pé, ao lado de Alexandre, o jovem clérigo silenciou.

- Careço que vá alguém à Vila Velha, ainda esta semana. Ifigênia espera que lhe vão buscar. Vem com Domingas e Pedro. Não é do meu gosto que venham sós pelo caminho, por isso peçolhe o favor. Tem aqui dinheiro de contado para que mande aviar um carro de bois para a viagem.

- E foi se levantando para abrir uma portinha de um contador.

- Sim, senhor. Folgo muito com servi-lo. Avio tudo e vou eu próprio. Faço-lhe saber antes de partir. Mas não aceito o dinheiro, não, que com a paga do serviço cumpro eu.

- Muito bem... Agradeço muito a gentileza. Mas o moço ande com cuidado também. Há muito reinol querendo dar sova em baiense, seja leigo ou padre; não respeitam nada, nem batina!

Os dois jovens entretiveram-se, então, conversando. Francisco aproveitou a distração deles e levantou-se para ir até a janela. Era um costume seu. Toda vez que precisava pensar, levantavase e deixava o olhar perder-se no mar. Recordava que era assim com Eugênio também. Seu primo costumava demorar-se admirando o azul e, às vezes, falava baixinho para si mesmo: "O mar... O mar...". Contemplando a baía, parecia a Francisco que seus pensamentos se ordenavam melhor. Tudo ficava mais claro. Pensou nas providências que vinha tomando. No testamento que fizera, e do qual Manoel Jacintho nada sabia ainda. Ifigênia, Domingas... A reunião... Estava pronto para aliviar sua consciência e partilhar o segredo que deixara guardado no Outeiro de Santo Antônio. Se os outros do grupo aceitassem usá-lo, seria talvez um caminho sem volta.

Manoel Jacintho olhou para o velho, quando o ouviu falar baixinho:

- O mar... O mar...

- Vosmecê está falando sozinho? - perguntou rindo. Já se acostumara a ver o outro falando daquele jeito, olhando pela janela, pensativo.

- Estou é me tornando velho demais. E o mar acalma as perturbações das mentes velhas como a minha. - e, olhando para os dois rapazes com um olhar pacífico, disse sorrindo - Quando os moços estiverem confusos ou fatigados, fatigados de nem rezar poder, mirem o mar. É uma prece também. Mirem o mar que Deus responde.

Alexandre não se demorou muito. Sumiu por entre as arcadas do pátio interno rumo ao calor das ruas. Francisco viu-se só com Manoel Jacintho. Olhou-o com ternura e pensou que talvez fosse hora de passar a confiar mais na sua capacidade de suportar a responsabilidade que traziam o conhecimento e a curiosidade por obtê-lo. Decidiu que começaria aos poucos...

- Manoel, há algum tempo te quero falar... - disse, sentando-se numa cadeira de assento de palhina trançada colocada perto da janela - Conheces a chácara do Livramento...

- Sim, senhor, pois já não estive lá umas tantas vezes a seu pedido mesmo?

- Mas quiçá não tenha o amigo entrado ainda por todos os cômodos e não tenha visto ainda tudo que há na livraria.

- Não, senhor. Estive sempre de passagem, para levar os recados que vosmecê envia. Alembrame pouca cousa.

- Pois bem... Possuo lá uma sorte grande de livros. Muitas obras de assinalados pensadores e escritores europeus. Cousa que não se encontra facilmente em casas da Bahia; que de muita gente de distinção chega a ser desconhecida, asseverote! É meu desejo que, quando Deus me chame para dar contas a Ele, tenhas tu a dita livraria.

- Mas, Cônego... Vosmecê não está em tempo ainda de pensar nisso!

- E qual é o tempo certo, Manoel, senão quando nos achamos bem, quando ainda podemos decidir com juízo e clareza? Aquela livraria me é muito cara. Ajuntei os livros durante a minha vida, desde a juventude. Não é tão grande cabedal que por si só faça a riqueza de um, é verdade. Mas muito aprendi deles. É minha vontade que eles se passem a ti, para que aprendas também e vejas quanta cousa há no mundo.

- Sou-lhe muito agradecido pelo favor. É uma honra!

- Mas o amigo não deve ignorar que, quanto mais um homem sabe, mais esse conhecimento se lhe pesa sobre os ombros. Muita vez sou tentado a contar-te cousas, Manoel... - hesitou um pouco antes de continuar - ... mas não o faço por recear que vosmecê não estejas preparado... Porém carece que saibas quão importante é esse conhecimento. Há muitos anos, em tempos tão atumultuados quanto estes, possuir tal conhecimento foi, para alguns, como andar no gume de uma espada e foi necessário usar de astúcia para escapulir mesmo da morte.

O jovem clérigo sentiu-se mordiscar. Era quase um ciúme, uma inveja... Como se um anjo houvesse aberto suas asas sobre Francisco e derramado sobre ele um tesouro de informações e segredos. Não que Manoel Jacintho desejasse tirar partido deles. Era verdade que não saberia o que fazer com o que quer que Francisco lhe revelasse. Mas em seu peito batia o mesmo ciúme que sentia das portas e paredes, como se estas possuíssem o poder de ver e ouvir sem serem notadas. E para ele esse era um talento que Francisco carregava...

Ora, mas não possuía Manoel Jacintho os segredos das confissões? Ele chegava a fazer tal reflexão, quando se questionava sobre a razão de seu incômodo. Mas não, as confissões não lhe bastavam porque lhe eram entregues de boa fé e bandeja. Não era o mesmo que ouvir um grande segredo dos governantes, ou farejar uma conspiração. Precisava retirar de sua toca o segredo e roubá-lo de seus donos. Algo como arrebatar de seu vôo um pequeno e brilhante besouro e guardá-lo entre as mãos fechadas em concha... e então sentar-se escondido sob uma escada, ou num vão quieto, e ali se deliciar com sua presa, abrindo e fechando as mãos para admirá-la e soprar-lhe as asas.

- Vosmecê me está querendo dizer que em sua livraria há leitura sediciosa, de autores franceses e outras cousas perigosas?

Francisco não esperava aquela conclusão perspicaz. Achava o jovem padre um pouco lento de raciocínio, na maioria das vezes. Ficou feliz por vê-lo reagir daquela forma, mas também não deixou de culpar-se pelo erro de cálculo.

- Quiçá haja lá alguma apoucada cousa que se não possa nomear em público. Mas não é só disso que estou falando. Digo também das conhecenças e do saber das cousas que se nos passam em derredor e que nem todos costumam aperceber. Aproveitar-se disso pode salvar-te a vida, e o amigo deve atentar todo o tempo.

Manoel Jacintho fazia um esforço disfarçado para compreender aquilo. Talvez compreendesse, sim, em parte. Mas não alcançava a finalidade daquela conversa. Francisco foi continuando:

- Bem sabes que herdei a chácara de Eugênio que, por sua vez a herdou de sua mãe, minha tia Clara, que Deus os tenha. Por falecimento de nosso tio, viu-se ela em boníssima condição. Viveu sempre bem da pensão que recebia por ter sido nosso falecido tio coronel, das rendas do aluguer das casas de morar na cidade e de terras que ela herdara de sua própria família, onde até se criava gado *vacum* e *porcum e* cavalar. Demais, mui bem me administrou a herdade deixada por meus pais. E foi assim que a Eugênio e a mim pôde fazer frequentar os estudos, a Aula Régia, e ainda em vida doou-nos casas com que constituímos melhor patrimônio para tomar o estado eclesiástico. Tão boa era tia Clara! Nunca fez a menor distinção entre mim e Eugênio. deito toda essa arenga sobre o passado é para te dizer que tive favor, como tiveste de teus pais. Mas também fiz esforço para ganhar posição na vida. É esse o conselho que te tenho a dar: ter amizades é preciso, mas mormente amizades que não só sejam boas, como também proveitosas e que te dêem amparo em tempo de precisão.

Manoel Jacintho escutava aquilo como uma criança que ouve uma história. Ficava embevecido ouvindo Francisco falar, tentando imaginar as tramas que passavam pela cabeça do velho padre.

Continuava sem vislumbrar muito sentido naquilo tudo.

- Seus conselhos são sempre sábios, Cônego. Sou-lhe obrigado! Mas vejo que está é avexado.

- Sim, estou. É que nesses últimos dias muita cousa do passado me tem vindo à mente. - e Francisco percebeu que estava perdendo uma luta interna que vinha travando por mais de vinte anos. Acreditava que a melhor forma de tratar os segredos perigosos era simplesmente esquecêlos, sufocá-los num lugar tão profundo da alma, que passassem a quase não existir. Assim, ninguém seria capaz de ler a verdade em seus olhos; assim não se trairia nunca. Mas agora seus mistérios vinham subindo à tona, como que se rebelando contra a prisão imposta. Viu um medo escuro apoderar-se de seu coração, um medo que ia além da história das mãos de Luís das Virgens, um segredo que, como tantos outros, só a Eugênio havia confiado, que, no fim das contas, atava-o à origem e ao destino daquelas mãos e que podia escapar-lhe do controle. Sim, porque agora que remexia aqueles assuntos, recordava que outros partilhavam de suas memórias inconfessáveis. Temia que o pacto fosse quebrado, quando propusesse usarem as mãos para ajudar a fazer um levante contra Portugal. Isso era de tal forma contra toda a ordem vigente, que talvez fizesse desabar a rede de cumplicidades que construíra havia muito tempo com aqueles que deveria encontrar agora.

- Não carece te avexares com nada, Manoel. São cousas de velho.

- Tem isso ligação com o bilhete que enviou a Dom José Freire, há alguns dias? Foi ter com ele depois e retornou com o semblante grave!

Francisco sorriu, sem graça.

- Não, meu caro. Dom José me mandara chamar por querer contar-me algo mui importante. Mas não é isso que me tem avexado. - e procurou encerrar a conversa, porque eis que com aquele assunto ia também entrando em outro terreno perigoso.

Francisco sentia-se cansado. O dique de suas memórias havia se rompido. Precisava ficar sozinho para contê-las, para decidir quais os próximos passos a tomar e preparar-se para a reunião que se aproximava. Manoel Jacintho entendeu que a conversa terminara e foi se despedindo. Vendo o jovem deixar a sala, Francisco ainda teve um último pensamento, antes de mergulhar a mente nos seus planos para a reunião:

"Mais essa história, meu Deus! Já olvidava o que me confidenciara Dom José... Ora, ora... o que me contou até que podia ser útil... Mas, não... não convém ajuntar mais um nó ao que já está por demais enredado."

VIII

Sempre que o sol ia baixando, perfazendo seu caminho para esconder-se atrás da ilha de Itaparica e lançando seus raios oblíquos sobre a Baía de Todos os Santos, o mar do porto da Vila Velha ficava salpicado de gotas brilhantes. À praia a água vinha mansa, cristalina, quente, preguiçosa. As cores do céu começavam a cambiar. Era então que Domingas sentava-se no quintal, à encosta do outeiro, e ficava olhando a paisagem silenciosa; o Forte de Santa Maria, com sua rampa na entrada, rodeado de pedras negras; lá no fundo, o Forte de Santo Antônio; as palmas dos coqueiros movendo-se com o vento.

Quando vivo, Padre Eugênio costumava contar-lhe como os portugueses haviam chegado à Bahia. Dizia que, na verdade, viera dar ali um florentino chamado Américo e que o continente devia seu nome a ele. Descrevia as antigas caravelas chegando como grandes carruagens marinhas, seus tombadilhos divididos em diferentes níveis, as velas quadradas infladas pelo vento, as flâmulas no alto dos mastros, balançando no ar, os homens a bordo indo e vindo nos seus afazeres. Segundo ele, elas pareciam cavalgar as águas, assombrando os índios que, da colina, olhavam-nas com medo. As caravelas iam sulcando a baía, percorrendo seus contornos para mapeá-los. Alguns daqueles navios haviam afundado em desastres pavorosos, sepultando sob as águas tesouros, especiarias, faianças, móveis e homens. Domingas não se cansava de ouvir aquelas histórias e pedia ao padre para contá-las e recontá-las. Daí, ele contava também sobre os eventos que já haviam ocorrido naquela praia. Narrava como Dom Thomé de Souza ali desembarcara, em 1549, acompanhado de fidalgos e religiosos, a mando do

Rei D. João III, para fundar a Cidade da Bahia, e como encontrara o náufrago Diogo Álvares, o Caramuru, vivendo com os índios tupinambás que habitavam a barra da entrada da baía, amasiado com a índia Catarina Paraguassu, que depois passou a ser sua mulher pelos ritos católicos e com a proteção de Deus. Narrava em detalhes como Dom Thomé de Souza encontrara, sobre o outeiro de Santo Antônio e sobre o outro que lhe ficava defronte, a Vila fundada por Dom Francisco Pereira Coutinho já semidestruída e quase deserta, após as batalhas com os índios tupinambás. A Igreja de Santo Antônio, erguida onde antes houvera um forte, era naquela época uma construção de madeira e taipa de pilão. O marco de pedra lavrada, erigido em honra da chegada de Thomé de Souza, ainda estava ali, meio caiado, meio escurecido pelo salitre, fincado à beira da praia. E contava ainda como, depois da fundação da Cidade da Bahia, aquela mesma Vila fora ficando esquecida até começar a ser chamada Vila Velha, transformada num mero povoado de pescadores.

Às vezes, Padre Eugênio estendia-se nas suas histórias e contava também como, um século depois, na impossibilidade de atacar diretamente a Cidade da Bahia, os holandeses tomaram o Forte de Santo Antônio e subiram a encosta da colina até chegar ao ponto de onde se erguia agora o Forte de São Pedro. Domingas não entendia muito isso de estrangeiros, holandeses... E ficava então abismada de terem sido travadas batalhas naquela mesma praia. Era tudo tão calmo! Tão silencioso! Ficava ouvindo as descrições de Eugênio e imaginando Dom Thomé de Souza de pé na praia, rodeado de índios, ordenando que se fizesse colocar na borda da praia o marco com a cruz de do Reino de Portugal; Caramuru, com a índia Catarina a seu lado, a mostrar ao fidalgo recém-chegado as redondezas, a Vila, a vegetação, as nascentes. Tentava imaginar aquele monte de holandeses como os descrevia o padre, com suas alabardas, seus piques, arcabuzes e mosquetes, homens alvos feito leite, marchando pela praia. Ficava com raiva por terem aqueles estrangeiros aportado na barra e tomado os fortes. Parecia que tinham tomado um pertence seu.

Ali, sentada na encosta, interrompia à vezes seus devaneios para notar a figura pequena de Tomé, sentado na borda da areia, olhando para a colina. Ela se sentia tentada a ficar olhando para ele também, mas uma vergonha esquisita a impedia.

Domingas estava absorta, olhando a praia, num fim de tarde de céu limpo, quando sua avó chegou à porta que dava para o quintal.

— Ô, Duminga! Eu vô deitá. Num tô mi sentindo boa. Já, já levanto.

— Pode ir, voínha, que eu fico queta aqui. Dispois alevanto pra fazê a ceia.

Domingas tinha consigo uma manga que começou a chupar, enquanto olhava o sol ir descendo atrás da ilha. O céu foi escurecendo, tornando-se esverdeado, depois amarelo, depois rosa, depois vermelho. O tempo foi passando e ela ficou ali distraída, até que Pedro veio chamá-la.

— Duminga, tua avó le tá chamando lá dentro.

Domingas foi encontrar Ifigênia deitada na pequena alcova que lhes servia de quarto, contíguo à cozinha. A velha tinha o rosto contraído. Estendeu a mão à neta.

— Se achegue mais perto que eu le quero falá... Tome isso. — e mostrou-lhe uma corrente com uma chave enferrujada pendurada. — Carregue essa chave dondi fô, inté se eu num tivé perto. E num deixe ninguém le tomá, nem preto, nem branco. Essa chave é de yoyô Chico. Quem há de guardá é vosmicê pra intregá a ele, só a ele.

Ifigênia colocou a corrente no pescoço da neta. Domingas olhava para a chave, sem entender por que a avó fazia aquilo.

- Fique aí, voínha, que eu le faço um mingau.

Saiu do quarto e foi para a cozinha. Enquanto ia preparando o mingau com farinha de mandioca, ia pensando que seria bom que Padre Francisco mandasse chamá-los logo. O pouco dinheiro com que haviam ficado após a morte de Padre Eugênio já ia acabando. Ifigênia já pensava em cozinhar de ganho. Pedro sairia a vender os acaçás de leite, ou bolos, ou o que quer que ela preparasse. Domingas via-se consumida com aquilo. Era ainda uma situação estranha estar sem a proteção de Eugênio.

Deixou a panela no fogo por uns instantes e foi sentar-se na sala de refeições. Viu num canto a Bíblia de Eugênio. Pegou-a e começou a folheá-la. Ele a havia ensinado, com aquela Bíblia, os rudimentos de leitura e escrita, de forma que, desde que não fosse algo muito difícil, Domingas sempre conseguia entender textos inteiros. Por isso, os moleques da Vila comentavam entre si como era sabida a negrinha do outeiro, e aquilo contribuía para que ela lhes parecesse ainda mais inatingível. Domingas ficou ali, lendo passagens da Bíblia. Já até memorizara algumas de tanto que Eugênio a fizera ler e reler.

Lembrou-se, então, do mingau. Retornou ao fogão. Despejou um tanto num prato e foi levar para a avó. Entrou no quarto, segurando o prato com cuidado. Colocou-o no móvel baixo que havia em frente ao catre onde estava deitada Ifigênia.

- Ô, voínha, acorde, que já fiz o mingau.

Ifigênia não respondeu. Domingas lembrou-se de ir pegar uma colher na cozinha, dando assim algum tempo para a velha ir acordando. Mas, ao voltar, ela não havia ainda acordado. Chamou de novo, mas Ifigênia não respondia. Ajoelhando-se à beira do catre, sacudiu de leve a avó, mas então estremeceu e uma verdade, que jamais pensara pudesse existir, bafejou seu rosto. Desesperada, chamou Pedro aos berros. Quando este chegou ao quarto, já encontrou Domingas em prantos, soluçando, ajoelhada ao lado da avó. Ele próprio se sentiu confuso. A princípio não sabia o que fazer. Ifigênia havia ido embora com toda a sua força, seu andar balançado, sua voz boa de cantar canções doces, suas mãos pacientes de preparar quitutes maravilhosos, seu olhar inteligente, por vezes, severo. Tudo aquilo havia partido, não habitava mais o outeiro.

Depois de algum tempo, Pedro só conseguiu pensar em obter ajuda com a Iyalaxé. Ele foi encontrá-la no terreiro da roça do Rio dos Seixos e retornou com ela e outras pessoas da Vila. A Iyalaxé entrou sozinha no quarto, onde Domingas chorava junto ao corpo. Deteve-se um instante olhando as duas, e disse:

- Èmí rè ti lo! Intonce era essa a mensage dos búzio...

Sentiu um arrepio e exclamou em voz alta:

- Odé num chega perto de bicho morto. Ele se assenta em terra estranha. Odé me olha e me dá medo!

A velha permaneceu à porta, respeitosa, com seu olhar grave. Parecia desejar reter os últimos resquícios da presença de Ifigênia. Examinou a pequena alcova, por fim, pousou o olhar sobre o cadáver e Domingas, que ao lado deste tinha ficado chorando.

- Nós há de levá ela, Duminga. Nós tem que preparã Figênia pra entrá no Òrun Àlàáfíà.

Com a ajuda de Domingas e de outras mulheres, a Iyalaxélavou o corpo de Ifigênia, penteou-lhe o cabelo, e enrolou-o num lençol branco. Colocaram-na numa rede e saíram em cortejo, ladeira abaixo, em direção à clareira onde estava o pequeno templo erguido pela Iyalaxé. Lá, durante toda a noite, cozinhou-se acarajé, êkuru, abará, acaçá... A Iyalaxé não dormiu, ocupada em dar ordens para a arrumação do funeral. Procurava recordar-se do que lhe haviam ensinado sua mãe e as mulheres mais velhas, em sua terra natal. As comidas, as folhas de mamoneira, a fogueira acesa... procurava observar todos os passos do ritual fúnebre.

Sobre uma grande tábua disposta no centro do pequeno recinto do templo, jazia o corpo de Ifigênia, com os pés voltados para a porta. Dispuseram toda a comida preparada em torno do corpo de Ifigênia. Pela manhã, começaram a vir as pessoas conforme se livravam de seus afazeres na Vila. Eram mulatos e negros escravos e forros. Entravam no casebre, cada um portando uma folha de mamoneira, amolecida depois de ter sido passada no fogo. Saudavam o corpo dizendo "E kú àse o". Serviam-se das comidas com as folhas que carregavam e, depois de comer, dançavam em volta do corpo. A Iyalaxédizia que era preciso fortalecer o espírito da morta para que não sentisse fome na jornada em direção à terra dos ancestrais. Antes do pôr-do-sol, cessou o ritual. A velha sacerdotisa então chamou Domingas e as outras mulheres que a ajudavam e começou a vestir o corpo com roupas brancas rendadas, pano da costa... peças doadas por gente da Vila, amigos da falecida.

Saíram todos em cortejo do casebre, tomando a trilha que seguia por detrás deste, até uma outra clareira menor, onde havia uma grande pedra escura. Ali, a Iyalaxéhavia mandado abrir a cova. Domingas seguia todos os passos do ritual calada. A curiosidade parecia distraí-la um pouco da dor. Observou o corpo da avó ser baixado, os homens lançarem a terra sobre ele.

- Agora, fia... - disse a Iyalaxé a Domingas, ao fim do enterro - ...vossuncê carece falá com os orixá!

A jovem não sabia muito bem o que aquilo significava, nem o que deveria fazer. Embora sempre acompanhasse Ifigênia nas suas idas ao templo da Iyalaxé, a avó nunca a deixara presenciar o jogo dos cauris. A verdade é que Domingas vivera sempre sob a influência religiosa de Eugênio. Cheia de verdadeira veneração, assistia-lhe rezar a missa. Com ele aprendera a ler, estudando a Bíblia dos brancos, dizendo as preces dos brancos. Ouvia as beatas brancas da Vila cantarem na igreja, rezarem para Santo Antônio, que era um santo branco. De fato, estava admirada com todo aquele ritual e sentia-se curiosa. Agora seguia as ordens da Iyalaxé, mas não sabia ao certo o que a esperava.

O templo havia voltado à sua arrumação original. As ajudantes da Iyalaxéhaviam limpado todos os vestígios do ritual. Quando ali entrou, Domingas viu a esteira de palha estendida no chão e os objetos que a Iyalaxéusava para o jogo dos cauris. Assistiu em silêncio ao ritual ser cumprido, até que a velha deixou os búzios caírem.

- Ah! É bem que eu já tinha visto! Óia quem le veio falá, Duminga! É quem le rege, quem le vai isperá. É Oxum!

Domingas sentiu seu rosto intumescer com as lágrimas. Cobriu-o com as mãos, tentando calar os soluços. Não sabia o que aquilo queria dizer! Sentia-se só, abandonada. Sentia falta da avó e de Eugênio. Tudo havia mudado tão de repente! Toda a segurança, toda a felicidade que a outros negros da terra teria parecido um sonho... Tudo se tinha consumido como uma palha seca no fogo. O que havia de ser dela? Onde iria morar?

- E agora, Iyá? E agora? - era só o que conseguia dizer entre os soluços.

A Iyalaxé prosseguiu, fazendo os búzios caírem mais uma vez.

- Igbà ki í tó bí òrére àiyé ki í tó òpá ìbon, é o que Oxum le manda dizê. Tudo muda, fia. O tempo, as istação... tudo muda. Mas vossuncê tem Oxum. Isso num muda!

- Era do meu gosto ficá na Vila, Iya. - Aos poucos ia se recompondo e conseguindo falar - A Bahia me faz tanto medo. Que há de sê de mim?

A olhadora tornou a jogar os búzios.

- Fia há-di vortá. Um dia... Os búzio é que tão dizeno. Fia tem que lutá. Há-di tê dia bom, há-di tê dia ruim... Mas um dia fia vorta. É Oxum quem le vai guiá. Fia num carece tê medo da luta.

Domingas procurou aceitar os conselhos da velha. Tinha de retornar ao outeiro e tentar reconhecê-lo sem a presença de Ifigênia. Foi o que fez, com a companhia de Pedro e, uma vez em casa, permaneceu deitada até adormecer de cansaço.

Na manhã seguinte, acordou cedo. Entreteve-se com os afazeres de sempre: arrumou a cozinha, a alcova. Depois embalou os haveres de Ifigênia em duas pequenas trouxas. Ficou um tempo olhando curiosa a chave que trazia pendurada no pescoço, mas depois resolveu esquecê-la. Entregaria a Padre Francisco e, pronto! Vagou, melancólica, pelos corredores da casa, pelos quartos. Num deles, estavam ainda os pertences de Eugênio, colocados sobre sua cama.

Cansada daquela tristeza, resolveu ir ao adro da igreja para varrer as folhas secas caídas no chão. Levantou a cabeça para mirar a paisagem quando viu um carro de bois descendo a ladeira, vindo do caminho da Vitória. O veículo vinha lento, vencendo a trilha aberta entre o mato, o barranco e a colina fronteiriça. Um homem vestido de preto estava sentado atrás. Domingas viu que era um padre. Logo percebeu que seu destino mudaria mais uma vez. Devia ser o padre novo que iria tomar conta da Igreja. Até que demorara muito; desde a morte de Eugênio que os moradores da Vila não tinham missa. Agora estava chegando e ficou um pouco amedrontada. O que faria ele? Expulsá-los-ia dali? E, se Francisco não os mandasse chamar logo? Para onde iriam?

O carro veio se aproximando. Começou a subir a ladeira do outeiro, com as rodas rangendo, o condutor atiçando os bois. Deteve-se diante da escadaria. Domingas estava parada com a vassoura na mão. Viu o padre saltar do carro, suando debaixo de sua batina. Os olhos da jovem foram se abrindo mais e mais, conforme ele se aproximava. Jamais em sua vida havia visto um homem tão formoso. "Parece um anjo!" - foi o que pensou.

- Bom dia. És Domingas? - perguntou ele sorridente, enxugando o suor da testa.

- Sim, sinhô.

Ele a olhou nos olhos, aqueles olhos rasgados de gazela... Sentiu vontade de sorrir ainda mais para ela. Aproximou-se mais, subindo os últimos degraus até o adro. E seus olhos meio amarelados postos sobre a jovem tornaram-se mais e mais nítidos para ela.

- Estás sozinha aqui? - e, como tivesse feito aquela pergunta com um sorriso largo no rosto, Domingas estranhou um pouco. Mas estava como que enfeitiçada, não conseguia reagir. Ele a olhava também, porém não estava consciente do sorriso que tinha nos lábios. Mas, sim, estava sorrindo... Sorrindo como quem houvesse tido uma alegria súbita, quase um susto.

- Minha graça é Manoel Jacintho. Cônego Francisco da Anunciação requestou que aqui viesse para buscar-te.

IX

A viagem pareceu bem longa a Domingas. Agachada no canto do carro de bois, olhava a paisagem que ia mudando, conforme ia se aproximando de seu destino. De vez em quando espiava Manoel Jacintho disfarçadamente. No fundo, culpava-se por não lhe ter pedido a bênção logo, quando chegou. Pela roupa já tinha visto que era padre. Mas não sentiu vontade de pedir a bênção. Não que achasse que ele não merecesse... Mas é que não combinava...

Assim, ela foi vendo a Igreja de Santo Antônio ficar distante, distante, até sumir quando eles chegaram no topo da subida, defronte da Igreja de Nossa Senhora. Viu as casas das chácaras do caminho da Vitória, o grande espaço aberto e deserto que era o Campo de São Pedro, defronte do Forte, que levava o nome do mesmo santo. Ficou mais interessada ainda quando, depois de passar as muralhas do grande Forte, viu de um lado o Convento de Nossa Senhora das Mercês e, do outro lado, ao longe, a torre solitária da Igreja de Nossa Senhora do Aflitos. A cidade ia se adensando aos poucos; o caminho ficando cheio de gente. Os olhos de Domingas se arregalaram quando chegaram ao Campo da Piedade e ela viu a grande cúpula da Igreja de Nossa Senhora, elevando-se sobre o templo e o hospital que se erguia anexo a ele. Seguiram devagar pelas ruas estreitas do bairro de São Pedro para afinal ir dar no grandioso Mosteiro de São Sebastião dos frades beneditinos, cuja fachada principal estava voltada para o mar lá embaixo, guardado pela figura arredondada do Forte do Mar.

Descendo a ladeira abrupta que começava no Mosteiro e, quebrando para a direita, tomaram o caminho da Praça do

Palácio. Ali as ruas eram calçadas e as pessoas passavam mais agitadas. Cadeirinhas de arruar levavam passageiros que procuravam manter as cortinas fechadas, para proteger-se do sol. Numa esquina da Praça, uma negra cantava os produtos de seu tabuleiro. Mas parecia não precisar disso, pois tanta gente se juntava ao seu redor, homens velhos e jovens... Os brancos todos acorriam. Comiam bolos, acaçás, frutas... Mais adiante, num outro canto da Praça, alguns homens negros dançavam a capoeira. Isso Domingas já vira algumas vezes no terreiro da Iyalaxé.

Diante do Palácio da Casa de Santa Misericórdia, o carro de bois parou. Domingas olhou ao redor e viu Manoel Jacintho saltar.

- Vamo sartá, Duminga. É aqui. - Falou Pedro.

Ela saltou, sentindo-se um pouco acuada pela quantidade de gente que acorria à Casa. Logo na entrada, mendigos pediam esmolas, cada qual com seus males, suas feridas, suas tristezas. Os três viajantes haviam deixado a Vila Velha pela manhã e, ao chegarem ao seu destino, já caindo a tardinha, encontraram os corredores da sede Casa de Santa Misericórdia cheios de sombra, onde os rostos dos visitantes eram vistos através de um véu de escuridão nascente, um tanto lúgubre. Dirigiram-se à grande sacristia e lá divisaram a figura de Francisco, atarefado, rodeado por beatas com seus vestidos de tafetá negro e terços nas mãos. Sua cabeça estava grisalha, seu corpo mais roliço.

Ele se virou quando Manoel Jacintho chamou seu nome. Abriu um grande sorriso ao ver Domingas e Pedro. As beatas foram saindo, umas meio ofendidas pela súbita falta de cerimônia do clérigo para com elas.

- Mas o que é feito de Ifigênia? Quede Ifigênia, minha gente?

O jovem padre já sabia de antemão que, quando chegassem sem ela, não seria possível amenizar a notícia.

A princípio, Francisco ficou muito pálido. Sentou-se com a cabeça entre as mãos. Novamente teve a sensação de que o mundo que conhecera estava desaparecendo. Primeiro Eugênio e agora Ifigênia... Arrependia-se de não tê-la mandado buscar mais cedo. Talvez na cidade um médico tivesse ajudado. E agora ficaria mais difícil obter a caixa com as mãos de Luís das Virgens. Não só isso... Às vezes se perguntava se as mãos eram de fato o que havia de mais perigoso escondido na igreja. Eugênio sempre se recusara a falar a respeito, e nunca haviam planejado uma forma de retirar tudo' dali, em caso de necessidade. Quem sabe não desejasse ele que ficassem aqueles segredos escondidos lá para sempre? Mas Francisco sentia que teria que ir buscar tudo antes que o padre nomeado para o lugar de Eugênio se transferisse para o outeiro. Traria pelo menos as mãos. De qualquer forma, teria de enfrentar as consequências de não ter agido rápido, de ter acreditado que ainda dispunha de algum tempo. O tempo havia acabado e ele estava agora como que equilibrado numa lâmina d'água, que poderia se partir a qualquer momento para tragá-lo. Sentiu uma dor de cabeça forte que lhe vinha da nuca. Manoel Jacintho trouxe-lhe um copo de água.

- Não esteja assim, não, Cônego Francisco. Logo vosmecê, que tanta fé tem em Deus! Não se deixe abater!

- Não me hei de deixar abater, Manoel! Foi só um instante. Mas há cousas que careço fazer já.

Olhou para Domingas e Pedro. Ela deixava escorrer umas lágrimas. Aquela conversa havia trazido de volta sua dor, que estivera esquecida durante a viagem.

- Faze-me uma gentileza, Manoel. Dá cá aquela caixa que está sobre o contador.

Manoel Jacintho atravessou a sacristia até o móvel sobre o qual repousava uma caixa pequena de madeira e couro. Levou-a até o amigo. Francisco abriu-a e dela retirou dois documentos enrolados como pergaminhos, cada um atado por uma fita de seda vermelha. Examinou-os por um breve instante e depois entregou um a Pedro e outro a Domingas.

- Aqui estão vossas cartas de alforria. Sois livres agora. – E disse para Manoel Jacintho - Consegui com o bom amigo desembargador Aureliano Vaz adiantar o inventário de Eugênio. Estavam os dous arrolados. Como sou eu o único herdeiro, andou tudo depressa e a contento, bastando dar em segredo a paga de certa quantia. Como sói ocorrer, aliás...

Pedro não conseguiu conter-se. Sorriu trêmulo de contentamento e pôs-se a beijar a mão de Francisco. Mas Domingas permaneceu muda. Agora era livre... Mas o que significava aquilo? Sua família havia sido sempre sua avó, Eugênio, Francisco e Pedro. O que aconteceria agora?

Pedro ia embora? Ela teria que ir embora também?

- Não te alegraste, Domingas?

- Sim, sinhô... Mas o que há de sê de mim, então, nhonhô Francisco?

- Ora, Domingas, ficarás comigo até quando quiseres. Mas guarda sempre esse documento! Está registrado no tabelião. Com tal documento, ainda que não esteja eu mais entre os vivos, ninguém te poderá cativar, nem fazer mal nenhum.

Ela tomou a carta contra o peito. Lembrou-se então da chave que sua avó lhe entregara.

- Antes de morrê, voínha mandô le dá essa chave. Num sei donde que é....

Os olhos de Francisco encheram-se d'água. Então ele estava certo... Ifigênia sabia do segredo. Sentiu-se reconfortado, como se estando de poder daquela chave estivesse mais próximo da falecida e de Eugênio. Podia quase ver Ifigênia caminhando pela casa do outeiro com a chave na mão.

- Não te avexes. Eu sei d'onde é e o que abre. – pegou a chave, tentando disfarçar o redemoinho que vinha à sua mente diante do objeto. Virando-se para Pedro, disse - Também podes ficar quanto for de teu gosto. Trabalho não falta e estou certo de que encontraremos algo com que possas ganhar um tanto.

Quando Manoel Jacintho saiu para acompanhar Pedro e Domingas até a casa de Francisco, este ficou sozinho na sacristia. Sentia a cabeça latejar. Levantou-se e foi até a janela, tentando organizar os pensamentos em meio à angústia. A reunião na casa dos Argollo já estava marcada para dali a alguns dias. Sentia-se velho e lento e não conseguiria ir à Vila Velha e retornar antes do evento.

Uma certeza veio-lhe então: era chegado o momento de revelar o caso das mãos de Luís das Virgens. Antes de mais nada, sabia do perigo da recusa dos companheiros, fosse em acreditar na história, fosse em aceitar que a morte de um mulato pudesse ajudá-los. Temeriam talvez atrair sobre o grupo, sobre a Província, uma força a qual não havia interesse em despertar? Trariam à tona memórias das revoltas havidas nas últimas décadas? Pois, em 1807, havia sido descoberta uma conspiração de negros para fazer explodir uma revolta durante as celebrações do Corpus Christi. Em 1809, houve uma nova revolta e dessa vez trezentos negros haviam atacado a Vila de Nossa Senhora de Nazaré das Farinhas, nas imediações do Recôncavo. Em 1814, os negros haviam se levantado na Vila de Itapuã, destruindo armações pesqueiras e assassinado mais de setenta brancos. Por fim, em 1816, veio mais uma revolta. Diversos engenhos e casas haviam sido incendiados e muitos brancos, assassinados, e a custo foi que se contivera o tumulto. Numa terra cuja população negra e parda, em números, já passava a branca havia muito, era perigoso jogar com aquela força. Mas Francisco acreditava que os riscos valiam a pena, nada poderia ser pior para a Província do que continuar sob o jugo vil e ganancioso do Reino. Entretanto, pensariam seus companheiros assim também? Francisco teria de confiar, mais do que nunca, em seu poder de persuasão para convencê-los de que isso poderia ajudá-los a levantar a população, ou ainda, a moral das tropas. Se acaso se visse vencido, nada restaria senão esquecer... Mas deveria tentar, ao menos, e sentia que não deveria esperar mais.

Resolveu, então, concentrar-se nas providências seguintes. Precisava mandar confirmar a Alexandre que a reunião estava marcada para a noite do dia seguinte; arranjar uma ocupação convincente para Manoel Jacintho, a fim de que ele não desse pela sua falta durante a reunião.

À noite, Francisco deixou a sede da Casa. Tomando a esquerda, percorreu a Rua da Misericórdia, que virava à direita diante fachada lateral da Sé e, depois, a Rua do Colégio, com suas casas de comércio. Passou pela igreja dos Jesuítas, com sua fachada de mármore voltada para a praça chamada pelos habitantes de Terreiro dos Jesuítas, no meio da qual se erguia uma fonte de bronze. Atravessou o Terreiro debaixo da luz mortiça dos lampiões de óleo de baleia, controlando seus pensamentos para que não se transformassem num turbilhão e enveredou pela Rua da Porta do Carmo, onde morava num sobrado de dois andares, porão e um amplo sótão que percorria o comprido desenho do imóvel. Ao entrar, encontrou Domingas sentada num banquinho posto no corredor.

- Não te vais deitar, Domingas? Já é tarde!

- Vô sim, sinhô. Tava esperando vosmicê para pedi a bença...

Francisco sorriu, estendendo-lhe a mão. Pareceu-lhe então que Domingas precisava estabelecer um vínculo mais próximo com ele, como que para compensar a falta de Ifigênia e Eugênio.

- Conta-me como estavam as cousas no outeiro nos últimos tempos.

- Tava uma tristeza... Nós tava esperando vosmicê mandá buscá.

- Tua avó te disse algo quando te deu a chave?

- Num disse nada. Só que era sua. Pediu que eu entregasse só ao sinhô.

- Onde sepultaram Ifigênia?

- Enterremo voínha perto da roça de Yíá Bené. Foi ela que levo voínha pra lá.

Francisco havia visto Yíá Bené umas poucas vezes. Imaginou sua figura altiva, determinada, tomando decisões, dando ordens. Também ele não tinha escrúpulos ortodoxos quanto à convivência de Ifigênia com Yíá Bené. Achou natural que esta tivesse tomado as providências para o enterro da amiga.

- Vai dormir, Domingas. Amanhã haverá muito que fazer. Mando dizer missa pela alma de Ifigênia. - e ele leu nos olhos da mocinha uma inquietação. - O que há mais?

- Eu queria dizê que era do meu gosto ficá com vosmicê.

- Eu sei, eu sei... Guarda tua carta de alforria com muito zelo. É teu bem mais precioso. Não te avexes. Estás forra, mas não abandonada. Eu te hei de ajudar em tudo. E podes contar com Padre Manoel Jacintho também. É um homem bom.

Domingas abaixou seu olhar ao ouvir aquele nome. Francisco percebeu e sorriu, mais para si mesmo que para ela. Sua perspicácia não o abandonava mesmo com o cansaço e a dor de cabeça que o havia acompanhado pelo resto do dia. Sentia seu corpo mais pesado, como a lhe recordar de que estava realmente velho,, mas, mesmo assim, pôde notar a perturbação que a menção ao nome de Manoel Jacintho causara na mocinha. Era sempre assim com todas.

Despediu-se e foi preparar-se para dormir.

X

Nos dias seguintes, Francisco tratou de ocupar-se para que o tempo passasse rápido. Sentia-se congestionado, com o peito pesado. Mal podia esperar pela reunião, que havia sido convocada por ele próprio e por dois outros membros do grupo que aparentavam ter notícias graves a dar.

À tardinha do dia 31 de janeiro, lá pelas sete horas, Alexandre terminava de cear. Havia ordenado aos escravos que abrissem as janelas, a fim de espantar o calor e, dado o caráter confidencial da reunião, tão logo terminara sua refeição, dispensou-os para os fundos da casa, retendo apenas Bento, que receberia os convidados à porta.

O primeiro a chegar foi Francisco, com o rosto afogueado. Pediu um copo de água fresca para se acalmar. Pouco depois foram chegando os demais. Quando resolveram iniciar as discussões, encontravam-se no salão de visitas do andar superior os irmãos Coronéis Pires de Carvalho e Albuquerque, Joaquim e Antônio Elesbão. Pertenciam ambos ao poderoso clã da Casa da Torre, que dominava as terras que iam desde Tatuapara, onde ficava o solar construído pelo patriarca Garcia D'Ávila, até a vila de pescadores de Itapoã. Joaquim, o mais velho, conhecido na Bahia como Santinho (àquela altura, sem quem se soubesse mais por quê), chegara na manhã daquele dia da Vila de Nossa Senhora da Purificação de Santo Amaro, que ficava no Recôncavo, a algumas léguas da Vila de São Francisco do Conde. Antônio Elesbão já se encontrava na cidade havia algum tempo e naquele mesmo dia havia sido eleito membro da nova Junta.

Estava também na sala, sentado a um canto, Luís Gomes Brandão, bacharel graduado em Coimbra, fundador do jornal O Constitucional, cuja circulação estivera proibida nos dias que antecederam à eleição, visto que através dele se fazia ferrenha oposição à antiga Junta. A seu lado, sentava-se o Coronel Bento de Araújo Lopes Vilas Boas, vindo de seu engenho também vizinho da Vila de São Francisco do Conde.

Alexandre compreendia agora plenamente a gravidade da situação. Conhecia alguns daqueles senhores por ter visto seu pai recebê-los. Quanto aos demais, já tinha ouvido falar nos nomes. Formavam um grupo até certo ponto heterogêneo. Eram todos brancos, sim, mas o Coronel Bento trazia o rosto queimado de sol. Devia andar labutando bastante sobre o cavalo, foi o que pensou Alexandre. A concorrência das Antilhas e o aumento dos preços dos escravos haviam dificultado a venda do açúcar baiano. Mas agora que o preço do produto tornara a subir, alguns senhores não hesitavam em subir e descer a cavalo os morros de suas propriedades para ordenar e supervisionar reparos, separar novos lotes de terra para o plantio, ou ir às Vilas comprar novas peças de escravaria.

As janelas foram fechadas e Francisco tomou a iniciativa de começar a reunião, assim que viu todos acomodados.

- Folgo muito com vos ver aqui. Agradeçamos, antes de mais dizermos, a nosso jovem amigo Alexandre Teive Argollo, que muito contribuiu para que pudéssemos nos reunir e que abraça a causa com fervor igual ao nosso. Mas não me delongo muito. Queremos todos ouvir Coronel Antônio Elesbão contar como sucedeu a sessão de hoje.

- Sem muitos detalhes dignos de nota... - aduziu o Coronel. - Menos pelo que já era esperável. A antiga Junta de toda forma obrou para estorvar a eleição... A posse será conferida só no dia 12 vindouro.

- Sim, isso já era esperável. - interrompeu Santinho. - Esta manhã cheguei à cidade e já ouvi contar que "O Constitucional", diário do nosso ilustre amigo aqui presente, teve sua vendição proibida no dia da eleição!

- E mais podemos esperar! - continuou Antônio Elesbão - Mas se convenço o novo Presidente, senhor Francisco Viana, a se ocupar com nossa causa... Posso forcejar, mas é lavor perigoso. Não sei se consigo. Não só ele, mas também os outros membros da Junta me parecem mui vacilantes, pusilânimes mesmo!

Padre Francisco sentiu que precisava controlar o rumo da conversação e encontrar a brecha certa. Por isso falou:

- Alevantados senhores, creio que se trata aqui de pensar como se há de resistir à vilania dos reinóis. Vossas Mercês sabem que muitas famílias da cidade já ponderam sobre ausentar-se para as Vilas do Recôncavo? Todos os dias se ouve falar de novas rixas nas ruas e gente tomando pancadas. Diante disso, que poderá fazer a nova Junta? É isso que carecemos pensar.

- Mas o que realmente se pode fazer... - intercedeu o bacharel Luis Brandão, com sua voz macia - ...se temos aqui a Legião Constitucional, que assegura aos marotos o cumprimento de seus propósitos? Estamos sujeitados pela mão de ferro dos Praístas. Qualquer manifestação de desagrado com o partido português termina em prisão.

- Convém, todavia, recordar o que se fez em 99. - respondeu o padre.

- Ora, Cônego Francisco! - retrucou o Antônio Elesbão - Vossa Reverendíssima não leve a mal, mas não venha agora falar daquela sedição, feita por gente do povo mecânico. Deu na forca, foi isso!

- Sim, na forca, porque escapou ao domínio de seus inspiradores. - completou Santinho - Alembra-me que o plano valeu ao velho Francisco de Aragão a cadeia. E, se não houvesse apelado da sentença, mencionando o parentesco remoto com os marqueses de Angeja Marialva a provar fidalguia antiga, teria padecido a vexação do açoute em praça pública. Outros, sabemos nós, livraram-se por terem amizades influentes. Mas foi um grande risco que tiveram! É esse, pois, o resultado de se pretender dar alguma parte a pardos e negros.

Alexandre escutava aquelas palavras assustado. Ouvira falar vagamente, algumas vezes, da sedição de 1799. Mas não se lembrava de ter ouvido que nela havia tomado parte gente nobre.

Padre Francisco notou-lhe o semblante desconcertado.

- Realmente, Alexandre. Sei que és mui jovem para mais saber dessa história, cujos detalhes, demais, foram sempre só boquejados. Por aquela época, aportavam na cidade navios franceses, que clandestinamente faziam descer no porto livros que pregavam francezias. Foi gente culta da cidade que trouxe tais livros e ideias para cá e principiou a instruir pessoas simples naqueles assuntos, para que se sublevassem. Quando os manuscritos apareceram nas ruas, traziam tudo quanto era mais odioso ao reino. Propunham o fim dos tributos cobrados por Lisboa, das limitações ao comércio com as outras nações. Declaravam que todas as pessoas eram iguais perante o governo e que se haveria de fazer uma república, em tudo apartada de Portugal. Ameaçavam de severa punição os adversários da revolução. A primeira das cartas trazia uma declaração dos princípios revolucionários e a lista dos que dela compartilhavam. Não citava nomes, é certo, mas apontava muitos militares, gente graduada em leituras, homens de comércio...

- Padres! - acrescentou Luís Brandão, com um tom um pouco irônico.

- Sim... - continuou Francisco, fingindo não perceber a intenção do outro. - E frades Bentos, Franciscanos, Teresos, Barbadinhos... Eram, se bem me recordo, quase noventa clérigos. Mas isso era o que apontava o pasquim... Se essa gente toda estava mesmo envolvida, não se sabe. O fato é que, se estava, não foi detida. No fim, restando tudo desbaratado, além daqueles que foram depois enforcados ou degredados, foi o desaventurado professor Francisco Moniz Barreto de Aragão preso também. Outros, com mais tino, agiram de forma a não serem implicados.

Alexandre sentia-se intimidado para proferir opinião, mas começou a suspeitar de que havia algo que ficava em segredo entre Padre Francisco e os outros presentes, e que talvez o padre houvesse tomado alguma parte naquela sedição. De qualquer modo, não achava que fosse uma boa ideia entregar um tal poder ao povo da província. "- Imaginem! - pensou - Alfaiates, cabeleireiros, marceneiros... Funções aceitas como sórdidas, como plebeias por qualquer sociedade de bem..." - mas, então, lembrou-se de Idalina. Quem era ela mesma senão aquilo também? Teve uma ponta de compaixão e decidiu permanecer calado. O padre pareceu ler-lhe os pensamentos, porque prosseguiu dizendo o seguinte:

- Vossas Mercês não se enganem, que é desse povo mecânico que nos havemos de valer em caso de guerra com Portugal. Brancos baienses em condições de pelejar não são tantos, que possam bater-se com as tropas portuguesas.

- Mas o risco seria grande demais! - disse o Coronel Vilas Boas - Porque essa gente logo se levanta contra nós também. E mais... Que lhes prometeremos? Liberdade?

- O que sei é que, enquanto perdura tal situação, com os reinóis tudo fazendo a seu gosto, trazendo a Província subjugada sob o vergalho a mão de ferro, nós é que seremos escravos também. Não tarda muito, voltam a nos fechar os portos e retornam toda a administração a Lisboa. Não tarda muito e nos aumentam mais os impostos, como bem lhes prouver, para mandar ao Reino toda a riqueza. Ainda que se não queira fazer a república e cortar definitivamente os liames com Portugal, quando menos um poder executivo em nossas terras carece assegurar! Uma administração com liberdade bastante, que nos permita defesa contra a tirania. Que não permita aos portugueses bater nossos irmãos e filhos!

- A isso nos podemos opor! - disse, afinal, Alexandre, excitado pela palavra "república", da qual desconfiava mais por intuição do que por conhecimento - Mas certo é que a gente nobre deve ter sempre as rédeas da situação, padre.

Sentiu as faces quentes ao pronunciar aquelas palavras, percebendo que os olhares pousavam sobre si.

- E a isso se ajunte que temos agora Sua Alteza Dom Pedro ao nosso lado. - disse Antônio Elesbão. - Tive carta de um amigo baiense que habita no Rio de Janeiro contando como, a 09 de janeiro passado, negou-se a seguir para Portugal como haviam ordenado as Cortes de Lisboa. E, pelo dia 10, que foi quando me escreveu o amigo, cuidava de expulsar o general Jorge de Avilez Zuzarte e suas tropas portuguesas daquela cidade. Se nos levantássemos, não contaríamos com Sua Alteza? Não nos mandaria tropas para ajudar a causa? Pois se ele mesmo cuidava de expulsar os portugueses... Não sei ainda como findou a cousa, mas aguardo correspondência do Rio de Janeiro a qualquer momento.

Francisco percebeu que ia perdendo terreno. Sentia sua cabeça latejar. Antônio Elesbão continuou, diante do espanto dos demais com aquela notícia tão importante, jogada assim, como que ao acaso:

- Pois o que se entende é que Sua Alteza trata de romper com Portugal e está ao nosso lado. Apenas não se sente ainda deveras forte para declarar isso. Demais, há muitos baienses no Rio de Janeiro que obram por não ficarmos isolados aqui.

Francisco decidiu tentar mais um lance. Raciocinava rápido, assimilando a notícia dada pelo outro e tentando prever que desdobramentos possíveis lhe permitiriam ainda algum poder de argumentação. O fato é que entendia que não deveriam tomar decisões, acreditando na ajuda do Príncipe. Preferia uma estratégia mais independente, baseada na situação pior que ele podia imaginar: a Bahia tomada pelos portugueses, isolada, tendo que defender a si própria com os recursos que estivessem à mão. Se viesse a ajuda, de qualquer lugar que fosse, seria bem-vinda. Mas, e se não viesse? Estava nervoso, sentia-se trêmulo e temia não estar lúcido o suficiente para medir as palavras e as oportunidades, como convinha. Resolveu argumentar:

- Entretanto, Vossas Mercês imaginem o que seria de nós, se diante do que nos conta Coronel Antônio Elesbão, as tropas do general Zuzarte deixam o Rio de Janeiro, mas, por não irem a Lisboa, vêm juntar-se à Legião Constitucional. - parou para tomar um pouco de fôlego e ver que efeitos suas palavras iam produzindo - Que seria de nós? Quanto tempo levaria para que qualquer ajuda nos chegasse? E, até lá, o que nos sucederia? E ainda que viessem tropas do Rio de Janeiro... quando aqui arribassem, os portugueses já estariam tão fortalecidos que a peleja demoraria demais, sem um final previsível.

- Nós mesmos os botaríamos a correr! - exclamou Alexandre.

- Ora, Alexandre, não sejas tolo! Com quais homens? Com qual munição? Então o amigo não aprendeu ainda que uma guerra não se faz num dia? E que aquelas, que se pretendeu fazer sem o devido preparo, foram todas malfadadas? - Francisco sentia perder a paciência. Àquela altura estava visivelmente alterado. Tinha o coração acelerado. O Coronel Vilas Boas ainda tentou acrescentar:

- Levantamos o povo das Vilas do Recôncavo. Corremos os engenhos por munição. A gente do Recôncavo se não há de acovardar!

- Claro está que não, Coronel! Não foi isso que intentei dizer. Mas não podemos fazer como Coronéis Gordilho de Barbuda e Gomes Caldeira, que ousaram subir à Praça do Palácio com um punhado de gente, sem qualquer preparação. O que Vossas Mercês carecem entender é que há uma arma tão poderosa quanto o chumbo e o grito, e quiçá mais sábia: a propaganda!

- O que Vossa Reverendíssima tenciona? - perguntou Santinho.

- Assevero-vos que se a gente do Recôncavo não é tíbia, é preciso que conheça, no entanto, contra o que se não deve acovardar! Que mesmo no pior isolamento, que mesmo lutando contra a força mais medonha, é de nós mesmos que havemos de tomar os recursos. E isso é que devemos espalhar. Se o povo da Bahia e do Recôncavo conhece isso, sucedendo o pior, há de ser mais fácil defendermo-nos. Não vos enganeis! Se Sua Alteza expulsou as tropas portuguesas do Rio de Janeiro, os reinóis não aceitarão isso quedos. Hão de mais ainda apertar o vergalhão sobre nós! É preciso que se principie já, insuflando a gente branca e culta da cidade e das vilas, mas também a gente da plebe, pardos e pretos forros e escravos porque serão de grande valimento. E, tanto mais tenham crença na peleja, melhor se hão de bater.

O bacharel Luís Brandão concordou:

- Cônego Francisco está certo! Não é outra cousa que tenho feito em meu jornal! Trato de insuflar o povo. E tanto é algo temível que os marotos me proibiram a vendição do jornal. Se esse feito não fosse de importância, não se ocupavam comigo.

Ele possuía uma voz macia, quase lânguida, poder-se-ia dizer. Ao escutá-la, jamais se poderia imaginar pertencer a um homem destemido como ele. Aliás, aquela voz em tudo traía seu dono: homem alto e bastante viril, possuidor de uma cabeleira preta, luzidia e mãos fortes. Trazia a barba muito bem feita, mas como era muito espessa, seu rosto se toldava duma permanente sombra azulada, o que fazia adivinhar um corpo piloso. Permanecia dia e noite enfiado na claridade parca da sala onde ficava sua prensa, resoluto, lendo e relendo provas de seus textos, com o perigo de ter a porta arrombada a qualquer momento pela tropa lusitana. Passou pela mente de Alexandre, ao ouvi-lo, que talvez o bacharel contasse com o timbre aveludado de sua voz para amansar debates, ou para inflamá-los de forma insuspeitada e hábil. Ou ainda lhe fosse talvez instrumento utilíssimo para conquistas amorosas, para as quais aquela voz obraria como uma serpente.

Santinho também parecia convencer-se de que o clérigo tinha alguma razão e disse:

- Por outro lado, se intentamos nos socorrer de Sua Alteza, carece intensificar a correspondência com os baienses do Rio de Janeiro. Eles nos podem dar a conhecer quais são as verdadeiras intenções de Sua Alteza, mormente quanto à

Bahia. E nós podemos lhes ser úteis, enviando informações sobre o que fazem os portugueses aqui e quantos são...

- São mil e duzentos da Legião Constitucional! - irrompeu Coronel Vilas Boas - Mas carece contar quantos são nas tropas da cidade.

Francisco percebia que finalmente retomava sua ascensão sobre os demais. Resolveu, então, prosseguir.

- Vejam, Vossas Mercês... O próprio Coronel Bento quiçá nos possa dizer também quantos são os soldados pardos e negros na tropa assentada na cidade da Bahia.

- Creio que somam mil trezentos homens, pouco mais ou menos, no Regimento de Artilharia Auxiliar de Pardos e no Batalhão Henrique Dias. Porém, ainda que não consideremos os soldados portugueses das tropas da cidade, os da Legião Constitucional são treinados na guerra da península, lutaram contra os homens de Napoleão. São experientes! Quanto aos baienses...

Bem... É uma tropa bisonha, feita de homens parvos...

O bacharel Luis Brandão resolveu tornar a intervir na discussão:

- Senhores, o que importa ver é o que se quer conseguir e quais são os riscos que os da terra desejam correr ou não para tanto. Se a situação retorna ao que era antes, aqui não se abre mais nenhuma indústria. Se nos cerram o porto outra vez, como fica o comércio dos engenhos para fora? Logo agora que os preços do açúcar tornam a subir! Há de se negociar só com os comerciantes portugueses de grosso trato! - e disse isso com especial ênfase, voltando-se para os Albuquerque e o Coronel Vilas Boas. Depois de falar, seu olhar cruzou por um segundo com o de Francisco e foi o suficiente para este ter certeza do que já suspeitava: Luís Brandão era seu único real aliado ali, o único disposto a ir, talvez, tão longe quanto ele próprio.

Francisco respirou fundo e resolveu retomar o fio de seu discurso:

- Coronel, os baienses são menos treinados que os reinóis, é verdade... Mas é gente que teria um motivo para lutar!

- Qual motivo, Cônego Francisco? - perguntou Santinho - Porventura está o senhor sugerindo que se prometa liberdade a pretos em troca de pelejarem eles também? Vossa Reverendíssima está ainda muito impressionado com a sedição de 99!

Ao ouvir aquilo, Alexandre voltou a ter a impressão de que o próprio Francisco se envolvera na dita sedição. E, se ele próprio concordasse com aquela loucura de igualdade entre todos? Poderiam aqueles homens então confiar inteiramente nele? Porém aquela reflexão pareceu ao rapaz quase sacrilégio. Era como voltar-se contra um homem que considerava quase um mestre.

- Não, Santinho! Vossa Mercê é que não vê que se não nos valemos desses homens para nosso proveito, contra os reinóis, são estes que mais tarde põem-nos contra nós!

- Importa é ajuntar aliados e calcular as nossas forças. - interveio Coronel Vilas Boas.

- E a correspondência com o Rio de Janeiro torna-se mais importante do que nunca. Carece também haver notícia certa do senhor Cipriano Barata. É um homem de grande eloquência.

Soube que está fugido na Inglaterra. - falou do outro lado Luís Brandão.

Entretanto, Antônio Elesbão não se deu por vencido:

- Mas, Cônego Francisco, olvidemos essas idéias de levantar negros e pardos... Não parecia racionável em 99, o é menos agora. Vossa Mercê devia agradecer a Deus ter escapado ileso e anônimo da revolta, e não tornar a cair em erro! E não olvidemos, de outra parte, o levante que a canalha africana tencionou fazer em 07, reunindo negros do Recôncavo e da Cidade para atacar a população. Engendravam até envenenar as fontes públicas!! E o levante de 08? Vossas Mercês recordam da batalha campal que se passou até que os haussás e nagôs fossem dominados? E, em 14, o levante dos haussás de Itapoan!? As armações de pesca esbandalhadas, a Vila incendiada, vários brancos assassinados, tudo isso às portas das terras de minha família! É isso o que Vossa Mercê deseja fazer abater-se sobre nós todos? Uma nova São Domingos? Se usarmos um tal plano, o risco de estarmos sujeitos é enorme, pois é fato consabido que brancos, nesta Província, são poucos e negros, muitos. Carece, pois, manter é a canalha atada a ferro!

Aquela investida contra o clérigo fez com que Alexandre o olhasse, na expectativa do revide. Ainda tinha a esperança de que ele negasse aqueles fatos e provasse falsa a acusação. Observou que, na sala, apenas ele próprio havia demonstrado um tremor de perplexidade. As cadeiras em semicírculo, ocupadas todas de forma agitada, mas não surpresa; a figura do Cônego Francisco, de pé, perto de uma das janelas, imóvel... Era como se fossem eles uma irmandade. Aqueles senhores ativos, conhecedores dos meandros políticos de sua terra, possuíam segredos, intuía Alexandre, como se estivessem ligados por uma corrente invisível que os unisse pelos pescoços. O próprio ambiente parecia pulsar vagarosa e pesadamente, flutuando em silêncio. Alguns cenhos franziam-se numa compenetração constrangida.

Então Francisco fitou Alexandre e terminou por dizer, baixando os olhos ao chão:

- Poucos souberam e fez-se segredo até hoje. Guardei silêncio até para meu primo Eugênio, Deus o tenha, a quem contava tudo. Intentei e, muita vez, consegui dele me olvidar.

Santinho tentou amenizar o ato do irmão:

- Ora, Cônego Francisco! Não foi ato de que se deva envergonhar. Pelo contrário. Muita coragem demandou! Mas o que meu irmão está dizendo é que foi um grande engano permitir que aquela gente houvesse as rédeas e decidisse quais os passos a dar... e que o perigo ronda ainda...

- A mim mesmo fazia muito gosto ter tido parte na sedição! - completou Luís Brandão - Mas era então mui jovem para entender o que passava e ter conhecenças que mo dessem a compreender.

Francisco sentia-se sem forças para falar e Antônio Elesbão, de seu lado, talvez se sentisse culpado por ter trazido o assunto daquela forma. Tentou, por isso, amenizar a situação também:

- Foi um ato de bravor arriscar-se assim, Francisco. Mas não carece repetir o erro. – estava empertigado na cadeira, lançando um olhar de serenidade superior a Francisco e, em seguida, aos demais. Em seu tom de voz adivinhava-se uma repreensão sutil e quase paternal.

O clérigo fingiu não escutar aquelas palavras. Virou-se para Alexandre e disse:

- Fui eu um dos primeiros a fazer entrar as tais francezias para a Bahia. Outros já as haviam lido e não tardou a que todos com comum interesse se juntassem. Mas isso foi sempre um segredo. Nem a meu primo Eugênio contei nada a respeito. Não queria que se avexasse com o assunto. Por pouco me safei porque, na noute acertada para a malfadada reunião, percebi que o Campo do Desterro do Dique estava sitiado. O encarrego de fazer as prisões estava com o Tenente-Coronel Theotônio de Souza, que era de minha conhecença. Para isso escondera pouco mais ou menos de cem homens num roçado das cercanias. Mas devia estar tão afoutado que se deixava ver rondando com um capote branco pelo Campo. Não me viu porque, tanto que divisei sua figura, escapuli. Mas meu nome foi referido pelos que foram presos e foi Frei Vicente do Rosário, por sua amizade com o Presidente da Província, quem me atalhou a prisão, mediante a paga de uma quantia, como nos dita o uso. Assim foi com outros tantos na minha mesma condição, que também muita paga deram.

- O senhor se pode fiar na minha discrição. Não estamos todos unidos por mui justa causa? Pois eu tenho ainda grande admiração por sua força. - disse Alexandre sem desfranzir o cenho, porém. Estava, no fundo, incomodado com a revelação. Não sabia até que ponto iam os planos de Francisco, mas sabia que não concordaria jamais com suas ideias sobre liberdade para escravos e igualdade de direitos para pardos e pobres. A que conflitos no grupo tais idéias poderiam trazer, o jovem não conseguia precisar. Mas intuía ali um caminho perigoso e tentou esconder a ponta de decepção que lhe fustigava o coração com um peso quente.

Francisco, por sua vez, soltou um suspiro. Estava tudo revelado ao jovem Argollo. Agora estava irremediavelmente incluído no grupo, quaisquer que fossem as consequências disso. Abatido, perguntava-se aonde tudo aquilo iria dar. Manteve firme sua disposição de seguir adiante:

- Devo repetir, Senhores... Conquanto no princípio de nossos planos não tome parte gente da plebe, em algum instante haveremos de necessitar deles. Se soubermos concertar as ações e fazer que creiam na causa, traremos para a luta todos os baienses com uma gana que se não há de arrefecer. Eu sei um fato que nos poderia ajudar, Senhores, se intentarmos usar todos os meios. Um fato que há muito mantenho em segredo, mas que poderia muito bem servir-nos. - sentiu seu rosto tremer. Tentando arregimentar coragem, agarrava-se ao pensamento de que a revelação, àquela altura, nada seria senão apenas um alívio. Mesmo assim, hesitou ainda um instante.

- O que é isso que Vossa Reverendíssima sabe? - perguntou Luís Brandão.

Francisco abriu a boca para responder, mas sua voz não obedeceu. Olhava para os demais com os olhos esbugalhados. Sentiu seu rosto paralisar-se. Seu braço e perna direitos cederam a uma lassidão que ele jamais havia sentido.

"As mãos..." - pensou - "no outeiro... a chave...". Mas era um devaneio. De sua boca nada saía, senão a saliva que lhe começava a escorrer pelo queixo. Seu corpo pendeu-se para a direita, caindo, caindo. Ele tinha a ilusão de ainda estar falando, mas era só seu pensamento:

"As mãos... a chave... é um tesouro...".

Não percebeu que os espasmos do vômito sacudiam seu corpo, e que seu olho esquerdo fechavase, enquanto o direito permanecia imóvel, aberto, sem expressão. Depois daquele instante cheio de tontura e pavor, em que parecia estar caindo num abismo sem fundo, Francisco não viu nem ouviu mais nada. Sobreveio apenas a escuridão.

XI

Um médico foi chamado às pressas e discutiu-se como proceder. Alexandre ofereceu sua casa para abrigar o doente, mas, no fim, todos concordaram que seria melhor levá-lo para a enfermaria dos varões, no hospital da sede da Casa de Santa Misericórdia. Visto que não possuía familiares que olhassem por ele, lá ao menos as freiras da enfermaria poderiam revezarse nos cuidados e na administração de medicamentos. O médico declarou, entretanto, que havia muito pouco a fazer. Segundo ele, tratava-se de uma apoplexia. Cabia apenas esperar pelo pior.

Duas horas depois do brusco fim da reunião, as sombras de seus participantes moviam-se pouco, projetadas nas paredes de um dos corredores do andar térreo do Palácio da Misericórdia. As conversas se davam aos sussurros, enquanto a noite adentrava. O jovem Argollo lembrara-se de mandar chamar Manoel Jacintho, que chegara havia pouco e subira à enfermaria. Luís Brandão, consternado, havia deixado o grupo para ir à redação do jornal. Uma vez passada a eleição da Junta, esperava poder fazê-lo circular de novo no dia seguinte. Alexandre, por sua vez, depois de caminhar um pouco pelo pátio aberto, encostou-se ao pilar de uma das arcadas, escutando a conversa entre Santinho e seu irmão Antônio Elesbão e Coronel Vilas Boas.

Manoel Jacintho retornou, informando que Francisco permanecia desmaiado ou adormecido, não sabia bem. Declarou que ficaria com o enfermo durante a noite e subiu as escadas de volta. Os demais concluíram que não havia muito mais por fazer ali. Francisco estaria bem assistido.

Resolveram todos se recolher, não sem antes trocarem votos de prosseguirem unidos na causa.

Ao montar seu cavalo, Alexandre não conseguia deixar de perguntar-se o que Francisco teria para contar. Parecia ser algo importante. Um segredo guardado há muito tempo... Os demais também haviam ficado intrigados. Sacudiu a cabeça, como que para espantar aquelas perguntas e decidiu que era tempo de repousar.

A manhã veio chegando devagarinho sobre o distrito da Sé, iluminando as fachadas claras das casas coladas umas às outras. A sombra profunda das ruas estreitas não se deixava vencer facilmente, mas a manhã era renitente e sabia que venceria por fim, sacudindo o espírito daquele povo, invadindo os becos e ladeiras, os cortiços feios e tristes, os solares, os pátios dos claustros, clareando as pedras negras do calçamento antigo. As primeiras negras ganhadeiras apareciam aos poucos pelas esquinas, apregoando seus quitutes matinais num lamento, como quem tivesse a vender também suas dores e tristezas. Aguadeiros tangiam seus carros de bois, sobre os quais chacoalhavam os barris de água. Cachorros vadios vagavam como a se perguntar o que lhes traria o novo dia. O sol foi se levantando no mar, iluminando a península de São Salvador, suas matas, seus bairros, vales e povoados. As primeiras janelas abriam-se como se os próprios sobrados se espreguiçassem sorridentemente, ao som dos sinos que chamavam para a primeira missa na Sé, nas igrejas de São Pedro, São Francisco, São Domingos, Nossa Senhora da Conceição, Nossa Senhora do Desterro, Nossa Senhora do Pilar... Parecia que todos os santos chamavam as gentes de suas camas, de seus sonos, para a vida ensolarada da Bahia.

Manoel Jacintho abriu os olhos devagar. A claridade que se espalhava sobre a baía entrara pela enfermaria dos varões, na Misericórdia. Adormecera sentado, ao lado do leito de Francisco. Olhou para seu rosto abatido. Estava torto e imóvel. As bolsas sob os olhos estavam escurecidas. Entristeceu-se por reconhecer nele a expressão dos moribundos. Resolveu ir até a casa do enfermo avisar Domingas sobre o ocorrido. Lá, recebeu-o a escrava Rosa, que o levou até a cozinha, onde Domingas estava ao fogão com Leocádia, a cozinheira. A jovem tinha uma expressão preocupada. Todos na casa já haviam dado pela ausência de seu senhor.

Conforme o padre foi contando o sucedido a Domingas, foi notando os sinais de consternação no rosto da jovem. Parecia que tinha o dom de fazê-lo sofrer com ela. Teve vontade de chorar também ao ver seus olhos molhados baixarem ao chão. Fê-la sentar-se num banquinho. Tentou acalmá-la. Mas ela convencera-se de estar fadada a ficar só no mundo. E, se Francisco também se fosse para sempre, como Eugênio e Ifigênia? Pedro, por sua vez, já falava em meter-se mundo afora, agora que era forro. Desejava ganhar dinheiro, ter seus pertences. E ela? E ela...? Todo aquele temor se estampou em seus olhos e o religioso pôde adivinhá-lo.

Ele comeu um pedaço de bolo de carimã e tomou leite morno, sentado à mesa da cozinha mesmo. De quando em vez olhava para Domingas, na esperança de vê-la melhorar, mas isso só servia para mais ainda apertar seu coração, pois ela continuava lívida, meio trêmula. Por fim, ela perguntou:

- O bolo tá de seu gosto? Foi eu que fiz...

- Sabe-me muito bem! Está o melhor que já comi! - respondeu sorrindo. - Não há de tardar que Cônego Francisco volte, e se há de fartar desse bolo também.

Depois de um tempo, Manoel Jacintho resolveu deitar-se um pouco em um dos quartos, mas batidas na porta fizeram-no levantar-se aturdido. Um moleque que trabalhava na Misericórdia irrompeu ofegante pela sala. Francisco havia acordado. A pouca paz do ambiente desmoronou. O padre saiu correndo, seguido por Domingas. Na enfermaria, um médico e duas freiras, ao redor do doente, tentavam amainar seu estado. Afastaram-se para que Manoel Jacintho e Domingas pudessem se aproximar. Havia uma ânsia nos olhos de Francisco. Uma inquietação profunda que parecia torturá-lo. Fez um sinal quase imperceptível para que o jovem chegasse mais perto; queria falar-lhe ao ouvido. Todo seu corpo tremia com espasmos e sua boca estava tão torta que mal conseguia falar.

- Um te...tesouro, Manoel.... Vosmecê... o segredo é um tesouro... é a libertação... Vosmecê...

O jovem não conseguia compreender nada daquilo. Só podia ser um delírio.

- Que está a dizer? - perguntou o médico.

- Está só delirando.

Manoel Jacintho e Domingas afastaram-se para que o médico tentasse intervir. Após poucos segundos, restou apenas um silêncio. Domingas soltou um gemido de aflição.

- Está agora num coma. - disse o médico. - Só nos resta orar.

Domingas não sabia o que aquilo significava. Manoel Jacintho tinha as mãos crispadas e os olhos lacrimosos fechados numa oração desesperada, quase um soluço. Em sua mente, ressoavam de forma confusa as últimas palavras de Francisco: "- ...o segredo é um tesouro...".

XII

Naquele ano, as celebrações e rezas da novena de São Gonçalo do Amarante haviam ocorrido na

Igreja de São Francisco, uma vez que a Matriz da Vila de São Francisco do Conde, dedicada a São Gonçalo, encontrava-se em estado deplorável, tendo mesmo ruído uma parte de seu telhado e da torre sineira. As contribuições das grandes famílias da região não tinham sido suficientes para dar-lhe o restauro preciso a tempo, ainda que para isso se houvesse empenhado o próprio Dom José Freire.

Instalados na casa dos parentes Pina e Mello, os Argollos do Engenho do Socorro haviam participado das rezas e cerimônias, visitado amigos da família, participado de uma pequena reunião noturna durante a qual até se tocara piano. Tal evento fora, entretanto, vedado a Cândida e Júlia, que se viram conformadas a dormir cedo sob a guarda de Damásia, seguindo seu ritual noturno como se no engenho estivessem.

Aquele era o último dia da novena. Às oito horas da manhã, o sol já iluminava por inteiro o pequeno largo diante da Igreja de São Francisco e o convento de Santo Antônio, que se erguia à sua direita. Ali, no alto da colina sobre a qual a Vila se espalhava e de onde se via a praia, o mangue e o braço de mar entre a Vila e a Ilha de Cajaíba, a luz do sol dava um brilho meio amarelado à fachada branca da Igreja e suas volutas entalhadas em pedra de cantaria, a sua galilé formada por quatro arcadas românicas,e também às palmeiras esguias que guardavam o jardim em sua entrada.

Àquela hora da manhã, os fiéis dirigiam-se à missa, trazendo o rumor dos sapatos nas pedras do calçamento, do roçar de anáguas e saias e xales e véus, dos comentários sussurrados, que ia se juntar aos murmúrios dos mendigos sentados na porta da igreja. Quando as famílias de grandes senhores passavam, os murmúrios se intensificavam e, quando alguma moeda caía num chapéu ou numa cuia, tilintando friamente, aqui e ali se ouvia um "Deus abençoe", respondido com um "Amém".

Todos aqueles sons ecoavam também dentro do templo. O chão de mármore acentuava o ruído dos saltos. Os tecidos roçavam os bancos e outros tecidos. Pigarros recriminavam risos furtivos. Preces ciciadas em cadência com o rolar das contas dos terços entre os dedos subiam ao teto magnificamente pintado, esperançosas de poderem atravessá-lo para chegarem aos céus.

A vida dos fiéis transitava naqueles espaços de forma mal contida... Ansiedade mal disfarçada, alegria mal escondida, fé transmutada em severidade solene.

Baixando sobre a cabeça o véu de renda negra, Cândida entrara na igreja com a família, formando uma fila indiana. O pai, José Joaquim Argollo, à frente, seguido pela esposa, filhos e escravos, num cortejo. Dirigiram-se à frente do altar onde estavam os bancos reservados aos clãs dominantes da região. Cândida sentou-se e logo esquadrinhou a audiência de fiéis, numa curiosidade explícita. Seus olhos encontraram os de Damásia, severos. De pé, na nave lateral esquerda, a ama como que a recriminava por iniciar já o dia em pecado.

O padre chegou ao altar e, de costas para assistência, iniciou a missa.

- In nomini Patris, et Filii et Spiritus sancti...Amen. Introibo ad altare Dei!

Cândida sentia-se alheia a todo o ritual. Interessavam-na as pessoas ao redor, os vestidos das mulheres, as fardas dos homens. Segurava seu missal de forma mecânica, mexendo os lábios como se orasse junto com a mãe.

- Ad Deum qui laetificat juventutem meam.

Seu olhar cruzava as naves estreitas de soslaio. Até que pousou numa farda azul muitíssimo bem engomada, num porte garboso, embora metido num corpo não muito alto. Notou os cabelos castanhos encaracolados, as mãos bem postas, e um sorriso plácido. Um sorriso plácido...? O rapaz estava sorrindo. Então, ela notou-lhe os olhos e percebeu que estavam fixos nela. Cândida tomou um susto, e um estremecimento leve correu seu corpo. Mas seu olhar não se desviou. O rapaz sorriu mais. Ela não podia se dar ao luxo de sorrir de volta. Damásia poderia ver.

- Oremus. Aufer a nobis, quae sumus, Domine, iniquitates nostras: ut ad Sancta sanctorum puris mereamur mentibus introire. Per Christum Dominum nostrum. Amen.

A partir de então, passou a procurar oportunidades para mirar com discrição a nave lateral direita, onde o rapaz, de pé, sorria meneando a cabeça, por vezes levantando a sobrancelha, como a dizer: "- Sim, senhorinha, estou a olhar-te!"

- Munda cor meum ac lábia mea, omnipotens Deus, qui lábia Isaiae prophetae calculo mundasti ignito ita me, tua grata miserratione dignare mundare; ut sactum evangelium tuum digne valeam nuntiare. Per Christum Dominum nostrum. Amen.

Não tinha visto ainda o rapaz naqueles dias. Seria da Vila? Teria vindo de algum engenho próximo? Lutava para resistir e não perder a compostura. Quando a missa ia se aproximando do final, o rapaz desapareceu num instante em que Cândida olhava para o altar. Comungou desapontada, sentindo a hóstia dissolver-se em sua boca enquanto retornava a seu assento, sondando o ambiente ao redor. O evento perdeu de vez qualquer interesse. Não queira mais saber de rezas, nem dos vestidos, nem das fardas. Queria voltar logo para o engenho e lá se refugiar do mundo.

Quando, por fim, todos se levantaram, foi caminhando devagar pela nave central, em direção à saída, tendo os pais e irmãos à frente e sentindo a presença de Júlia e Damásia atrás de si. Ao chegar à galilé inundada pela claridade do dia, o moço estava já entre as arcadas, conversando com alguns rapazes. Postara-se de forma a que os fiéis que saíssem passassem rente a ele. E assim também Cândida foi naturalmente se aproximando, conforme seguia o fluxo que atravessava as arcadas. Os olhos dos dois jovens cruzaram-se. Cândida, nervosa, no meio de tanta gente que saía, deixou cair o seu missal. Prestativo, o rapaz apressou-se a pegá-lo e, num movimento complicado, fechou-o e entregou-o a sua dona. Ela agradeceu com um gesto sonso de cabeça e passou, com a mão pesada de Damásia em seu ombro.

Ter trocado aqueles olhares com o moço desconhecido era uma experiência desconfortavelmente nova. Era como se uma vida, que jamais ousara sonhar viesse voando, no som das preces e cânticos, e a tivesse transmutado numa personagem d'uma história emocionante, cheia de aventura e romance. Sentia-se envolta num veludo luxuoso, macio e invisível, que a enlevava, roçava sua pele e atiçava seus poros e, súbito, tornava-a altiva, dona d'um poder morno, perigoso, delicioso. A praça, as pessoas, sua família pareciam-lhe menores, menos importantes que ela própria, agora transformada numa mulher que tinha vontades, e que as realizava. Uma mulher capaz de despertar atenções, olhares, suspiros. Capaz de ter seus próprios interesses e planos. Não sabia o que aqueles sentimentos significavam. Pôde apenas perceber que seus sentidos estavam aguçados de forma estranha, como se a única razão de ser do mundo fosse existir para que eles o absorvessem. Desejava gastar seus olhos mirando o rosto bem feito do rapaz, sentir a maciez de sua pele imberbe. Teve uma curiosidade imensa de saber a que cheirava e que timbre produziria sua voz ao chamar seu nome. E, pensamento sublime e pecaminoso, sentir o gosto de seus lábios, embora nunca tivesse visto sequer um beijo, nem conseguisse imaginar muito bem como se fazia para tê-lo.

A família estava parada no largo diante da igreja, sob a luz do sol das dez horas. Um vento brando soprava vindo do mar. O pai conversava com alguns senhores de engenhos vizinhos. A mãe despedia-se das primas Pina e Mello. Deveriam retornar ao Socorro naquela mesma manhã o pai e os irmãos a cavalo; ela, a mãe e a irmã nas cadeiras forradas; os escravos nos carros de boi, trazendo os baús. Teria que dizer adeus àquele mundo interessante, onde emoções lhe visitavam e instavam a ficar. Ousou olhar para trás e viu o seu moço (agora já pensava nele assim) guardando seu sorriso, todo voltado para ela. Tomou seu livrinho sobre o peito e notou que havia algo dentro. Abriu-o e, para sua máxima felicidade, viu metido entre as páginas um pedacinho de papel de pão, escrito a lápis com uma letra apressada:

"Ouvi-te cantar, rouxinol, e cedeu-me o coração. Sou teu servo agora, sou teu João."

Fechou rápido o volume, com um sorriso no canto da boca. Com tal consolo, aceitou o retorno ao Socorro, como quem fosse apenas a um intervalo da vida, que ficaria suspensa ali, no largo da Igreja de São Francisco.

Por isso, não sentiu uma melancolia tão grande ao deixar a Vila e passar pelos cerros do Recôncavo, avistando vez ou outra a água barrenta dos mangues ao longe, conforme ia serpenteando com seu séquito familiar rumo ao engenho. Ao chegarem à tardinha, o pó da estrada apegara-se aos cabelos e roupas. Foi necessário aos escravos de dentro acorrerem para preparar banhos, atender os senhores nos seus quereres.

Depois de haver se banhado e ceado, Cândida viu-se outra vez livre para pensar nos acontecimentos daquela manhã. Procurou na mente os detalhes que havia retido. Lembrou ter visto uma cicatriz junto à pálpebra esquerda do seu moço. Os lábios vermelhos e finos brilhavam molhados de saliva, tinha os dentes incisivos separados, e achou que aquilo lhe dava um interesse ainda maior. Os olhos eram escuros, sob sobrancelhas grossas, que se juntavam no meio, sobre o nariz. Tinha um ar brioso, naquela farda bonita, com as botas luzidias. Que galante era seu moço!

Deitou-se com o missal sob o travesseiro e o bilhete do seu João dentro dele. Estava tão excitada que não conseguia dormir, apesar do cansaço da viagem. E assim foi percebendo o adormecer lento e pesado do engenho, os ressonares, o silêncio entrecortado pelo ruído do vento leve, o piado longínquo d'uma coruja.

Revirou-se na cama, voltando-se para a porta e viu a luminosidade avermelhada espalhar-se por sua fresta inferior. A mesma luminosidade que vira na outra noite, tomando o corredor. Tremeu de pavor, mas logo deixou de acovardar-se. Já sabia o que poderia encontrar. Era uma visão aterrorizante, mas agora sem o poder de lhe paralisar. Cuidadosamente, sem ruído, levantou-se e foi até a porta. Esperou ainda um breve momento, antes de decidir abri-la devagarinho. Colocou a cabeça para fora e depois todo o corpo. E viu que lá estava a mesma mulher, com os cabelos longos soltos e o vestido azul. Virou-se para Cândida, revelando seu rosto triste, seu queixo trêmulo. A mão direita sobre o peito parecia cobrir algo, que Cândida tentava entrever. A mão pálida e magra foi baixando lenta, como se conduzisse um delírio, e o que descobriu foi uma ferida grande, por baixo do tecido rasgado e manchado. Parecia um corte fundo e largo, justo no coração. Cândida levou a mão à boca para não gritar. Sentia seus olhos esbugalharemse, seus pelos eriçarem-se de medo. A mulher deu-lhe as costas e continuou andando para a escada. Cândida tremia. Lágrimas escorriam por seu rosto e não sabia se era puro medo ou se havia sido contaminada pela tristeza que emanava daquela aparição.

Foi se acalmando. Tentou controlar a respiração para não soluçar. Seu queixo tremia e seus dentes batiam, fazendo ruído. Suas mãos estavam molhadas de suor. Foi recuando para a porta, tateando. Retornou à cama e lá ficou, a noite inteira, sem dormir, pensando. A imagem não desaparecia de sua mente, ocupava seu espírito inteiro. Ouviu os galos cantarem. Os primeiros pássaros também. A manhã foi chegando e ela se sentia esgotada, debaixo do seu lençol de linho branco.

O dia já estava claro quando Damásia levantou-se e preparou a bacia e a jarra com água, tirou os urinóis de debaixo das camas e chamou as duas meninas para que se levantassem.

Cândida estava aliviada por ter voltado à realidade segura do dia. Quando saíam do quarto, reteve Damásia. A sós com ela, resolveu contar-lhe o que tinha visto. Esta, conforme ouvia o relato, ia empalidecendo, com os olhos pregados na moça.

- Juro-te, Damásia, que não estou criando histórias. Já vi mais de vez essa mulher bem aí, no corredor. Uma visagem horrível!

- Cale essa boca, minina levada da breca! Le´sconjuro!! Isso é que dá em minina sirigaita: fica sonhando coisa ruim. Vossuncê tem que rezá pra num ficá sonhano coisa ruim!

Mas, por trás da zanga, Damásia não conseguia disfarçar um certo tremor e uma cisma. Não pareceu a Cândida que a velha não tivesse acreditado no que contara. Pelo contrário, parecia mais que estava agindo como quando se descobre algo que deve permanecer oculto. A respiração de Damásia estava ofegante, seus olhos pareceram marejar-se. Com a voz embargada ordenou a Cândida que não contasse aquilo a ninguém.

- Voncê num conte essas história por aí. Nem a branco nem a preto. Isso é muito feio! Vamo pra baixo.

E Cândida obedeceu, calada. Desceu, meio ofegante, convencida de que a escrava sabia de algum segredo.

"E não mo quer contar... Ou não pode, por ser cousa grossa. Ah! Candinha, mas tu hás de descobrir o que é. Tudinho! Ah! se hás...".

XIII

"Cidade da Bahia a 18 de fevereiro de 1822.

Amantíssimo Snr. Meo Pae,

Escrevo estas linhas com o grande pesar que soffro por ter a contar que mui enfermo se acha nosso amigo, Cônego Francisco da Anunciação. Padeceo de mal súbito faz pouco mais ou menos de duas semanas, e agora jaz num leito do Hospital da Misericórdia. Rogo à senhora minha mãe que supplique por elle a Nossa Senhora do Rosário e São Gonçalo do Amarante, padroeiro de nossas terras e de nossa família, para que acuda nosso amigo que não se sabe se viverá.

Tanto pesar me causa ainda, em lhe fazer saber da Carta Régia que aportou à Bahia, no dia quinze do corrente e dos últimos successos. A ditta Carta attribui ao Brigadeiro Ignacio Luiz Madeira de Melo o Commando d'Armas da Província, a pedido dos portuguêzes daqui, a corja dos Praistas que nos tem calcados noite e dia. V.Mcê. deve recordar-se daquelle luzitano insolente, de caracter violento e bem pode atinar que cousa grave he essa notícia. Na cidade fez-se um rebuliço, e a malta dos portuguêzes agora se não há de acalmar.

Oppoz-se a isso porém nosso conterrâneo, Coronel Manoel Pedro de Freitas Guimarães, que no anno passado foi acclamado Governador d'Armas da Província pelo próprio povo. Os officiaes do Primeiro Regimento, da Legião de Cassadores e do Regimento de Artilharia levantarão-se também briozamente, com muita gente illustre que levou representação à Câmara, que também eu assignei.

O indigno Brigadeiro, por isso, poz suas tropas nas ruas para asseverar-se de tomar posse, pois os brasileiros querião a approvação da Câmara para tal. Ontem resolveu a Câmara constituir uma junta militar, com o Brigadeiro e Coronel Manoel Pedro, mas aquelle recusou e tem suas tropas em promptidão de ataque, o corpo de infantaria doze, a Legião Constitucional Luzitana, a cavalaria e a marujada dos navios de guerra e mercantes.

Ainda ontem, nas ruas, marujos e paizanos portuguêzes apparecião com armas offensivas, tiroteando civis innocentes e invadindo casas. E quando vinha do Hospital da Casa de Santa Misericórdia, passando pela Praça do Palácio, vi de longe a figura do Brigadeiro, com altura acima do ordinário, de feitio grosso. Ordenava cousas à sua malta de soldados, e de longe se escutava sua voz, por ser mui forte e sonora.

Meo adorado pae, venho rogar deite-me sua bençam, pois não me hei-de furtar ao chamado da Bahia neste momento. He a guerra civil que se annuncia! Muita gente da cidade evadio-se e mais agora poz-se a sahir para o Reconcavo. Mas eu, de minha parte, avio-me de minha farda immediatamente e marcho athé o Forte de São Pedro, que he onde se acha installado o Regimento de Artilharia com munições. Não sem perigos muitos, he certo, que o corpo de infantaria doze está aquartellado no mosteiro de S. Bento e nos arredores do Solar Berquó. Mas não trema V.Mcê. por mim que não haveremos de cessar a peleja emquanto não for repellida a laia dos Praistas.

O dinheiro de contado que possuo he sufficiente para minha mantença. Por mais, de mim saberá Deos, que me há de guardar.

He quanto tenho por agora a lhe dar parte Snr. meo pae. Deos guarde a todos ahi. Deste que he, pelo coração, seu filho obediente.

Alexandre Gomes de Teive e Argollo Ferrão."

XIV

Manoel Jacintho surpreendera-se ao ver Alexandre chegar todo paramentado à casa de Francisco. Um pouco ofegante, por ter ido a galope, da Rua da Oração à Rua da Porta do Carmo, o jovem Argollo depositara uma bolsa de dinheiro nas mãos do padre, recomendando que a entregasse a Maria Idalina, caso esta o procurasse.

Diante do olhar atônito do amigo, explicou que pretendia ir até o Forte de São Pedro reunir-se aos demais que se opunham à posse do General Madeira de Melo. Deveria descer pela Rua da Vala para ir dar na Praça da Piedade pelo Campo do Dique. A escolha do caminho mais longo e ermo visava a evitar que se deparasse sozinho com os soldados portugueses nas redondezas do Mosteiro de São Sebastião, embora o perigo não estivesse afastado de todo, uma vez que eles estavam por toda parte e a farda de Alexandre chamava a atenção. Só por ter saído à rua naqueles trajes já havia provado sua coragem.

Àquela altura, Manoel Jacintho sentiu que era inútil qualquer conselho. Percebia em seu olhar uma certa excitação febril.

- Que Deus te abençoe, meu amigo. Oxalá corra tudo bem! Que Deus te abençoe...

- Amém! Não sei que se passará, nem quando poderei enviar notícias. O solar, deixei-o trancado, confiado aos escravos. Não há tempo para maiores cuidados.

Como chegou, saiu e o padre ficou só, fitando a bolsa de dinheiro depositada sobre a mesa.

A casa estava calma. Havia uma tristeza respeitosa, devido ao estado de Francisco. Sua ausência impunha-se com um pesar. Manoel Jacintho e Domingas, e até mesmo as escravas Rosa e Leocádia, estavam cabisbaixos, silenciosos.

Domingas entrou na sala de jantar com um pano nas mãos. Havia que tirar o pó da mesa e lustrar a prataria. Notou o olhar absorto de Manoel Jacintho e aproveitou para admirá-lo sem ser notada. Frequentemente, sentia grande dificuldade para tirar os olhos dele. Quando estava de costas, ou distraído, ou lendo, Domingas disfarçava e olhava-o com o canto de seus olhos rasgados. Não entendia o que era aquilo que sentia. Procurava pensar em outros assuntos, concentrar-se nos afazeres, mirar os móveis enquanto os limpava. Mas era inútil. Pouco a pouco seu olhar ia se desviando, procurando a figura do padre, para achá-la sempre bonita, parecida com figuras de santos ou anjos. Tudo lhe parecia belo nele... os dentes um pouco encavalados no maxilar inferior, as mãos não tão bem tratadas, as bordas das narinas meio avermelhadas, a testa um pouco queimada de sol, às vezes um cacoete nervoso. Tudo aquilo diminuía sua força e atenção, tornava Domingas refém da necessidade de contemplar aquela figura esbelta e máscula.

Manoel Jacintho, por sua vez, de início não notara nada. Sentia uma afeição grande pela mocinha, uma vontade de protegê-la. Ficava feliz por ter sido ele a resgatá-la do Outeiro de Santo Antônio e trazê-la para a cidade. Passou a se preocupar com seu futuro, depois da doença de Francisco e, no íntimo, dispunha-se mesmo a tomar responsabilidade sobre ela.

Ora, passado algum tempo, notou que às vezes Domingas assumia um comportamento um tanto sorrateiro, como se agisse como um gato ou se transformasse numa sombra: sem produzir ruídos, não incomodava, não ocupava espaço, mas estava sempre presente, observando, observando... Tentava não deixar que aquele comportamento o afetasse, mas ocorreu que seu olhar passou a cruzar com o dela algumas das vezes em que a sentia esgueirar-se como um felino. E, então, o clérigo sentia primeiro um peso no peito, que fazia com que seu coração disparasse a ponto de fazê-lo tossir com uma certa falta de ar. Depois, um incômodo no estômago. Por fim, uma comichão nas virilhas que fazia com que, num movimento involuntário, contraísse a musculatura da pélvis.

Naquele dia, não demorou muito para que ele deixasse seu estado absorto e notasse a presença de Domingas na sala de jantar. Tomando um livro que trazia no colo, fingiu distração com a leitura, mas toda a sua atenção estava voltada para os movimentos dela. Olhava-a obliquamente, virando uma página e outra, meio assustado, temendo que ela notasse. Foi quando percebeu que, ao limpar a mesa com movimentos circulares, seus seios balançavam, livres, sob a roupa de baeta. Cedeu à curiosidade voluptuosa. Sua respiração tornou-se um pouco entrecortada, seu pênis, rijo. Sentia-o por dentro da roupa, destilando uma umidade pegajosa.

Num repente, como se sua consciência houvesse só então retornado, Manoel Jacintho levantou-se, assustando Domingas. Passou por ela com o rosto vermelho, o livro encostado à batina, em direção ao quarto que estava ocupando no andar superior. Ali, sobre uma cômoda, achava-se um espelho cujo cristal já estava embaçado pelo mofo. Tentou controlar a respiração e pôs-se a mirar o próprio rosto. Seus olhos perderam-se naquela visão embaçada, mal iluminada. No fundo de sua mente sentia como se a primeira gota houvesse pingado pela rachadura de um dique antes sólido, que agora estremecia. Uma lembrança foi se libertando: um cheiro um odor que sentira tão cedo na vida que parecia ser, na verdade, a memória primal, a primeira sensação, a que lhe havia despertado o sentido original. Recordou-se de haver sempre reconhecido aquele odor na pele negra das escravas, de cheirar-lhes o colo quando o carregavam, pequeno ainda. Depois passou a ligar o cheiro a Berenice, a mucama de sua mãe, e, no dia em que, pela primeira vez, espreitou-a enquanto se banhava nos fundos da casa onde moravam, iniciou-se um vínculo deste odor com uma sensação de ansiedade.

Ver Berenice sem ser visto era no início um prazer moral, um poder de invisibilidade e um regozijo cobrado à escrava, sem que a ela restasse chance de negá-lo. Pouco a pouco estendeu seu poder sobre todos da casa, experimentando usá-lo primeiro sobre as outras escravas, sobre os escravos e, depois, até sobre os próprios pais. O poder de ver sem ser visto... O poder de saber o que se quer escondido e íntimo. Atos ordinários ou não... O que importava era conhecêlos todos sem que seus autores o soubessem: uma receita de bolo que a cozinheira cumpria, cantarolando baixinho a canção que a sinhá havia proibido; um pouquinho de rubro nos lábios que a mãe colocava, sem que o marido pudesse saber, uma vez que à mesa a sinhá sempre recriminava a vaidade desmedida das vizinhas; o corpo luzidio do escravo Jonas, agachado no quintal, deixando as nádegas meio expostas por causa das calças frouxas, enquanto arrancava as ervas daninhas dos canteiros de flores; a figura corpulenta e ofegante do pai sobre a mãe, no quarto escuro, no meio da noite... Manoel Jacintho deu-se conta de que passara então a ter mais assuntos em que pensar, como se sua mente se houvesse enriquecido.

Numa digressão do seu poder recém-adquirido, passou a exercê-lo sobre si mesmo também. Observava-se diante do espelho grande posto sobre a cômoda, primeiro vestido, mas com o tempo, nu, com a porta trancada. Certo dia, encontrou uma função extraordinariamente pecaminosa para o pequeno espelho de mão de sua mãe. Usou aquela peça quase preciosa, vinda de navio da França com o carregamento de louça de Sèvres, para examinar o próprio corpo de ângulos diferentes. Segurando o cabo de madrepérola, mirava a nuca, as costas, a garganta, o pênis. Os pelos iam nascendo-lhe no corpo e ele os ia contando através de seu reflexo. Passou a analisar seu corpo e os dos outros com uma agucidade de médico e alcoviteiro: as costas e as mãos do pai eram peludas; os seios da mãe, murchos e caídos. O escravo Jonas, ao andar, às vezes balançava seu membro enorme de dar medo. As nádegas de Berenice eram redondas.

Espreitando Berenice foi que descobriu que tocar seu membro enquanto a olhava produzia um prazer novo, um tanto incômodo. Um dia, o prazer obtido ao se tocar atingiu um ponto de êxtase antes desconhecido, enquanto espiava Berenice e cheirava-lhe a bata usada, que havia surrupiado.

Decerto Berenice já havia percebido, foi o que concluiu mais tarde. Mas não tinha certeza quando, já mais crescido, com uma voz engrossada, tornou-se menos tímido e resolveu agir, porque aquela ansiedade se renovava todas as vezes em que a via; não passava nunca. Despiuse, esquecendo o temor de que mais alguém os flagrasse, e uniu-se a ela no banho. E sim, mesmo sob a água e a espuma do sabão de coco, lá estava o cheiro. Ele foi buscá-lo nos seios, nas coxas da escrava e sempre o encontrou forte, destemido. Abriu-lhe a vagina como quem quer sorver o orvalho de uma flor escondida; e lá também estava ele, um odor agridoce, orgânico, humano.

Uma noite, foi descoberto em meio ao coito pecaminoso por sua mãe, a qual tanto mais o repudiou por ter sido praticado com uma negra. A ele reservou-se o seminário e as

Aulas Régias. A Berenice, dez chibatadas que o pai de Manoel Jacintho aplicou relutante, incitado pelo escrúpulo moral da esposa. O rapaz tentou esconder-se, mas foi obrigado pela mãe a assistir àquela cena. E ver a dor nos olhos de Berenice foi como ter um punhal espicaçando seu coração.

Não poderia jamais esquecer seus olhos grandes e negros, que a cada estalo se apertavam.

Desde então, recolhera aquela sensualidade a algum canto escuro da alma. Deus conhecia com que esforço havia suprimido sua vontade de usar seu poder e de estar com Berenice. Sentia uma culpa imensa pelo sofrimento da mucama, o qual atribuía a si, e convenceu-se de que sua mãe estava certa: o pecado havia penetrado em seu coração inexperiente e seria preciso expurgá-lo com oração e castidade... para sempre. Durante todo o tempo em que duraram os estudos, perseverara no esquecimento, como se fosse isso uma obra divina, necessária à sua própria salvação e, talvez, à de Berenice, a quem não tivera, nunca mais, a coragem de olhar nos olhos. Descobrira na religião um anestésico para a ansiedade, esquecera-se do aroma da flor, que ficara assim recolhida, numa noite calma e quente e perene.

Agora, parado diante do espelho, estático, sentia-se inseguro. Não sabia se conseguiria conter a memória de seu olfato, que era, no fim das contas, também a memória dos seus poros, das suas mãos, da sua virilidade. Seus pais já haviam falecido, mas não havia agora um empecilho mais poderoso, um juramento inquebrantável a Deus?

Sozinha na sala, Domingas não entendia o ocorrido. Tremia só de pensar que poderia ter feito algo que houvesse desagradado o padre. Terminou suas tarefas e sentiu vontade de visitar Francisco, no hospital. Desejava certificar-se de que continuava vivo, bem ou mal, mas vivo. Entretanto, não se sentia muito segura para sair à rua. A cidade vivia um rebuliço e ao mesmo tempo parecia esvaziar-se. Não sabia que perigos podiam surgir-lhe no caminho. Guardava ainda um medo muito forte daquele lugar novo e grande, daquelas ruas ainda desconhecidas e seus passantes. Pensou um tempo e decidiu ir. Acreditava que uma simples negra como ela conseguiria passar despercebida se caminhasse rápido, escolhendo o caminho certo. Foi à cozinha avisar Leocádia.

Saiu de casa e foi subindo a inclinação suave do final da Rua da Porta do Carmo, onde esta já ia desembocando no Terreiro dos Jesuítas. Seus pés nus iam ligeiros pelo calçamento de pedras escuras. Trazia os olhos baixos como se, não vendo os transeuntes, também ela não pudesse ser vista. Estava quase chegando ao Terreiro quando viu uma perna de homem levantar-se à sua frente, à porta de uma casa de pasto, barrando-lhe o caminho.

- Aonde vais assim depressa, ó negrinha?

Ao ouvir aquilo num sotaque lusitano, Domingas levantou a cabeça e ficou admirada com o que viu: um par de olhos azuis, tão azuis quanto o céu mais azul, com um brilho audacioso, quase faiscante. Ela nunca tinha visto nada igual

- Ó, negrinha tenra!

A admiração de Domingas se esvaiu porque o tom de voz do homem causou-lhe medo. Tentou desviar-se e seguir caminho. Mas ele, que era alto e encorpado, barrou-lhe a passagem com seu corpo. Ela sentiu-lhe o cheiro, uma mistura de tabaco com cachaça e água de rosas. Ele enfiou a mão pálida pelo decote da bata e alcançou o seio de Domingas. Ela esboçou um grito, tentando livrar-se.

- Pssssiu, negrinha. Fica quietinha que te quero sentir os peitos. - ele dizia isso com um riso malicioso, mostrando seus dentes amarelados, em alguns pontos até bem escurecidos pelo fumo, enquanto apertava o seio de Domingas, quase a ponto de causar-lhe dor.

De dentro, outro homem, que tinha diante de si os copos de bebida, gritou:

- Ó, António da Moura, homem impossível! Larga a negra e volta que ainda não findei o que te quero falar. Ó, homem impossível!

- Espera, pois se não verto água não oiço mais nada! - e, abrindo os botões da calça branca, puxou com alguma dificuldade seu membro, pondo-se a urinar ali mesmo, respingando os pés de Domingas. Ela aproveitou para sair correndo, ouvindo a risada escandalosa do português ficar distante.

Chegou à porta do Hospital esbaforida, trêmula. Sua mão apoiada na parede do Palácio da Casa de Santa Misericórdia estava gelada, mais gelada que a pedra de cantaria. Só então ousou olhar para trás e aliviou-se por constatar que ele não a seguira. Parou um pouco para respirar. E então sentiu voltar o temor... Aquele mesmo que experimentara quando morreram Eugênio e Ifigênia e quando teve de deixar a Vila Velha. O mesmo que sentira ao saber que estava alforriada e ao ver Francisco imóvel sobre o leito do Hospital. Temor da cidade, das pessoas desconhecidas, do mundo, do futuro. Um temor que se escondia só quando ela mirava o sorriso de Manoel Jacintho...

XV

Naquele mesmo dia, 18 de fevereiro de 1822, a guerra chegou à Bahia, tomando os espíritos, cavalgando sobre os telhados e torres da cidade iluminada sobre o mar, desfraldando uma sombra lúgubre, virulenta, sobre as janelas e frontões, estirando um tapete tinto pelas ruas.

Do Forte de São Pedro, onde estavam amotinados os baianos sob a liderança do Coronel Manoel Pedro de Freitas, saíram vários soldados a montar barricadas nas Ruas das Mercês e dos Aflitos, que desembocavam diante das muralhas da fortaleza. As tropas portuguesas, que vinham em marcha do Mosteiro de São Sebastião, pela Praça da Piedade, com artilharia e cavalaria, encontraram as barricadas já armadas, as bocas dos canhões apontadas em desafio.

Os civis que habitavam as redondezas não haviam tido tempo de fugir. Recolheram-se em suas casas, escondidos sob as camas. As janelas e portas estavam trancadas, as ruas, silenciosas dos ruídos da vida comum.

Os portugueses procuravam fincar uma posição firme na própria Rua das Mercês, diante dos baianos. Estes iniciaram um fogo intenso, tentando impedi-los de instalar-se ali. O tiroteio durou quase uma hora. Enquanto parte de sua tropa lhes dava cobertura, muitos soldados portugueses invadiam as casas, tomando mesas, camas e outros móveis para rapidamente montar uma barricada. Não tardou que os tiroteios reiniciassem. Os brasileiros descarregaram seus canhões e o ar encheu-se de fumaça e cheiro de pólvora. Ao escurecer, havia dos dois lados feridos e alguns mortos.

Durante toda a madrugada e a manhã do dia 19, a Junta havia permanecido reunida, no Palácio do Governo, tentando encontrar uma solução para o conflito. Até que os passos pesados de Madeira de Melo se fizeram soar salões adentro. Por sua alta estatura, ele sobressaía em meio aos membros da Junta. Sua voz poderosa enfrentava os argumentos que se levantavam a favor de uma saída pacífica para o conflito. Com os olhos injetados, debatia-se para defender a posição que lhe confiara a Coroa. Sabia que, se não usasse de todas as forças de que dispunha, num golpe imediato e fatal, tudo poderia se lhe escapar. Temia a punição da Coroa, mas mais ainda, a sentença que poderia lhe ser lançada por seu amor próprio, por sua vaidade de militar de alta patente. Seus lábios tremiam com a cólera das feras, enquanto esbravejava, batendo os punhos sobre a mesa.

O presidente da Junta tentava esboçar alguma reação, prometendo convencer os brasileiros a se entregarem. Mas àquela altura, uma tal promessa revelava-se leviana, quase infantil. A situação havia saído do controle. Com a quantidade de homens mobilizados de ambos os lados e o rancor atávico solto pelo ar, seria difícil restabelecer a paz. A Junta afinal compreendeu isso quando entrou na sala um tenente da Legião Lusitana, trazendo a notícia da invasão do Convento das Irmãs Capuchas Recoletas, na vizinhança da Lapa, pelos soldados lusitanos. Alegando que as freiras haviam escondido soldados baianos no claustro, arrombaram as portas do Convento e assassinaram a baionetadas a abadessa e o capelão, que era já idoso.

Madeira de Melo respirou fundo. Também ele corria o risco de perder o controle sobre suas tropas. Entre os membros da Junta comentava-se que aquela notícia devia já estar correndo pela cidade e, com certeza, aumentaria a revolta dos baianos. A situação poderia tornar-se ainda pior...

- Não há mais que aguardar. Não há outra cousa a fazer mais que marchar já. Sufoco essa revolta, com ou sem vosso apoio, e com punho de ferro!

Ao dizer aquilo, começou a dar ordens ali mesmo. E foi como se uma ventania houvesse rebentado janela adentro, atordoando a todos. Alguns membros da Junta protestavam, outros sussurravam entre si, outros ainda saíam alvoroçados do recinto. Militares portugueses invadiam a sala, tentando alcançar o general. Lá fora, o barulho de movimentação das tropas, relinchos de cavalos, ranger de rodas de carros de boi, gritos de ordem, cornetas soando... Tudo e todos se inflamavam num vendaval e talvez a maioria percebesse, então, que era o hálito da guerra, soprando sobre os espíritos, varridos de roldão como umas simples folhas: para uns, com um certo encanto de liberdade que acena perto; para outros, com o temor das derrotas e desastres que se não pode evitar.

Durante o resto daquele dia, Madeira de Melo ocupou-se de preparar o desbaratamento da revolta e a marcha de seus homens postados na Praça em direção à Fortaleza de São Pedro

Fincado no alto, sobre a ribanceira que terminava no mar, a meio caminho entre a Vila Velha e a cidade da Bahia, aquele Forte guardava a entrada sul da cidade e o limite sudoeste da península sobre a qual ela estava assentada. Com suas altas muralhas, recortadas de ameias e baluartes pentagonais nos vértices, podia ser visto ao longe, do mar, brilhando com a cal de suas faces norte e leste. A parede sul, protegida por um fosso, dava para o Campo de São Pedro, um terreno vasto, quase baldio, que ia terminar onde começava o Caminho da Vitória.

Contava-se que quando da primeira invasão dos holandeses, em 1624, estes haviam ali construído uma fortificação sobre as trincheiras das antigas portas da Vila

Velha. Depois de vencidos os invasores, e tendo notado como estes bem se haviam defendido naquele posto, por ser alto e dominar a baía, os portugueses decidiram construir ali o forte. Por quase dois séculos protegera o caminho da Vila Velha e naquele dia, abrigava uns poucos baianos, não mais de oitenta, prontos para a luta, armados como podiam sem nenhuma estratégia previamente estabelecida.

Próximo ao Forte, no caminho de quem vinha da Cidade, encontrava-se o Convento de Nossa Senhora das Mercês, sobre cuja fachada frontal, já atingida por tantos tiros, apoiava-se a barricada portuguesa. Dele saiu o capelão, meio atordoado. Todos percebiam que, caso de combate se intensificasse, o Convento seria duramente atingido por se encontrar no meio do fogo cruzado. Por isso, o capelão queria conferenciar com o chefe das tropas. Na impossibilidade de se conseguir que o conflito fosse resolvido em paz, uma vez que os baianos não davam sinais de render-se, o clérigo implorava clemência e conseguiu que ao menos fosse garantida a saída das freiras do Convento.

Foi um espetáculo estranho aquela fuga. De um lado, aproveitando a trégua, civis passavam correndo, carregando trouxas, arrastando suas crianças, esgueirando-se pelas paredes, amedrontados. Do outro, as freiras pias deixando seu claustro, perfiladas, silenciosas, lutando para controlar o misto de pânico e atordoamento. O sol sobre suas faces pálidas, a visão daqueles homens grandes e desrespeitosos, a tensão espalhada pelo vento que cortava a rua e fazia esvoaçar seus véus... Uma a uma, a mulheres foram saindo, ostentando seus hábitos negros, carregando seu terços, crucifixos e bíblias, numa procissão que, apesar de silenciosa, tinha um caráter meio turbulento. Pareciam aves há muito adormecidas e que agora revoavam juntas, todas na mesma direção, acordadas de seu sono bolorento e buscando um rumo que ainda não conheciam. O capelão e a madre superiora haviam mandado portador ao Convento de Santa Clara do Desterro, levando numa carta o pedido desesperado de acolhida. Era para lá que iriam.

Por sua vez, os soldados baianos aguardaram também durante todo o dia, enquanto outros conflitos estouravam pela cidade. Naquele meio tempo, Madeira de Melo percorria os fortes e quartéis, passando em revista as tropas que lhe eram subordinadas para recolher e concentrar suas forças, recebendo sempre as mesmas notícias de que os baianos permaneciam amotinados no Forte de São Pedro. Ao chegar ao Quartel de Artilharia, que ficava em Santo Antônio da Mouraria, perto do Campo do Dique do Desterro, deu com a Legião de Caçadores rebelada e entrincheirada numa situação semelhante. Abriam-se, assim, duas frentes de refrega a que deveria enfrentar.

Às seis horas da tarde, Madeira de Melo aproximou-se do Forte de São Pedro, à frente da temida Legião Lusitana, com seus cavalos e peças de artilharia, mirando as muralhas. Enviou emissário, ordenando a rendição imediata e incondicional, sob pena de bombardeio. Esperava ainda evitar o derramamento de sangue. Mas o portador retornou de mãos vazias.

Dentro da fortaleza, havia uma apreensão mal disfarçada. O Coronel Manoel Pedro de Freitas dava-se conta da vulnerabilidade de sua situação. Estava sitiado, com pouca comida, contando com uma tropa brava, mas ínfima e inexperiente diante dos europeus lá fora. Com a artilharia e munição de que dispunha, resistiriam no máximo por algumas horas. Sabia que só lhe restava agora ganhar tempo para pensar numa saída honrosa e útil para a causa. Por isso, mandou retornar sem resposta o enviado de Madeira de Melo.

Alexandre acompanhava a situação com atenção, fazendo todo o possível para contribuir com a organização dos homens. Vistoriava a munição, os postos e até as fardas dos soldados que lhe haviam sido confiados. Percebeu que anoitecia e resolveu correr a parte da muralha que dava para a ribanceira. Lá embaixo, sobre as pedras batidas pelas ondas, estava o Forte de São Paulo da Gamboa que, juntamente com o de São Pedro, formavam quase que um único conjunto arquitetônico e militar na defesa daquele ponto da península. Àquela altura estava deserto. Alexandre começou a suspeitar de que a única saída estava ali, naquele precipício íngreme de setenta metros de altura que separava as duas fortalezas.

O que se passou então no Forte, naquela noite, não pareceria aos portugueses, nem a ninguém, um grande exemplo de bravura. O Coronel Manoel Pedro de Freitas mandara recolher à fortaleza os homens que estavam postados na barricada e reunira toda a tropa no pátio central para anunciar aquilo que todos ali dentro já pressupunham. Teriam de escapar pela encosta. Alguns se recusavam, argumentando que não seria essa uma saída honrosa, mas ele estava disposto a levantar-lhes o moral.

- Não serve de nada à causa saírem todos presos, a serem deportados para Portugal. A Bahia há de precisar de vossos braços! Tenho notícias seguras de que nas Vilas do Recôncavo já se levantam os espíritos. Caberá a vós levar os sucessos destes dias aos nossos amigos, cidadãos do Recôncavo, e fazer-lhes ver a gravidade dos infortúnios que nos impõe o vergalho lusitano. Ide! Ide sem tremor de desonra, porque de nada serve perder a guerra por uma batalha. Levantar-vos-eis do Recôncavo amanhã e, com vosso clamor, tremerão os bastardos portugueses e haverão de fugir como ratos que são. Aqui restarei eu, para responder pelos meus atos e isto, por si só, mostrará a eles a honra dos baienses.

Seus argumentos pareceram convencer a tropa. Alguns oficiais de maior patente, porém, estavam decididos a ficar com ele e enfrentar a Justiça da Coroa.

Na escuridão, iluminados apenas por alguns archotes, os soldados baianos começaram a descida da ribanceira em silêncio absoluto. No ar, apenas o som da maré calma, lá embaixo.

Alexandre não estava feliz com a escapada, que em nada condizia com os seus ideais de honra. Mas estava cumprindo as ordens de seu superior e com isso se consolava. Contava fugir, não sabia ainda como, para a Vila de São Francisco do Conde e de lá, com a ajuda certa de seu pai, organizar homens e armas. Com ele iriam outros e de lá se espalhariam todos pelas freguesias, engenhos, vilas e povoados.

Agarrou a corda e começou sua descida. No início, a muralha lisa facilitava a empreitada. Porém mais abaixo, com a mata e as pedras, era difícil passar. Na primeira leva descera um alferes com um facão, tentando, o mais silenciosamente possível, abrir caminho pela brenha. Mas ainda assim os galhos arranhavam os rostos e rasgavam as fardas. Alexandre escorregou algumas vezes na superfície cheia de limo. Desconfiava que suas mãos começavam a sangrar, por causa do atrito com a corda. Ouvia a seu lado a respiração ofegante dos outros que escalavam o precipício. O barulho do mar ia ficando mais e mais próximo. Um dos soldados mais acima deixou escapar a corda e caiu. Outros conseguiram segurá-lo antes que rolasse encosta abaixo. Aquilo evidenciava aos olhos de Alexandre o despreparo daqueles homens para a guerra. Haveria muito a fazer no Recôncavo, a fim de se ter um exército capaz de enfrentar os portugueses. Com esses pensamentos, ele continuou descendo, arranhado no rosto e no orgulho, mas decidido a voltar a marchar sobre a Cidade.

Durante a madrugada, enquanto os baianos escapavam, Madeira de Melo ainda enviou emissários duas vezes ao Forte. O Coronel Manoel Pedro de Freitas continuava tentando ganhar tempo. Quando amanheceu o dia 20, o General recebeu a notícia de que alguns baianos haviam sido vistos escapando pela muralha e, mais abaixo, pela ribanceira. Resolveu que era hora de atacar. Concluiu que o moral dos nativos devia estar já baixo o suficiente e que, atacando naquele momento, bastariam alguns tiros. Mas precisava agir rápido para impedir que fugissem todos. Contava conseguir ainda a prisão da maioria dos soldados.

Iniciaram-se os preparativos para o bombardeio. Toda a artilharia portuguesa apontou para as muralhas e, então, em silêncio, os portões da fortaleza começaram a abrir-se. Os olhos do general apertaram-se numa expressão meio felina. Fez sinal para que ninguém atirasse. Avançou com seu cavalo, seguido de uma escolta. Estava curioso para ver o que encontraria lá dentro, depois de dois dias de sítio.

No pátio central, de pé, encontrava-se o Coronel Manoel Pedro de Freitas e apenas cinco oficiais. Ninguém mais. Arrostavam Madeira de Melo altivos, mudos. O vento da manhã varria o chão, trazia o frescor do mar, fazia balançar as crinas e rabos dos cavalos, formava redemoinhos de poeira e folhas mortas nos cantos dos muros. Ignácio Luiz Madeira de Melo e Manoel Pedro de Freitas olharam-se por alguns segundos, num desafio silencioso, desconfiado, como se fosse possível, no ar que se interpunha entre os dois, travar ainda um último duelo.

Assim se renderam os amotinados do Forte de São Pedro. As tropas portuguesas tomaram-no exultantes. Os oficiais baianos foram algemados e enviados à cadeia, na Praça do Palácio. Uma paz tênue, esgarçada, voltava à Rua das Mercês, à Rua dos Aflitos. Mas Madeira de Melo não estava tranquilo.

Pelo contrário! Era experiente o suficiente para saber que aquele conflito havia sido apenas o início. Os demais soldados amotinados haviam fugido. A semente da rebeldia estava plantada e haveria de vicejar em breve, no Recôncavo e em outros pontos da Província.

Precisava assegurar-se de estar preparado para ceifar a planta ainda em seu nascedouro.

XVI

A carta de Alexandre, datada de 18 de fevereiro, só chegou às mãos de seu pai numa tarde de mormaço, quatro dias depois de ter sido escrita. Com as turbulências na cidade da Bahia, Pedro Bandeira não pôde prescindir de Antônio da Fé imediatamente e, por isso, reteve-o consigo para diversas providências. Escreveu também por sua vez várias cartas a amigos e compadres no Recôncavo e, junto com estas, foi que seguiu a missiva do jovem Argollo.

No Engenho do Socorro, José Joaquim leu, alarmado, as notícias do filho. Alguns dias antes, recebera correspondência de um amigo da Cidade, contando sobre a expulsão das tropas portuguesas do Rio de Janeiro pelo Príncipe Regente. Com a carta do filho, percebeu que a situação política era grave. Hesitou em falar com Virgínia. Temia preocupá-la. Por fim, chamou-a a um canto, junto da capela-de-dentro, e procurou relatar-lhe os acontecimentos de forma branda. Sua reação, entretanto, foi a esperada. Agarrada a um terço, ajoelhou-se diante das imagens do oratório, entre lágrimas e rezas.

José Joaquim decidiu não perder tempo. Ficar ali e consolá-la seria uma fraqueza. Iria à Vila de São Francisco do Conde. Marchou para a varanda, de onde gritou Antônio Vaz e outros capatazes. Aquele homem que, fosse pelo ócio, fosse pela doença, começava a acomodar-se já à velhice, viu-se de súbito rijo. Sentiu sua voz novamente vigorosa ao dar as ordens, como se houvesse remoçado. Precisava deixar tudo ordenado antes de partir. Voltou à capela-de-dentro, onde, àquela altura, suas filhas Damásia e Luzia já se haviam juntado a Virgínia nas rezas.

- Sinhá Virgínia! A senhora cuide que me aviem as roupas e os mais trastes de viagem. Parto para a Vila por ver se descubro mais do sucedido. É possível que lá já tenham arribado essas novas também. - e, como a esposa o olhasse, atônita, resolveu ser enérgico a fim de lhe levantar o ânimo. - Anda depressa, mulher! Que para salvar teu filho carece mais que eu esteja depressa na Vila do que tuas rezas.

- O senhor não blasfeme! Nosso Senhor há de olhar por Alexandre! - respondeu Virgínia, levantando-se num salto a enxugar as lágrimas. - Damásia, vem tu a me auxiliar.

Jerônimo e Bernardino chegaram a tempo de ver a mãe sair.

- Jerônimo! Alexandre enviou carta. Faz crer que é guerra de baienses contra portugueses na Bahia. Parto agora para Vila, por ver se descubro mais. Levo feitor Chico Cruz. Antônio Vaz há de ficar. Na minha ausência, és o homem da casa. Guarda tua mãe e teus irmãos e se algum desarranjo houver aqui, faze-me saber sem tardança. Manda portador à Câmara da Vila, que de lá se informa onde me haverão de encontrar.

- Sim, senhor meu pai.

Quando José Joaquim viu tudo pronto para a partida, cavalo preparado, Chico da Cruz montado a puxar um burro com a bagagem do senhor e a família reunida no copiar, olhou para Virgínia e teve um gesto de ternura.

- Não carece te avexares. Envio Chico da Cruz com notícia tão logo descubra alguma cousa. - e beijou-lhe a testa.

Os Argollos do Engenho do Socorro permaneceram ali, de pé, acenando, esperando que seu líder sumisse nas curvas da estrada estreita, entre o verde do mato e das canas.

As mulheres não demoraram a retornar à capela-de-dentro. Ajoelhadas, de terço em punho, oravam contritas sob o comando de Virgínia. Jerônimo, de pé na varanda, refletia sobre o ocorrido. Olhava os campos diante da casa grande, a capela, as casas de moer e purgar... Sentiu-se verdadeiramente homem. Cresceu dentro dele um orgulho, quando começou a se perguntar que ordens daria. Comprazia-se em imaginar os capatazes obedecendo a seus comandos. Antegozava o poder.

O fim da tarde demorou a chegar. As nuvens foram se avermelhando aos poucos e a escuridão foi chegando devagarzinho, tocando cada folha das árvores, cada pé de cana-de-açúcar, a balaustrada de madeira da varanda da casa-grande. Virgínia fez cumprir o mesmo ritual noturno, como se o marido em casa estivesse. Jantaram em silêncio e, às 20:00 horas, todos, inclusive os rapazes e os escravos de dentro, ajoelharam-se mais uma vez, agora para as últimas orações do dia. Virgínia rezava de olhos fechados. Amparava-se na sua fé e mandara chamar Padre Flávio para que viesse no dia seguinte.

Às 21:00 horas, toda a casa estava silenciosa. Cândida e Júlia já estavam deitadas e Damásia despachou Luzia, para que também fosse dormir. A escrava chegou à cozinha mas, em vez de deitar-se, sentiu vontade de se refrescar. Saiu ao quintal e foi até o poço pegar um pouco de água fresca. Sentia-se muito suada. Desejava molhar o rosto, o pescoço, o colo. Inclinou-se sobre o poço a fim de pegar o balde, mas se sentiu enlaçada por trás. Uma mão tapava sua boca com tanta força que mal conseguia respirar. Foi arrastada até um pequeno quarto que havia nos fundos da casa-grande, onde se amontoavam panos velhos, cana cortada, mantimentos, palha e lenha para o fogão.

Foi lançada sobre uma tábua que servia de prateleira. Ainda estava atordoada, mas foi percebendo o que ocorria.

Seus olhos acostumaram-se à escuridão e pôde ver o rosto de Jerônimo, bem perto do seu, afogueado, quase febril.

- Nhônhô, num faça anssim, não! Pare, nhônhô!

- Calada, negrinha. Hoje não escapolas. Quem manda agora no engenho sou eu! Se ruidar, envio-te ao tronco agora mesmo. Mando dar-te com a chibata! Queres?

Luzia tremia de medo, paralisada. Já tinha visto negros apanharem no tronco e sabia que não era algo que pudesse enfrentar. Jerônimo percorria com suas mãos os seios de escrava. Mas não era o suficiente. Precisava vê-los!

- Fica aí! Não te mexas! - ordenou. Tateou até encontrar um candeeiro. Agora podia ver Luzia, com a bata já rasgada no peito, sentada sobre a tábua, meio encolhida.

- Abre as pernas!

Ela começou a chorar baixinho, num murmúrio que soava um pouco como um ganido. Não conseguia abrir as pernas, tremia demais para isso.

- Abre as pernas! Já não mandei?!

Luzia cedeu. Equilibrando-se sobre a madeira, com a nuca encostada na parede úmida de taipa de pilão com uns resquícios de caiação, ela deixou entrever suas coxas. Mas a saia ainda escondia quase tudo. Jerônimo perdeu a paciência. Avançou sobre a escrava e rasgou-lhe a saia de baeta e o pano de dentro que lhe fazia as vezes de roupa íntima. Ela estava agora nua. A carne de seu ventre e de suas coxas sacudia-se com seus soluços. As lágrimas lhe escorriam pelas faces, pelo queixo, pelo pescoço, e em seu percurso faziam brilhar sua pele aveludada. Em alguns pontos, viam-se manchas escuras de antigas feridas e quelóides. Mas, de maneira geral, era, sim, uma bela mulher. Seus seios eram firmes e seu corpo esbelto.

O rapaz retirou da calça seu membro enrijecido, no qual saltavam veias azuis, tortuosas, intumescidas. Tinha um brilho úmido. Mal conseguia esperar pelo momento tão sonhado.

- Não, nhonhô... - ela ainda ousou murmurar chorosa, mas ele não se deteve. Sentiu o contato macio de seu membro contra o sexo dela. Hesitou um pouco. Como seria melhor? Devagar ou com força? Queria aproveitar seu ato da melhor maneira possível. Forçou a passagem, primeiro de leve e depois com força. Sentiu um líquido viscoso e quente envolver seu pênis. Começou a movimentar-se, empolgando-se com o prazer que tirava disso. O tremor do corpo, das pernas de Luzia; seus soluços e gemidos de dor o excitavam mais ainda. Ele mal se continha. Sim, era bom! Era como tinha imaginado, como tinha ouvido os capatazes narrarem. Tardara, mas fizera-se homem, afinal. Senhor do engenho, chefe da família... macho femeeiro. Homem! Ele próprio tremia agora e esquecia-se de fazer silêncio. Sua respiração estava ofegante e entrecortada, como se ele próprio também soluçasse. Quando percebeu que o clímax chegava, abriu a boca num esgar. Sua visão turvou-se com o prazer. Estava deliciado, exausto, realizado.

Tinha vontade de rir...

Afastou-se dela, suarento, engolindo em seco. A escrava estava imóvel, de olhos fechados. Sentia a madeira machucar suas nádegas. Na verdade, sentia-se toda dolorida. Consolou-se com o pensamento de que ao menos havia acabado e que poderia correr dali.

Nesse instante, ouviram um rumor à porta do quarto. Jerônimo olhou para trás e espantou-se ao ver Bernardino ali, de pé, com os olhos presos nos dois.

- Que fazes aqui??

- Saíste do quarto e vim atrás por ver o que tencionavas fazer... Vi tudo! Eu também quero...

Jerônimo sorriu para o irmão, maliciosamente. Voltou-se para Luzia. Ela recomeçara seu choro cheio de soluços de desespero, sacudindo a cabeça.

- Não, nhozinho. Num faça, não...

Jerônimo cedeu o lugar ao irmão. "Quisera eu Alexandre me houvesse ajudado assim..." - pensou.

Bernardino não sabia muito como proceder. A figura de Luzia em prantos assustava-o, deixava-o hesitante. Seu membro não estava rijo. Precisou manipulá-lo. Uma vez que havia assistido à cópula de Jerônimo, resolveu imitar seus movimentos e gestos. Foi assim que também Bernardino obteve seu prazer, desfrutando a carne de Luzia, sob o olhar do irmão mais velho. Quando terminou, sentiu-se feliz. Mas, ao afastar-se, notou a expressão no rosto de Luzia e sentiu uma ponta de remorso. Teve a sensação de que talvez preferisse, no dia seguinte, simplesmente esquecer aquele ato.

Os dois se retiraram, deixando a escrava nua, sentada sobre a tábua de madeira. Demorou um bom tempo antes que ela conseguisse fazer algum movimento. Levantou-se devagar e catou os trapos que antes haviam sido suas roupas. Tinha um olhar perdido, meio duro. Teve o cuidado de apagar o candeeiro antes de sair...

Na casa-grande, os passos dos rapazes no corredor, rumo ao quarto, despertaram Cândida. Agitada por conta das notícias do irmão mais velho, ela mal havia começado a cochilar. Acordou e reconheceu-lhes as passadas. Em sua rede, Damásia remexeu-se e puxou sobre si o xale com que se cobria.

Por quase uma hora, Cândida deixou que seus pensamentos passassem de um canto a outro daquela existência que levava, do mundo que conhecia e que se resumia ao engenho, à Vila de São Francisco do Conde e à Bahia, aonde havia ido poucas vezes. A sensação agradável de ter despertado a atenção do rapaz durante a missa tornou a assaltá-la. Ela se deixou ficar lembrando seu rosto banhado pela luminosidade daquela manhã. Mas seu coração apertou-se de repente, sem que soubesse a razão. Virou-se na cama. Ao olhar para a porta, deu com a figura da mulher vestida de azul, com seu olhar de profunda tristeza. Cândida sentiu-se paralisada. Cravou as unhas no colchão para não gritar. A mulher abriu a boca. Parecia balbuciar, querendo dizer-lhe algo. Descendo a mão do peito, deixou aparecer a grande ferida que tinha sobre o coração, como se quisesse mostrá-la, denunciá-la. Seus olhos reviraram-se nas órbitas e, quando iniciava um movimento rumo ao leito de Cândida, esta não resistiu e gritou alto, mais alto do que jamais na vida havia tido a coragem de gritar.

Ao som daquele grito estridente, Damásia ergueu-se na rede. Júlia também acordou e urrou de susto. Logo se ouviram os passos dos outros no corredor. Em poucos segundos, numa grande confusão, estavam todos de pé no quarto, com candeeiros. Cândida estava arfante. A visão da mulher havia desaparecido. Havia apenas Damásia, sentada na beira de sua cama, tentando acalmá-la.

- Eu vi, Damásia. Ela estava ali, ao pé da porta!

- "Ela" quem? - perguntava José Joaquim.

- Foi sonho ruim! - falou Damásia, apertando o rosto da menina em seu peito. - Chhhhh, chhhhh, já passou. Foi sonho ruim... - E, alisando-lhe os cabelos, olhou para os demais, como querendo dizer que tudo estava bem. Havia sido um pesadelo.

Virgínia compreendeu e soltou um suspiro de alívio.

- Minha filha, torna a dormir. Damásia ficará aqui contigo.

Todos se retiraram. Júlia, sentada em sua cama, também se refazendo do susto, olhava a irmã e a velha escrava.

- Yáyá, vá drumí. - disse a ela Damásia. E, soltando a cabeça de Cândida, encarou-a. - Vossuncê tumbém! Num fique contano essas coisa por aí, que traiz mais sonho ruim dispois. Si ficá cum medo, fale cumigo que eu le faço chá pra drumí, viu?

Cândida voltou a deitar-se, ainda trêmula, sob o olhar da irmã, que se enrolara toda no lençol, com medo. Seria uma noite longa e angustiante. Sentia-se como se, de fato, houvesse atraído sobre si aquela visão, uma visita indesejada, que violentava sua mente e seu espírito, mas que lhe atiçava a curiosidade. E, por conta disso, Cândida percebera em si mesma, pela primeira vez, um ímpeto que reconhecera antes nos irmãos ou no pai, mas nunca na mãe ou em Júlia. Uma coragem de enfrentar o risco e que a fizera, na noite em que primeiro vira a aparição, caminhar até o corredor. Mesmo agora, tremendo de medo, arrependia-se de ter gritado. Deveria ter se aproximado da mulher, investigado seu ser, comunicado-se com ela. Se viera até seu quarto, era porque lhe desejava dizer algo! Então, haveria outra oportunidade, por certo, para a qual deveria estar preparada.

Damásia vigiava as meninas com suas pálpebras grossas e pesadas. Seu corpo gordo, de quadril enorme, aninhava-se na rede, mas permanecia teso, alerta. Teria de pensar numa forma de fazer Cândida esquecer-se das visagens ou pelo

menos de impedi-la de contar o que vira. Pelo bem de todos...
Para Damásia aquela seria uma noite longa também...

XVII

Trabalhar na enfermaria dos varões do Hospital da Casa de Santa Misericórdia pareceu a Manoel Jacintho o melhor a fazer naquelas circunstâncias. Os feridos no conflito do Forte de São Pedro haviam sido levados para lá, bem como outros feridos nas tantas escaramuças ocorridas desde então. Uma grande parte dos moradores havia fugido e as ruas ficavam em grande parte desertas. Os víveres começavam a escassear, uma vez que os carregamentos de produtos vindos do Recôncavo e do sertão haviam cessado. Ninguém queria adentrar a Cidade. As notícias das lutas haviam corrido a Província por terra e mar. Para os que haviam ficado na cidade, os dias eram difíceis. Os brasileiros que ali haviam permanecido tratavam de trancar suas portas e evitavam sair às ruas, temerosos de ataques e da cobiça dos soldados portugueses. É que muitas vezes estes entravam nas casas de pessoas sabidamente de alguma posse, espancavam seus moradores e roubavam tudo o que podiam.

Manoel Jacintho nem cogitara sair da Bahia. Jamais deixaria Francisco abandonado à própria sorte. Como a enfermaria se enchia cada vez mais de gente, providenciou a remoção do velho amigo para a casa da Rua da Porta do Carmo, onde poderia ser velado por Domingas. Levou também para lá algumas mudas de roupa suas e deixou trancada sua própria casa, situada no bairro da Preguiça. Decidiu então ajudar no tratamento dos soldados portugueses feridos. Embora aquilo lhe cheirasse a traição, era a única maneira que concebia para continuar vivendo na cidade com alguma segurança. Se por um lado sua batina não era mais garantia de respeito, por outro, passaria a ser visto todos os dias na enfermaria, sempre diligente, atendendo os doentes, ou na igreja da Casa, rezando missa quando ali não estivesse o único capelão que permanecera. Contava com isso para proteger-se.

Alguns dias após o conflito do Forte de São Pedro, retornou exausto à casa de Francisco, à noitinha, e encontrou Domingas sentada no corredor estreito que atravessava a casa por todo o seu comprimento e por onde se tinha acesso à sala de visitas, a duas alcovas, à escada e à sala de jantar, sucessivamente. A moça tinha uma expressão desolada.

- Que houve, Domingas? É Francisco?

- Não, sinhô. Pade Chico tá bonzinho, durmino lá em cima. É que acabô o de comê. Não tem mais nada! Inda tem uns vinténs da gaveta de nhônhô Chico, mais eu tive medo de saí... Dei um resto de leite na boca dele e peguei no quintá umas manga, lá do pé que dá pur cima do muro. É só o que tem e mais um poco de banha. Eu tava isperano o sinhô pur me dizê o que fazê. As duas galinha do quintá nóis num matamo porque elas dão ovo, mais nóis vai tê que isperá inté amanhã.

Manoel Jacinhto tinha a face contraída. Via-se diante de mais um obstáculo a vencer: obter comida para si, Domingas, o doente e duas escravas. Subiu a escada, que dava num grande espaço dividido em dois grandes quartos. Em um deles se instalara com sua arca de roupas, a qual abriu. Retirou algumas peças de roupa branca. No fundo da arca, havia duas pequenas bolsas com dinheiro. Uma era aquela que lhe entregara Alexandre. A outra era sua e continha cinco mil réis. Em tempos de paz, seria uma quantia suficiente para manter-se por pelo menos um mês. Pôs a roupa de volta na arca e desceu a escada com a bolsa escondida na batina.

- Saio por ver se compro algo. Não me hei de demorar.

Mas ele caminhou pelas redondezas sem encontrar nada. Chegou ao Terreiro dos Jesuítas, refez o caminho de volta ao Hospital da Casa, desceu a Ladeira da Misericórdia e foi dar no bairro da Praia. Só ali encontrou à venda, num pequeno armazém que já estava fechando, um repolho, três batatas e uma peça de queijo. Teve de pagar um preço exorbitante ao vendeiro português.

Uma hora depois de haver saído, retornou à casa e entregou os alimentos a Domingas.

- Vê o que se faz com isso, Domingas. - disse, atirando-se numa cadeira.

- O nhônhô qué que lhe prepare água pr'um banho?

- Ah! Bem que estou carecendo mesmo. Faço gosto!

No andar superior, por trás de um dos quartos, havia também um desvão, uma pequena área cujo teto formado pelas telhas era muito baixo e inclinado, iluminada por uma pequena claraboia que dava para o quintal. Ali ficava uma tina que Francisco costumava usar para banho. Domingas encheu-a de água morna, subindo várias vezes a escada com um balde nas mãos.

Manoel Jacintho despiu-se e entrou na tina. Sentou-se com as pernas dobradas, encostadas ao peito. Molhou o rosto e a cabeça e ficou a pensar na vida, nos últimos acontecimentos, nos soldados feridos. Usou um pedaço de sabão que Domingas deixara ao lado da tina. Sentia um ventinho leve que entrava pela clarabóia tocar-lhe a pele molhada, a arrepiar-lhe os poros. Dali a pouco, levantou-se. Foi quando Domingas ia chegando para preparar-lhe a cama e, pelo vão da porta entreaberta, viu-o em pé de costas, nu e molhado, a enxugar-se com a toalha de linho branco. Aquela visão paralisou-a, não tanto pela beleza do corpo magro do padre, mas por jamais ter sentido aquele tipo de atração. Uma curiosidade estranha, pecaminosa, mas irresistível. Agachou-se num canto da parede e admirou-lhe as espáduas largas, quase sem músculos, de menino-rapaz, as nádegas arredondadas cobertas de leve por uma penugem castanha, as coxas fortes e firmes e brancas. Ela sentiu um calor esquisito entre as pernas, uma umidade morna que a deixava meio amolecida, como se meio esfaimada. Mordeu os lábios e foi se erguendo, com as costas coladas à parede, enfeitiçada, esquecida de que ele poderia virar-se e vê-la ali, ardendo. Procurou recompor-se e caminhar de volta pela escada, pisando leve para não fazer ruído. Chegou ao andar de baixo meio ofegante e, com seus olhos fechados, tentou arrepender-se, mas não conseguia. Tudo o que lhe vinha à mente era a imagem do padre, nu, alto, belo. Um homem branco, doce, cortês, bom... Tantos homens negros e mestiços haviam-na abordado, na Vila Velha, dito seus chistes libidinosos quando Ifigênia e Francisco não estavam por perto; havia sentido os olhos do pescador Tomé parados sobre ela, de longe, e havia ouvido sua voz macia, entoada... Por que nada nunca a havia feito sentir aquilo? Por que (só agora sabia) desde o primeiro momento aquele alheamento amolecido a tomava quando Manoel Jacintho, um padre branco, falava-lhe? Por que ele, logo ele, logo o que não podia ser nunca, o que lhe era tão proibido? Por que o pecado tão pecaminoso?

Deixou sobre a mesa da cozinha umas fatias do queijo e uma manga espada num prato, com uma faca, para que Manoel Jacintho tivesse o que comer antes de dormir. As duas escravas olharam para ela com um certo estranhamento, enquanto desaparecia nos fundos da casa, indo deitar-se no seu catre, encolhida, suada, com os olhos perdidos na escuridão. Custou a adormecer e acordou muito cedo, a tempo ainda de ver o negro profundo do céu esmaecer medroso, como que avisando as últimas estrelas do advento do poder maior e inevitável e inigualável do dia. A claridade entrou novamente em sua vida e a encontrou diferente, conformada... Não sabia que futuro lhe aguardava, nem sequer o que comeria no dia seguinte, mas sabia que seria devotada àquele homem... "porque ele merece! Vixi Maria!! Ele merece é tudo!"... pensava. A confiança e amizade que Padre Francisco lhe votara, a beleza com que a vida lhe abençoara, todo e qualquer mimo que ela, Domingas, pudesse-lhe fazer. Era um homem bom e decente, como nenhum outro, exceto Padre Eugênio, fora para ela. Ele pousava sobre ela seus olhos melancólicos e ela tinha ganas de lhe pôr no colo, afagar-lhe os cabelos num cafuné vagaroso e sentir-lhe a pele áspera do rosto, como a imaginava todas as manhãs quando lhe levava água quente para que se barbeasse.

Foi bem o que teve vontade de fazer naquela manhã, quando ele acordou um pouco mais tarde do que de costume e ela subiu com a jarra d'água quente, pronta a ajudá-lo, a arrumar a cama ainda morna de abrigar seu sono, a varrer o chão do quarto que continha o suspiro dos seus sonhos.

Ele parecia mais descansado, mas trazia uma expressão grave. Entrou no quarto semiescuro, onde estava deitado Francisco. Sentou-se à beira do leito com cuidado e tomou a mão do amigo. Estava pálida, meio morta. Acariciou-lhe a fronte e o enfermo mexeu-se um pouco, com seus olhos fechados. "Talvez para sempre..." – pensou e ficou ali um pouco, fazendo suas orações matinais em silêncio, valendo-se de suas esperanças.

Às sete horas entrou na cozinha pronto para sair.

- Nhonhô não saia sem comê, não, que eu le fiz um ovo fritado.

O padre sorriu e agradeceu.

- Deitaste cedo ontem... - disse ele fingindo uma casualidade que soou, de qualquer maneira falsa, por causa de um certo tremor na entonação da pergunta.

- Num tava me sentindo boa...

- Hoje me demoro pouco mais que de costume, por ver se encontro onde comprar mais de comer. Mas antes ando a ver se consigo encontrar Dom José Freire, no Palácio dos Arcebispos. É mui amigo de Padre Francisco... Carece dar-lhe notícias do enfermo!

Saiu de casa com o pensamento naquela visita que deveria fazer. Apenas a si mesmo confessava que o Deão Dom José era um homem a quem não suportava. Conforme ia caminhando, sem perceber formulava no pensamento o verdadeiro conceito que dele tinha: "Homem insolente, soberbo, insidioso! A perfídia e a ambição se lhes saltam dos olhos!". E lembrou-se por um instante da sensação incômoda de ter aqueles olhos verdes pousados sobre si, perscrutando-o sem pudor. De fato, no Deão Dom José Freire não havia nem sequer a preocupação da dissimulação. Trocava favores, humilhava e ria alto, tudo sem escrúpulos. Mas era o procurador do Arcebispo na Bahia, em última instância, o mais alto representante do Papa na Província. A amizade votada por Francisco àquele homem sempre incomodara e intrigara Manoel Jacintho. Não poderia imaginar duas pessoas mais diferentes, distantes no proceder e em tudo mais. No entanto, procurava aceitar aquela proximidade como mais uma prova da superioridade do amigo e de sua capacidade de encontrar a bondade em todos, mesmo num homem como aquele.

Apesar de ter iniciado o dia com tais pensamentos, passou-o distraído, tratando dos doentes e feridos no hospital. Através das janelas da enfermaria entrava uma luminosidade intensa, a banhar os lençóis brancos que cobriam os pacientes nos leitos e espalhados pelo chão. As freiras cruzavam o ambiente, pressurosas, e um médico ia de um ferido a outro, tentando tudo o que podia para aliviar as dores. Manoel Jacintho segurava mãos de doentes para confortá-los, ajudava a ministrar remédios, dava bênçãos, ouvia confissões sussurradas. Às vezes, um ou outro paciente estranhava a presença daquele clérigo brasileiro, mas este vencia o estranhamento com simpatia e benevolência.

Conforme a luminosidade que entrava pelas janelas foi se avermelhando, anunciando que o sol em breve se esconderia atrás da Ilha de Itaparica, tornou a lembrar-se do compromisso que assumira consigo mesmo. Despediu-se do médico, das freiras e de alguns dos pacientes. Atravessou o corredor e foi dar na grande escadaria de mármore claro, em cujo patamar largo estendia-se a esplêndida "loggia", uma grande varanda com seus arcos romanos abrindo-se sobre a Baía de Todos os Santos. Com o pôr-do-sol, suas colunas de mármore róseo avivavam-se e a brisa fresca do fim de tarde entrava por ela, percorrendo a metade inferior da escadaria e indo arejar o pátio lá embaixo. Manoel Jacintho sentiu-se inspirado para ir à igreja do Hospital rezar por alguns instantes.

Chegando ao claustro, entrou por uma porta à direita que dava para o templo contíguo. Estava deserto, à meia luz. As portas frontais estavam fechadas e um silêncio gostoso reinava, dando a ilusão de que o mundo estava em paz e que com a noite um repouso sem perturbações viria, manso e morno e feliz. Ajoelhou-se e pôs-se a orar pela saúde de Francisco e pela paz na Província.

Não sentiu o tempo passar e, quando deixou o prédio, já era quase noite. Apressou-se para chegar rápido ao Palácio Episcopal, a cem metros dali, ligado à Igreja da Sé por um passadiço e voltado para a Rua do Comércio. Dois soldados portugueses guardavam-lhe o grande portal de madeira maciça entalhada e pintada de verde. Eles já haviam visto o clérigo na enfermaria dos varões e sabiam que era amigo de Francisco. Perguntou se o Arcebispo estava. Eles responderam que sim e deixaram-no entrar sem nenhum questionamento.

Assim como a cidade, aquele Palácio encontrava-se vazio a maior parte do tempo agora. Sem avistar ninguém Manoel Jacintho caminhou pelas salas até a biblioteca, onde sabia que Dom José Freire poderia estar. Mas estava deserta. Fez o caminho de volta até a escadaria que ia dar nos aposentos íntimos, no segundo pavimento. Subiu-a silenciosamente. Sentia-se estranho por percorrer o Palácio assim, sem ninguém a acompanhá-lo e sem ser esperado. Mas a guerra havia mudando tantos outros costumes na vida das gentes daquela terra... Ouviu vozes vindo de uma das salas, ao fim de um corredor longo que terminava numa grande janela, com vista para a Rua do Comércio. Conforme foi se aproximando, reconheceu a voz de Dom José Freire. Parecia tratar de assunto grave, porque se notava que, apesar de querer falar baixo, sua natureza explosiva acabava por fazê-lo excitar-se.

- Como não conseguiste entrar, Gabriel? - era o que dizia, quando Manoel Jacintho aproximou-se da porta. Teve medo e vergonha de interromper uma conversa que parecia tão importante. Deteve-se no corredor, sem jeito de entrar ou de dar a conhecer que estava ali. Acabou por permanecer, reconhecendo aquela sensação de poder sobre os outros. Cerrou os olhos, temendo o que estava por fazer. Mas não conseguiu resistir. Esgueirou-se um pouco mais, encostado à parede e passou a ouvir. Dom José Freire prosseguia, encolerizado, numa tentativa malsucedida de conter o volume da voz. Seu interlocutor, Gabriel dos Anjos, era um frade aparentado ao Deão e com quem Manoel Jacintho já travara uma ou outra conversa. - Sabes que não posso ir eu mesmo... senão teria ido! Que bela cena! Haveria de atrair toda a canalha da terra e a soldadesca a me pedir bênçãos até dentro do maldito túnel.

Manoel Jacintho estranhou aquelas palavras. A imagem do Deão Dom José adentrando um túnel pareceu-lhe disparatada.

- Senhor, não pude ir mais longe. Ao abrir a porta pequena de madeira, tive um susto mui forte porque a estrutura parecia ruir, semelhava um terremoto! - replicou o interlocutor.

- Terremoto! Ora, ouve o que me dizes! Estou a aguardar que me contes o que viste. Achava-se ainda lá o tesouro? Havia aparência de ter sido algo bulido ou de ter lá estado alguém?

Os olhos de Manoel Jacintho arregalaram-se e as últimas palavras de Francisco vieram-lhe à mente, assim como a lembrança do bilhete que enviara ao Palácio Episcopal e de sua expressão carregada ao retornar do encontro com Dom José Freire. Sentiu uma gota de suor escorrer-lhe pela têmpora direita. Tentou concentrar-se para tentar compreender o que estava sendo dito.

- Se quiseres ficar rico, trata de bem me auxiliar nessa empresa. Já sabes: quieto, sem disso nada dizer a ninguém. Se holandeses lhe não deitaram as mãos há dous séculos, nenhum português há de fazê-lo agora, tampouco, salvo eu próprio... e tu, esteja claro... quanto à tua parte. Cônego Francisco, que poderia ver interesse na questão e nos ser de bom auxílio, jaz agora inútil. Tratarei eu de pensar como havemos de retirar de lá as peças sem que nos deixemos notar. Em caso de ser impossível, só me restará fazer negócio com General Madeira de Melo. Ficaria ele com uma parte, para suas tropas e a guerra, e nós, com a nossa. É certo que seria de seu interesse e grande serventia. Mas também um pesar... que pesar...

Manoel Jacintho custava a crer no que ouvia. Não conseguia atinar o que poderia aquilo significar. Mas estava claro que se tratava do mesmo assunto que havia preocupado Francisco nos seus últimos dias de lucidez. Deu-se conta de que, àquela altura, se descobrissem que estava ali, poderia ver-se metido em apuros. Não confiava em que o Deão Dom José tivesse a capacidade de perdoar-lhe a intromissão. E a guerra em si era já um inimigo bastante duro e perigoso. Sem a proteção de Francisco, atrair sobre si a ira de um homem como aquele tornaria sua vida um inferno... isto é, se Dom José Freire não a desejasse abreviar, conforme lhe conviesse. Não duvidava de que fosse capaz de tudo. Ademais, seria muito fácil com a guerra...

Seria mais um baiano morto sem que se soubesse por quem.

Diante daqueles pensamentos, foi recuando pelo corredor, pé ante pé. Suas pernas tremiam. Não estava acostumado a lidar com segredos mortais e ameaças. Percebeu que a conversa ia terminando e que os interlocutores poderiam vê-lo no corredor, mas não conseguia retirar-se mais rápido. Temia fazer algum ruído. Tentava abafar os passos o máximo possível. Teve medo de olhar para trás e vê-los de pé, olhando para ele. Decidiu olhar apenas para frente. Uma vez na escadaria, desceu os degraus de dois em dois, levantando a batina para não tropeçar. Conteve-se ao chegar lá embaixo. Não queria ser visto naquela afobação pelos dois soldados. Respirou fundo e até mesmo esboçou um leve sorriso, fingindo naturalidade, ao cumprimentálos na saída.

A paz que tivera, momentos antes ao orar na igreja da Casa de Santa Misericórdia, pareceu-lhe de fato ilusória. Era como se a guerra, não satisfeita em tomar as ruas, a Cidade, viesse agora invadir também sua mente. A pouca tranquilidade que tentava conseguir, havia alguns dias, acenava agora longe. Arrependia-se de ter ido ao Palácio Episcopal e de ter ficado escutando a conversa. Sabia que dali em diante temeria encontrar o Deão Dom José e deixá-lo entrever em seu olhar que conhecia seu segredo. Temeria por sua vida. Temeria até a si mesmo e a uma força interna que começava a roçar-lhe o espírito. Ele, Manoel Jacintho, homem de boa fé, que servira Francisco sem malícia e sem nunca se intrometer em seus assuntos obscuros, sem nunca olhar para onde não deveria, sem nunca perguntar sobre o que não pudesse saber, via-se agora mordiscado por um sentimento antigo que retornava. O ser humano muitas vezes deixa transbordar sua natureza verdadeira, por mais oculta que esteja, não é assim? E ele se perceberia então temendo aquele ímpeto renovado que agora, desconfiava, ameaçava perdê-lo: a curiosidade.

XVIII

A fuga do Forte de São Pedro pareceu a Alexandre uma aventura grotesca e infindável. Estava envergonhado, mas admitia para si mesmo que não havia alternativa e que uma prisão ou morte honrosa, àquela altura, seria inútil.

Uma vez concluída a descida da encosta, viu-se em meio às ruínas do antigo Forte da Gamboa. Os muros carcomidos e enegrecidos protegiam a ele e aos demais soldados, impedindo-os de serem vistos do topo da colina. Aquele velho Forte permanecera ali, sem uso, por mais de cem anos, sem obter maiores atenções da população e das autoridades, transmutado em uma sentinela fantasmagórica, lambido pelo mar, transido de umidade, arruinado, obscuro, refúgio de vadios, toca de malfeitores, pouso de pescadores. Agora Alexandre e seus companheiros escalavam os muros caídos, as vigas carcomidas, paredes derribadas com suas pedras cheias de limo, entremeadas de ervas órfãs, tudo aquilo solto, oferecendo perigo extremo. Na parte em que as ruínas encontravam a encosta, onde uma mão tocava a pedra, lacraus e escorpiões agitavamse. Mais próximo à murada externa, as botas chafurdavam numa lama esverdeada, feita de terra e água salgada respingada noite e dia, por décadas e décadas.

Deram na praia estreita e rochosa, espremida entre a água e a vegetação espessa que cobria toda a ribanceira. A água salgada molhava-lhes as botas e as fardas rotas. Tinham de tomar cuidado com os ouriços que enchiam as concavidades das pedras. Um dos soldados escorregou e teve a mão ferida pelos espinhos. Os mais próximos tiveram de abafar seus uivos de dor.

Foram todos rumando, na escuridão, para o sul, em direção à Vila Velha. A manhã já ia alta quando, ainda pela praia, passaram pelo Outeiro de Santo Antônio, escalando as pedras que circundavam toda a circunferência de sua base. Temiam subir a encosta e tomar a trilha que conduzia à Vila, uma vez que o General Madeira de Melo poderia ter enviado tropas para seguílos. Por isso, começaram a perceber que, se quisessem escapar rápido e com segurança, teriam que se dispersar. Foi o que fizeram antes de chegar à praia do porto da Vila. Acompanhado de um jovem alferes chamado José Macedo, Alexandre decidiu arriscar-se por terra. Ao menos poderiam, assim, empreender uma marcha mais veloz. Adentraram, atravessando com cautela a Vila e as trilhas que serpenteavam pelos arredores do Rio dos Seixos e suas roças semidesertas.

Ao fim do dia, avistaram a vila de pescadores que ficava à beira do Rio Vermelho. Rodeada de morros à beira-mar, cobertos de coqueiros, estava silenciosa. Algumas jangadas e pequenos saveiros pontilhavam o cenário, balançando ao sabor das ondas. Os habitantes do lugarejo, em sua grande maioria pescadores mulatos e suas famílias, ficaram temerosos. Aqueles dois homens de aspecto sujo só poderiam ser portadores de perigos.

Entretanto, os jovens conseguiram fazer-se apresentar diante do líder da comunidade, um velho pescador encarquilhado, de pele curtida e grossa. A sós com ele, trataram de conquistar sua simpatia, apresentando-se como baianos em luta com os portugueses. Alexandre sacrificava todo o seu orgulho em favor de sua causa e fazia-se passar anônimo, sem qualquer menção a seu nome ou origem. Em pouco tempo, estavam abrigados na pequena cabana de um dos filhos do velho pescador. Ali puderam repousar por uma hora e comer um pouco de peixe. Estavam famintos, esfarrapados e mortos de cansaço, mas não poderiam se deter ali por muito tempo. Os homens de Madeira de Melo deveriam estar muito próximos.

Alexandre concebera, durante a fuga, o plano de fazer chegar as notícias do conflito aos irmãos Pires de Carvalho e Albuquerque. Com toda certeza teriam condições de arrebanhar muitos homens em suas terras de Tatuapara, a fim de ajudar a produzir um levante. Precisava explicarlhes que a situação havia se degradado a um tal ponto que não lhes restava alternativa. Mas também precisava correr a São Francisco do Conde e narrar de viva voz aquelas notícias a seu pai. Os jovens oficiais decidiram então se separar. José Macedo iria à Casa da Torre e Alexandre, para o Recôncavo. Não sabia bem onde se poderiam encontrar os irmãos Pires de Carvalho e Albuquerque àquela altura, mas confiava que em Tatuapara haveriam de ter meios para fazer a mensagem chegar a Santinho ou Antônio Elesbão.

O alferes, no entanto, ponderou que não possuía tanto conhecimento que o permitisse conseguir uma audiência com um senhor da Casa da Torre. Alexandre era conhecido daquela gente e seu nome lhe abriria quaisquer portas. Mas a ele, José Macedo... O que lhe garantia que lhe dariam algum crédito? Precisaria de uma carta de recomendação ou algum sinal de distinção. Não havia no pequeno vilarejo escuro e pobre nem papel nem tinta. Alexandre titubeou um instante, olhando ao redor, a mão crispada sobre a cabeça. Encarou o alferes com seus olhos que brilhavam quase febris:

- Mas, então, que não seja por falta de uma carta que a Bahia deixe de contar com os reforços precisos. Faço-a agora! - E, despindo a túnica da farda, rasgou a manga da camisa branca de linho. Com um punhal que trazia à cintura, fez um pequeno talho no antebraço. No pedaço de linho, usando uma grande espinha de peixe, assinou suas iniciais com sangue. Arrancou ainda da túnica um galão dourado com sua patente. Enrolou tudo junto e entregou ao colega.

- Cá está! Que seja esta a tua carta de recomendação. O demais corre agora por tua conta. Dize que a mensagem é de minha parte e que se entre em contato com meu pai, José Joaquim Argollo, do Engenho de Nossa Senhora do Socorro, o mais depressa que se possa.

Uma hora e meia após terem chegado à Vila do Rio Vermelho, dois pequenos saveiros levantavam âncora. Um seguia para o norte, acompanhando a costa, com a proa visando a ponta de Itapoan. O outro seguia para o sul. Mas não adentraria a Baía de Todos os Santos. Isso seria perigoso. Poderia sofrer a abordagem de algum navio português. Passaria ao largo de sua entrada e prosseguiria até alcançar a extremidade sul da Ilha de Itaparica, a fim de procurar passagem pelo sinuoso Canal do Funil, que corria entre a costa oeste da ilha e as praias do Recôncavo. Estaria seguro, navegando por trás da ilha que se estendia por várias léguas de sul a norte para terminar nas entranhas da baía.

Deitado no chão do saveiro, sentindo o vento marinho no rosto e tendo o céu estrelado sobre sua cabeça, Alexandre vencia mais uma vez o mar rumo à casa de seus pais. Tinha muitos planos e preocupações. Era preciso levantar todo o Recôncavo, todos os grandes senhores e seus homens. Era preciso organizar aquela gente para que nunca mais uma fuga como a do Forte de São Pedro viesse a ocorrer. Seria necessário juntar dinheiro, armas, munição, organizar o abastecimento de comida e, então, plantar-se em algum ponto alto da baía para, dali, marchar sobre a Cidade. Não havia, na superfície de seus pensamentos, lugar para outro assunto ou lembrança: fosse Francisco, Manoel Jacintho, ou Maria Idalina, ou mesmo seu pequeno filho... Todos haviam permanecido na Cidade, à mercê dos sofrimentos que

Madeira de Melo decidisse inflingir aos moradores. Eram agora uma névoa escondida na alma de Alexandre, assim como um tempo passado em que uma paz modorrenta entorpecia a vida do Recôncavo, nascida no vagar das moendas, na ruminação salivosa dos bois, no marulhar das pequenas ondas nos mangues. Ou talvez (quem poderia dizer?) não fosse bem assim... e em seu coração vibrasse uma tal gana justamente por libertar sua terra daqueles novos tempos, esperando ser possível recompor a crisálida e outra vez abrir as janelas da Bahia ao mesmo antigo vento morno: o sorriso de Idalina, como quando a conhecera, inocente; o ruído dos feitores gritando no eito, como o ouvia de longe, no balançar da rede na varanda; a despreocupação dos dias, como havia antes da viagem a Lisboa, antes do grande oceano azul revolto, antes da guerra...

A visão das estrelas no céu foi se nublando através das pálpebras pesadas do jovem Argollo. Os dois pescadores que conduziam a embarcação, alheios ao peso que Alexandre carregava em sua alma, começaram a entoar alguma canção de mar. Era uma canção triste e Alexandre, sentindo o corpo dorido, finalmente permitiu-se adormecer.

Acordou com o sol batendo em seu rosto e o falatório dos pescadores. Com a maré baixa, num momento de descuido dos pescadores, o saveiro, ainda que bastante pequeno, havia encalhado num banco de areia ao meio do canal da Ilha de Itaparica. Ao longe, na orla, avistava-se uma casa caiada de branco. Alexandre decidiu liberar os dois homens da missão. Saltou do barco e nadou um braço de mar de cinquenta metros até atingir a praia lamacenta, embrenhando-se depois pelo mato até chegar à casa. Ali conseguiu comida e água doce, mas não havia nenhum cavalo. Resolveu seguir a pé.

Após caminhar quase o dia inteiro, alcançou um pequeno arraial onde conseguiu abrigo para dormida e um cavalo emprestado para prosseguir viagem no dia seguinte. Encontrava-se na parte oeste do Recôncavo e teria de percorrer todo o arco que ele formava em torno da Baía, até chegar a São Francisco do Conde.

Pela manhã, retomou a viagem e, de pouso em pouso, cortando os rios e passando por velhos engenhos e plantações e roças, cavalgando o mais rápido que seu cansaço lhe permitia, foi que quatro dias depois, com o sol alto, chegou a seu destino. Cruzou a parte baixa da Vila, tendo a Ilha de Cajaíba do outro lado do estreito braço de mar. Naquela ilha, com sua vegetação de tons escuros, rodeada de mangues, sua família possuía uma fazendola à qual tinha ido um par de vezes, quando ainda pequeno. Na direção oposta, no alto da grande colina onde se assentava parta da Vila, avistou as igrejas de São Gonçalo do Amarante e São Francisco, brilhando ao sol, com as palmeiras de seus jardins dançando com o vento que, vindo do mar, subia o morro e arejava toda a Vila.

Ninguém parecia reconhecê-lo por causa do seu aspecto. No rosto, a barba havia crescido. Trazia as marcas de um desconforto pelo qual jamais sonhara passar. Não se tratava dos rigores da guerra, de batalhas sangrentas cheias de lance de heroísmo, mas sim da convivência pura e simples e também muito próxima com o populacho, suas mazelas e dissabores; de horas mal dormidas no chão. E tudo isso após uma fuga humilhante! Seu brio ferido fez com que tivesse a pachorra de anotar mentalmente os nomes e local de todos os que lhe haviam auxiliado naquele percurso. Mandaria depois dinheiro para pagar a todos o incômodo que houvesse causado, o de comer que lhe houvessem arranjado, o cavalo... Não desejava que um senhor Argollo ficasse devendo nada àquela gente. Isso não seria aceitável!

Resolveu dirigir-se ao edifício da Câmara de Vereação e Cadeia da Vila. Era uma construção clara de dois andares. No andar térreo, cinco portas de madeira maciça abriam-se para uma praça, sendo a do meio maior, por ser a entrada principal, encimada que era por um arco romano. No andar superior, cinco sacadas alinhadas com as portas do andar de baixo. O prédio era coroado por um pequeno frontão arredondado sobre a sacada do meio, em cujo centro havia um sino de bronze. Todo o cenário brilhava com a luminosidade daquela hora do dia, embora se pudessem ver algumas nuvens carregadas vindo ao longe, oriundas da embocadura da baía. Alexandre apeou em frente à porta principal da Câmara. Uma vez atravessado o umbral, dava-se logo numa escada que levava ao primeiro andar. Todo o ambiente era mal iluminado e uma sombra fresca reinava ali.

Subindo a escada, cruzou com dois senhores que o olharam espantados. Um deles esboçou chamar guardas para detê-lo, mas outro o reteve. Reconhecia aquele rapaz andrajoso e sabia não ter sido assim que já o vira antes.

No andar de cima, no grande salão, por coincidência estava José Joaquim, sentado de costas para a porta, conferenciando com outros homens bem vestidos. Uma carta de Pedro Bandeira acabara de chegar da Capital. Havia um alvoroço no recinto devido ao seu conteúdo.

- Senhor meu pai! Senhores... Cá estou.

O velho Argollo virou-se espantado. Preocupado, não esperava ver o filho tão cedo. Mas Alexandre estava ali, de pé, diante dele, num estado lastimável. O rapaz respirou fundo e continuou a falar:

- É muito o que tenho por narrar porém, mormente, o que vos trago é a notícia da urgência da luta. Não há um dia sequer a perder!

No meio do rebuliço, José Joaquim levantou-se e foi até o filho. Num gesto inesperado para o jovem e quase desconfortável de tão desusado entre os dois, abraçou-o. Com o braço passado sobre seu ombro, conduziu ao meio do grupo. Ali estavam homens proeminentes da Vila: o juiz de fora, Luís Costa de Andrade, com seus olhos pequenos e nariz de raposa e cuja esposa, conforme se comentava, traíra-o com o professor de gramática latina dos filhos; o grande comerciante Antônio Marques da Silva, um dos mais abonados da praça da Bahia e de lá fugido, senhor de negócios nos mercados de gordura de baleia, sal e açúcar e que, enviando suas corvetas cheias de pesados rolos de fumo bem torcidos e adocicados com puro xarope de cana, havia importado, ao longo de trinta anos, mais de vinte mil negros da Costa da Mina, segundo alguns; o vereador Marcelino Dias de Araújo, bacharel de Direito por Coimbra, homem de virtudes intelectuais e com um conhecido fraco por mulheres de cor; e o coronel Antônio Firmino Bulcão, senhor dos Engenhos de Matosinhos e São Joaquim, na Freguesia da Vila, um homem já meio alquebrado, mas com olhos atentos e talvez até um pouco maliciosos, possuidor de muitos escravos, de extensas plantações de cana e algodão, e de um gosto tido por refinado, segundo o qual, num ato inovador entre a gente de posses do Recôncavo, fizera trazer da Europa e das Índias Orientais muita alfaia de valor, transformando a sede do Engenho de Matosinhos num local confortável e até requintado, mesmo para os padrões europeus.

Diante daqueles homens, Alexandre narrou a seu pai a derrota infligida por Madeira de Melo aos revoltosos do Forte de São Pedro, a prisão do Coronel Manoel Pedro de Freitas com outros oficiais, a fuga para a Vila Velha e de lá pelo Recôncavo afora. O que contava confirmava o conteúdo da carta de Pedro Bandeira e, em certos aspectos, complementava-a. Quando terminou, disse ao pai:

- Nem tenciono andar ao Engenho, se o senhor me permite. Não careço de repouso. Uma noite de bom sono me há de bastar. Resto aqui, por ajudar a principiar o trabalho de formação duma tropa e avisar as demais Vilas. Carece ajuntar todos os homens que possam lutar, até os capitães-de-mato, todos.

- É certo, mas haja um pouco de calma, meu filho... Quando menos, envio portador à senhora sua mãe, que se viu aflita nestes dias, por avisá-la de sua boa saúde.

A discussão continuou inflamada. Enquanto isso, numa mesa um pouco afastada, José Joaquim munia-se de papel, pena, tinta e areia, para escrever a sua esposa uma pequena carta:

"Villa de São Francisco do Conde, a 23 de fevereiro de 1822.

Adorada Virgínia,

Espero em Deos que tudo se tenha na santa ordem e paz ahi no Engenho. Escrevo pela mui allegre notícia que te tenho a dar: eis que arribou à Villa São Francisco, ainda há pouco mais ou menos vinte minutos nosso amado filho Alexandre. Tem-se bem, com saúde boa e, portanto, pode tua angústia estar apaziguada de agora em deante com a bençam de Deos.

Apenas deve restar elle aqui comigo, quando menos nas primeiras semanas, pelos muitos affazeres que se nos impõe a proximidade de um conflicto com os reinóis que occupam a Bahia.

Mas fica socegada! Não é meo desejo allarmar-te, tanto mais quando nada carece tremer agora.

Não se tem sabido que hajão os portuguêzes sahido a atacar as Villas do Recôncavo e os Engenhos e nós outros, homens de valor, ainda que isso ocorra, havemos de laborar por deffender nossa terra e nossas famílias, pelo que podes apaziguar teu avexamento.

E tão cedo, está segura, possamos prescindir de teu filho, prometto enviallo aos teus braços.

He quanto tenho por agora a dar-te parte.Teu mui affectuoso,

José Joaquim Castello Branco de Teive e Argollo."

Imaginou o alívio e a alegria que a carta causaria quando chegasse ao Engenho. Sim... alívio e ainda mais alegria... Mas alegria causaria também por motivos que ele, senhor Argollo, não poderia então sequer cogitar.

XIX

João Feliciano Mendes de Meneses cavalgava pelos caminhos do Recôncavo pensativo e sorridente, ruminando seus planos e relembrando sua própria curta vida de vinte anos, vividos naqueles rincões. Às vezes memórias de banhos de rio; outras vezes as procissões, quermesses, as festas na Praça da Matriz da Vila de São Francisco do Conde; depois, já mais crescido, as moças baratas das vielas escondidas e sujas, vizinhas dos mangues, e suas vidas marrons, da cor da lama, entranhadas de salitre e sol; a visão sempre meio distante dos ricos daquela terra e sua pompa, as grandes famílias abrindo caminho pelas ruas em cortejo quase solene.

Não, não havia nascido rico. O pai, Feliciano Meneses, era um livreiro estabelecido na Vila. Homem de certo estudo, vendia livros importados da Europa: Gramática Latina, Retórica... Também ensinava. Porém não eram atividades rentosas, muito pelo contrário, e a família às vezes via-se em apuros.

A mãe, Esmeralda Catharina Mendes de Andrade Meneses, aventava sempre e, principalmente nas épocas de dificuldades, remotos parentescos com a nobreza:

- Vovó era aparentada dos Marqueses Abrantes. - dizia sempre. - Conhecia toda aquela gente. Chamavam-na de Rosalvinha e ela muita vez foi a bailes em que estava o Rei em pessoa, no Palácio dos nossos primos Marqueses, em Lisboa!

Aquilo talvez amainasse o seu desespero, o medo de não poder manter uma existência digna. Mas mesmo o marido e os filhos nunca conseguiram saber dela ao certo qual era a distância que os separava daquele parentesco, que, por isso, parecia sempre imaginário. A despeito disso, convencida de sua ascendência, ela acabava por entender que os grandes do Recôncavo deveriam todos, por causa da alegada relação, reconhecê-la por igual e, nesse ponto, o marido começava a temer que estivesse enlouquecendo.

De maneira geral, a família até que não se tinha saído tão mal na vida. A filha, sem maiores dotes que um enxoval modesto, juntado por anos a fio e visitado todos os dias por mãe e filha esperançosas, aguardava um casamento. Aos 17 anos, porém, desconfiava já ter passado da idade. O segundo filho não quisera aproveitar o pouquíssimo estudo que o pai lhe pudera oferecer. Achara melhor tentar a carreira de comerciante. Entretanto, sem capital, terminara empregado dum negreiro português e arriscava a vida nas viagens à Costa da Mina.

Restava João Feliciano, o mais velho. Estudara com afinco até onde lhe fora possível. Depois, aproveitando uma oportunidade oferecida pelo padrinho, capitão-mor da Vila, ingressou modestamente na carreira militar. Aos 20 anos, era soldado de milícia, o que não queria dizer muito. Mas era o suficiente para lhe colocar numa farda e fazê-lo sentir-se acima de muitos mortais brancos. Além do mais, estava convicto de qual deveria ser seu lugar naquele mundo. "Eu é que não hei de herdar a casaca coçada de livreiro!"

Naquela cavalgada, com a sombra das árvores e palmeiras se alongando sobre ele, o jovem levava no peito a palpitação dos que estão prestes a desafiar o mundo para conseguir se colocar. Descobrira o amor e suspeitava ser correspondido. Aquele amor lhe chegava como nas poucas histórias que tivera a oportunidade de ler, quando de seus estudos: distante e de difícil concretização. Mas tanto mais fosse inalcançável, maior seria seu gozo ao consegui-lo. Era uma moça linda, bem posta, simpática e... rica! Mas este último detalhe não era assim tão importante. Amá-la-ia ainda que fosse pobre... Amá-la-ia? Sim... decerto... Mas sua mãe ficaria também orgulhosa pelo fato de sua futura nora (às vezes dava um noivado como já ao seu alcance) ser uma filha da grande família Teive e Argollo.

Desde quando a vira naquela manhã, após a missa na Igreja de São Francisco, João Feliciano não tivera pensamentos para outra pessoa, exceto, é claro, por ocasião de duas idas a certa casa de tolerância na Rua dos Monteiros. Era homem e precisava aliviar-se. Mas ah! a sua linda senhorinha, de cabelos castanhos sob o véu, vestido de tafetá escuro, tão compenetrada! João Feliciano procurara saber tudo a seu respeito. Era evidente tratar-se de gente graúda. Quando ele a apontou no meio do grupo na praça, seus amigos logo se riram dele por tratar-se de senhores de engenho, gente alta e arrogante, tão arrogante que pouco vinha à Vila, talvez por aversão a misturar-se.

Pois bem, ali estava ele, João Feliciano, erigido a portador do senhor José Joaquim de Teive e Argollo, enquanto estivesse este na Vila, cuidando das questões da guerra a ser feita contra os portugueses. Julgava ter sido bem competente em conseguir aproximar-se e fazer-se notar; em ganhar a confiança do senhor. Aos pouquinhos, levado por seu padrinho, demonstrando presteza, mencionando aqui e ali, nas rodas, alguns nomes que sabia serem importantes, usando-os com certa intimidade, aproveitando-se da grande confusão instalada na Vila com a chegada súbita de uma grande leva de gente fugida da Bahia, em meio à presença de senhores de engenho e negociantes brasileiros que discutiam como reunir gente, armas e munição, em meio a tudo aquilo, em poucos dias, o jovem viu-se dentro da Câmara de Vereança, a receber ordens diretamente do poderoso senhor Argollo.

Agora, além da palpitação no peito, levava no bornal a carta que José Joaquim escrevera a sua esposa, anunciando a chegada de seu filho mais velho, Alexandre. Havia de ser uma senhora distinta... será que lhe trataria bem? Será que teria oportunidade de pôr olhos em Cândida? Atrasava o passo. Queria chegar de noite. Afetaria um ar de cansaço extremo. Quem sabe não lhe deixariam dormir no Engenho? Assim aumentaria as chances de vê-la ou, quem sabe, falar com ela.

"De qualquer forma", ia pensando, "é ser precavido em tudo. Não me haverão de aceitar assim, com sorriso no rosto. Sei que não sou nenhum grão-duque. Mas sou homem inteligente, de sangue limpo, capaz. Se até lá me estimarem por minhas qualidades - touché!! – como se diz nos livros. A partida restará ganha e eu tomarei como prêmio a mão da minha Candinha, a moça mais linda do Recôncavo."

À entrada do engenho, um grande portal com colunas de alvenaria caiada de branco e guarnecido por uma velha grade ferro, João Feliciano foi abordado por dois feitores. Anunciou com altivez o que lhe trazia ali e eles o acompanharam pela propriedade adentro. No caminho para a casa-grande, alternavam-se terrenos que pareciam quase baldios e plantações verdejantes de cana. De vez em quando, folhas espalmadas de pequenos pés de mandioca se abriam ao sol morno. Mas, no mais das vezes, eram só os canaviais imensos. As folhas das canas chegavam a tal altura que escondiam os três cavaleiros, como um grande muro que impedisse a vista de chegar ao horizonte e perder-se; um ar adocicado, rumorejante de folhas que ciciavam segredos dispersos no fim de tarde, na vida imutável daquela terra... séculos de massapé, mangue mole e riqueza doce misturada a sangue acre. Ouvia-se de algum ponto da plantação um ruído de eito, facões batendo o corpo das canas, canas sendo jogadas em carros de bois, berros de feitores:

- Êêê, negro. Se aligeire que o dia tá findando!!

Fizeram-no esperar de pé na grande varanda. A senhora Argollo demorou-se um tanto a atendêlo. Mulher nenhuma da Bahia, por mais alta que fosse sua posição, permanecia em casa vestida em condições de receber uma visita. Com aquele calor, era impossível! Sinhá Virgínia fazia-se abanar na quentura do gineceu, sentada nas esteiras de palha, trajada de algodão leve e seda, o colo à mostra, o cabelo desalinhado, preso numa touca. Molhava um paninho com a água fresca da moringa e passava-o pelo pescoço, pelos braços.

Ali, no gineceu, só as mulheres entravam. Ali era seu pequeno reino de bordados, cassas e rezas. Damásia, entoando alguma cantiga, permanecia sentada num banquinho, pois seu corpo velho e enrijecido não a permitia compartilhar as esteiras. As meninas recostadas, as cabeças postas a longos cafunés vindo das mãos das escravinhas. As almofadinhas espetadas de agulhas vindas da Bahia, espalhadas junto às caixas de costura abertas. Os bastidores, que prendiam os panos em que trabalhavam as mulheres, iam depois de mão em mão, para que fosse aprovado o bordado novo. A gelosia deixando entrar pequeninos raios quadrados de sol. Tudo ali era displicente, revelava uma certa preguiça quente como o dia, e a falta assunto gerava silêncios longuíssimos, que eram quase um transe, um cochilo que atravessava as tardes, os meses, as vidas inteiras.

A chegada de um portador de José Joaquim teve o condão de tirá-las todas da semidormência em que se encontravam. Por isso Virgínia fez questão de ir atender a visita. Correu a pôr-se em condições de se apresentar a um estranho. Com isso, suas filhas também se puseram em alerta, de colos cobertos e cabelos trançados às pressas. A mera presença de um estranho na casa parecia trazê-las de volta à vida, ainda que devessem permanecer fechadas.

A senhora Argollo chegou à varanda seguida por Luzia, que a auxiliava então nas ordens de casa. Em poucos minutos a carta estava entregue e lida. Virgínia apertou-a contra o peito e, esquecendo-se do rapaz, desapareceu a dar a notícia às filhas e Damásia. João Feliciano achou conveniente permanecer ali, de pé. A senhora poderia querer responder ao marido, ou talvez precisasse dele para algum serviço. Afinal, era uma mulher sozinha no comando de uma casa e não havia sinal dos dois filhos homens, que deveriam estar percorrendo as terras, ou se divertindo de algum modo, levando sua vida despreocupada da sobrevivência. Luzia ficara ali também, a olhá-lo, enquanto ele perscrutava o ambiente, colocava a cabeça para dentro da grande sala, olhava os poucos móveis, o teto alto, o restinho de luminosidade que entrava avermelhada sala adentro, pelas janelas e gelosias abertas.

Percebeu uma movimentação e viu, por entre os cantos das paredes, Damásia e as moças Argollo ajoelharem-se diante da capela-de-dentro. Ali estava Cândida, de costas, em contrita oração! Se ao menos olhasse para trás, poderia vê-lo ali, ainda que de longe, sorridente e esperançoso. Virgínia retornou ao recinto com um pequeno papel selado com cera, que deveria ser entregue a José Joaquim. A entrevista estava encerrada.

João Feliciano, tentando dissimular a ansiedade e decepção, agradeceu e, ao virar-se, apostou sua última cartada. Deu dois passos mancando de tal forma que foi impossível a Virgínia não se apiedar dele.

- Que tens na perna?

- Não é nada, senhora dona Virgínia. É que vim eu tão corrido pela trilha a fazer chegar-lhe a carta que tombei do cavalo sobre a perna. Mas não haverá de ser nada...

- Mas não careces de tomar estrada a esta hora e com essa perna. Luzia, leva o moço a acomodar-se na casa dos feitores e dize que lhe dêem pouso e de comer.

Ele estava feliz, mas soube esconder o sorriso. Fez uma cara de coitado e muito agradecido. Ficaria a noite inteira no Engenho! E melhor ainda: aquela conversa chamara a atenção de Cândida, que se voltara e o vira na sala. Ele pôde notar seus olhos esbugalhados de surpresa e calculou como não estaria seu coração pulando naquele instante. Ao comando da voz de Damásia, que puxava mais uma Salve Rainha, Cândida tornou a olhar o altar e ele deixou a sala, acompanhado por Luzia.

- Nhozinho é da Vila mesmo? - a escrava perguntou, atravessando o pátio aberto em frente à casa-grande. Tinha notado a troca de olhares entre ele e Cândida e trazia um sorriso quase malicioso.

- Sim, sou. E tu? És escrava de dentro?

- Sô, sim. Sô mucama de nhanhá Candinha... - e disse aquilo de forma casual, a ver-lhe a reação.

O rapaz estremeceu por dentro. Tinha vindo precavido e trazia um bilhete já escrito para entregar a sua amada, caso houvesse oportunidade para tanto. Sabia que os riscos seriam grandes. Se o bilhete caísse em mãos erradas, estaria arruinado. Por outro lado, que outra chance teria? Quem melhor para servir de alcoviteira senão a mucama de Cândida? Resolveu arriscar.

- E tu, tão bonita e inteligente, não serias de nossa serventia em lhe fazer chegar uma pequena mensagem? - olhou em redor e não viu ninguém por perto. - Posso assegurar-te que tua ama há de estar mui obrigada contigo e há de recompensar-te o feito. - passou-lhe o papel dobrado e selado, que ela guardou por dentro da bata.

- Nhonhozinho num se avexe, não, que faço o favô é de bom grado e sua carta intrego hoje mesmo. - e sorriu com um canto da boca. - Nhanhá Candinha há de ficá contente, que eu bem sei.

Então nhanhá Candinha estava se dando ao desfrute com um moço da Vila?! Nhanhá Candinha, tão bem criada e protegida! Se alguém soubesse daquela alcovitice, nhanhá ia direto para o convento e ela, Luzia, para o tronco. Arrepiava-se só de pensar naquela possibilidade. Mas, mesmo assim... não pagava a pena? Num sonho à luz do dia, a escrava anteviu sua ama desonrada, quiçá emprenhada por moço sem nobreza (que ela nele não via nenhum sinal de riqueza), alvo de comentários na Vila. Não seria uma vingança? Não seria bom de doer ver os dois moços Argollo envergonhados, sem levantar a cabeça, desnorteados?

"Xiiii... eles havia de querê matá é o mundo! - riu-se por dentro e, naquele instante foi que compreendeu que havia um nome para aquilo que agora sentia por todos aqueles brancos a quem servia: ódio. Não era, entretanto, um ódio daqueles que impeliam a pessoa a sair gritando, cometendo desatinos. Era um ódio latente, mudo, como a água sempre prestes a ferver, quando minúsculas bolhas sobem enfileiradas à superfície, sem nunca chegar à desordem da fervura, com seu borbulhar caótico e incessante.

Até então, Luzia despertava e adormecia, todos os dias, com aquele sentimento inominado. Somente ao escutar o pedido de João Feliciano e ao calcular suas possíveis consequências, foi que compreendeu do que se tratava, através de uma satisfação morna que lhe advinha ao imaginar a desonra de uma sinhazinha Argollo. E foi por conta de tal satisfação que concebeu seu plano, porque assim, a cada manhã encontraria uma razão para sorrir, e cada dia seria preenchido não somente com as ordens que recebia e os afazeres que cumpria.

Na casa dos feitores, ela deixou um João Feliciano exultante. Deu o recado de sua senhora aos homens que chegavam cansados, pendurando seus instrumentos de trabalho na parede mal caiada. Saiu andando, com o olhar transformado, sentindo roçar-lhe a pele o papel entregue por João Feliciano. Anoitecera rápido. O caminho já começava a ficar escuro. Ela tomou a esquerda e contornou a casa-grande. Passaria pelo poço e subiria até a cozinha. Devia ajudar a servir a ceia. Arrumar os pratos na mesa... Mas a mente ainda estava perdida nos seus sonhos. O papel roçava-lhe a barriga macia. Sentia-lhe o contato sobre o estômago. Seu semblante foi então fechando, fechando... E não soube dizer se fora o roçar do papel, ou o cheiro de comida que passeava pelo ar dos fundos da casa-grande, mas sentiu um enjoo tão forte que estacou e ali mesmo, num canto, por entre os arbustos, pôs-se a vomitar até ficar prostrada sobre o capim úmido do quintal.

XX

Os meses que se seguiram transformaram a vida na Província da Bahia, invertendo seus ritmos, suas pulsações.

O Recôncavo enchera-se de gente. Famílias inteiras, vindas da capital, haviam chegado a cavalo, nos navios, em tropas de burros, carros de bois. Havia uma movimentação que tornara irreconhecíveis as Vilas de Nossa Senhora do Rosário de Cachoeira, do Sergi da Barra do Conde, de Nossa Senhora da Purificação e Santo Amaro. Longas reuniões de homens atravessavam as noites, ocupando o lugar dos saraus que, afinal, nunca tinham sido assim tão comuns. Viam-se armas sendo levadas para lá e para cá, fardas, ordens sendo dadas. Dir-se-ia que aquela gente pacífica, acostumada às horas dormentes da tarde e à lentidão das rodas dos carros de bois, havia se transformado numa nação belicosa. Como se fora outro povo, outra terra.

A Cidade da Bahia, ao contrário, esvaziara-se. Via-se por toda parte a movimentação de tropas em exercícios, continências e rondas. Onde estava sua velha vida, com as famílias em cortejo pelas ruas, as cadeiras de arruar, as rodas de capoeira dos negros nos cantos das praças, mesmo as vozes das negras ganhadeiras que antes apregoavam seus quitutes nas esquinas da Praça do Palácio, no grande terreiro da Praça dos Jesuítas, no Carmo? Onde a alegria dos domingos em frente às igrejas, o burburinho do bairro da Praia, com a multidão espremida entre a montanha e os trapiches, os pescadores chegando na rampa da ribeira das naus, o sobe e desce do guindaste dos padres? Tudo se resumia a uma nova vida dura, seca, militar.

Durante todo aquele tempo, restou a Manoel Jacintho e Domingas viver entre um sobressalto e outro, sem meios para comunicar-se com a gente do Recôncavo; regateando os preços dos víveres nas bancas e vendas; colhendo rumores nas boticas e mercados; assistindo feridos que foram diminuindo em quantidade no Hospital da Casa de Santa Misericórdia; cuidando de Padre Francisco, que continuava preso em seu sono sem fim, alheio talvez aos sucessos do mundo ao redor. Logo ele... Manoel Jacinhto rezava e não deixava de pensar na ironia da vida, ao roubar daquele homem ativo seu papel, no instante em que um rodamoinho varria sua terra e sua gente.

Às vezes, Manoel Jacintho perdia-se em pensamentos, ao olhar a Baía de Todos os Santos da janela da grande sacristia da Casa, ou parado entre as arcadas romanas da *loggia* de mármore rosa da escadaria. Seus pensamentos iam até Domingas e seu corpo respondia imediatamente, quase sufocando-o de desejo. Sentia-se um titã por ter resistido até então. Entretanto, não sabia quanto tempo mais conseguiria suportar, ainda mais porque estavam os dois sozinhos na residência da Rua do Carmo, acompanhados apenas de Francisco. As escravas haviam aproveitado a confusão e fugido. Havia muito não tinham notícia de Pedro, que se tinha ido pela Estrada das Boaidas afora. Alexandre Argollo parecia ter desaparecido. Dele também não sabia se estava vivo ou morto. E agora, que estavam a sós, Manoel Jacintho e Domingas, ele rezava, desesperado, a todos os santos, porque via surgir entre eles uma intimidade perigosa, uma cumplicidade que vinha dos cuidados mútuos, da consciência de que, naquela Cidade tornada hostil, eram um para o outro a única ajuda com que poderiam contar, a única proteção e companhia. O olhar doce e desprotegido de Domingas, seu corpo solto por baixo do algodão grosseiro das roupas, seu cheiro, tudo aquilo fazia o padre vacilar em seus votos, fazia com que velhas conhecidas sensações viessem visitá-lo à noite, as quais julgava esquecidas, esmaecidas pelo trabalho que devotava a pobres e doentes.

No dia 18 de maio, ao passar pela *loggia,* de manhã cedo, a caminho da enfermaria dos varões, viu o porto da cidade repleto de navios de guerra portugueses. Correu a saber o que sucedia e deixou-se ajoelhar no altar da capela, rogando pela proteção de Nossa Senhora da Conceição e do Senhor do Bonfim, ao saber que as tropas expulsas por Dom Pedro do Rio de Janeiro, compostas de três mil homens, tinham vindo parar ali, na Bahia, a reforçar o exército do General Madeira de Melo.

Evento ruim! Nuvem agourenta!

Benedita, Iyalaxé, por sua vez, acordara naquele dia assustada, com um peso no coração. Foi consultar os cauris e levantou seus olhos aos céus, quando viu revelado o acontecimento. Então Ikú não estava ainda satisfeito, suas asas se debatiam ao vento e espalhavam o cheiro de carniça... Era guerra de morte, que só findaria quando um dos dois lados estivesse exaurido ou houvesse desaparecido num tragadouro escuro e sem fim.

Tais inquietações não haviam chegado à Vila Velha até então. Aquele era um recanto calmo, sem revoltas, não oferecia perigo aos portugueses. Exceto por uns poucos soldados brasileiros que alguns meses antes tinham vindo andando pelas pedras da praia, esfarrapados, e outros portugueses que lhes tinham vindo no encalço, sem alcançá-los, porém a barra da entrada da baía continuava sem grandes contatos com as revoltas que aconteciam na Cidade.

Mas e agora, com a força lusitana crescida, fincando mais ainda o pé e sem querer arredá-lo...? A Iyalaxése perguntava com olhos postos no céu se os deuses protegeriam aquela terra que haviam adotado como também sua. Será que Oxalá e sua luz branca, Oyá, a mulher guerreira e seus ventos, Ogum, o ferreiro que empunha sua espada cortante, Odé, o rei caçador, será que eles e os outros deuses não se bateriam com Iku por aquela terra, por aqueles filhos? Será que Yemoja não reviraria os mares, não afundaria os navios dos inimigos? Será que Ossain não os perderia pelas matas afora? Era preciso agradá-los, fazer soar os atabaques, oferecer os alimentos sagrados e implorar para que guiassem os baienses e abrissem a linhas portuguesas; rogar para que livrassem seu povo do mal, da dor, da fome, da guerra e de Iku.

A notícia da chegada de mais tropas lusitanas correra toda a Província. Nos sertões, velhos fazendeiros vendiam seus bois e, com o dinheiro conseguido, fardavam e armavam seus filhos para mandá-los às Vilas do Recôncavo para lutar. Em Tatuapara, já havia algum tempo que os Pires de Albuquerque movimentavam-se, primeiro por proteger suas terras, avisados pela mensagem de Alexandre, agora por reunir quantos homens lhes fosse possível, por se juntarem no esforço de tomada da capital.

No Recôncavo, a produção do açúcar diminuía. O pouco produzido não se conseguia embarcar. Todas as energias eram direcionadas para o confronto que se avizinhava cada vez mais nítido e negro. Mensageiros cruzavam as estradas e trilhas, levando mensagens, cartas, ordens, conselhos pelas Vilas, sem poder chegar à Cidade. Com isso, João Feliciano encontrava sua parcela de felicidade, pois ia com frequência ao Engenho de Nossa Senhora do Socorro, a pedido de José Joaquim, levando cartas a Virgínia e ordens aos feitores. Suas visitas traziam sempre o cheiro de novidade, um rebuliço e uma nova palpitação ao coração de Cândida. Àquelas visitas seguia-se que Damásia ficava perturbada, como se pudesse perceber algo no ar, algum perigo rondando a família ou pelo menos as meninas, que seria capaz de proteger com a própria vida. E, embora estivesse sempre atenta aos passos de Cândida, não havia notado o flerte entre ela e o jovem visitante. Sentia-se, por outro lado, aliviada porque Cândida não havia mais tido os pesadelos com a tal moça triste, no corredor.

Os portugueses do Recôncavo viam-se acuados, tentavam resistir ao assédio para que deixassem suas residências e seus negócios e partissem. Ódio remexia as almas dos habitantes. Homens antes amigos, vizinhos antes queridos, agora se viam em frentes opostas, obrigados à inimizade e ao desprezo. Os lusitanos não saíam mais às ruas. Receavam serem atacados. Enviavam cartas ao General Madeira, pedindo socorro, homens, munição. Avisavam-no da espoliação de seus bens e mesmo de um iminente massacre.

As semanas iam passando vagarosas e a tensão no ar fazia-se mais e mais pesada, quase tangível. Até que um acontecimento veio para confirmar os receios e maus presságios de uns e aumentar o ódio de outros...

XXI

João Feliciano galopava pela estrada de terra em direção ao Engenho do Socorro, portando a notícia ruim. Cruzava pontes de madeira, trechos de mato quase fechado, outros coroados de cocares dos dendezeiros. Antevia que causaria assombro e revolta aos destinatários da carta que portava. No céu, raiava a aurora do dia 26 de junho.

Três dias antes, chegara ao Recôncavo uma notícia considerada por muitos como alvissareira: Sua Alteza o Príncipe Dom Pedro fora aclamado Príncipe Regente do Brasil, no Rio de Janeiro. Esta era de fato uma boa nova para a região. Os homens envolvidos na faina de montar a resistência ao General Madeira de Melo estavam mais confiantes. Dom Pedro mais uma vez se rebelava contra as Cortes de Lisboa. Aquele era mais um passo rumo à separação de Portugal. Nas esquinas, nas boticas e nas sedes das Câmaras das Vilas do Recôncavo, muitos apostavam que poderiam contar com alguma ajuda das províncias do sul. Outros se apressavam a enviar a notícia aos recantos mais remotos, às fazendas mais isoladas. Havia uma alegria e confiança no ar. Até as mulheres arriscavam-se a algum comentário em público, louvando o Príncipe, esperançosas de que a velha segurança retornasse.

Na Vila de Nossa Senhora do Rosário de Cachoeira, organizava-se para o dia seguinte uma grande cerimônia pública para aclamar o Príncipe Regente. *Te-Deum* na Matriz, discursos na Praça em frente à Câmara de Vereança, às margens do Rio Paraguaçu.

De início, as pessoas não atentaram muito para uma embarcação que, vinda do mar, pela Bacia do Iguape, ancorara defronte da Câmara. Depois de algum tempo, os principais da Vila começaram a indagar-se do que se tratava. Era uma escuna canhoneira, com suas bocas de fogo apontadas para a Praça, sua bandeira portuguesa hasteada alto, flamulando com o vento manso.

Não podia ser... Será que Madeira de Melo seria tão ousado a ponto de enviar ali uma embarcação para ameaçar a gente do Recôncavo? Em pouquíssimo tempo viram seus temores confirmados. Partira da escuna o aviso, sob as ordens do General, de que a Vila estava proibida de aclamar o Príncipe e de reconhecer-lhe qualquer autoridade, sob pena de bombardeio. A única autoridade da Província recaía sobre o remetente, General Madeira de Melo, Governador da Província, nomeado por Sua Majestade Dom João VI de Portugal, e em tal cargo confirmado pelo Parlamento de Lisboa.

Os Cachoeirenses teriam de decidir entre acatar a ordem ou arriscar-se ao bombardeio. Tomaram a segunda alternativa. Os ânimos efervesciam. Homens e mulheres dirigiram-se festivos à Praça, paravam diante do edifício claro da Câmara, indiferentes à escuna e seus canhões. Os portugueses que habitavam a Vila estavam recolhidos a suas residências. Era uma festa de baianos. As autoridades haviam ordenado a confecção de bandeirolas que agora coloriam o cenário e tremiam ao vento. Ao meio dia, o sol escaldava as ruas, os chapéus produziam sombras nos rostos, uma pequena multidão aglomerava-se de costas para o rio, cujas águas haviam baixado devido à maré vazante. Guardando a Câmara e espalhados pela Praça, pelotões de voluntários, fardados e armados de improviso, imóveis em formação... Todos sabiam do perigo iminente do bombardeio, mas nem as mulheres se furtavam à cerimônia. Era um ato de rebeldia do qual também elas deviam participar. O Presidente da Câmara apareceu na sacada, acenando. Aplausos e gritos de vivas ao Príncipe, à Bahia, aos baienses, gritos de morras aos marotos, a Madeira de Melo. A brisa lambia os cabelos, as fitas dos chapéus das damas, as folhas das árvores, varria o chão, formando rodamoinhos de folhas e pó. Alguns olhavam para trás, entre temerosos e descrentes de que um ataque pudesse de fato partir da escuna.

Entretanto, mal se iniciou o discurso, ouviu-se um estrondo medonho. Uma banda do calçamento, à beira do rio, despedaçou-se, fazendo voar pedaços de pedra e poeira. Os assistentes correram a proteger-se, uma confusão total instalou-se na Praça. As janelas dos sobrados, onde habitavam portugueses, abriram-se e delas começou a partir fogo. Os voluntários brasileiros abrigavam-se como podiam, respondendo com bala à agressão. Um pelotão contornou um sobrado e, tomando posição, tentava atingir a popa da escuna, de onde também se atirava contra a Praça. Logo se percebeu que, devido à maré vazante, que deixava os canhões da escuna abaixo do nível da Praça, estes não conseguiam ângulo para fazer grande estrago. Cabia mais era combater os portugueses que atiravam de suas janelas e os tripulantes da embarcação.

Duas horas durava já o combate e os brasileiros foram avançando para perto das casas portuguesas. Do outro lado do rio, atirava-se também contra a escuna e esta se via obrigada a lutar de dois lados. Por fim, o fogo que vinha do rio cessou. A embarcação foi tomada. Havia três mortos e pelo menos dez feridos em seu interior. Nas residências da Praça, os portugueses quiseram ainda resistir, mas perceberam ser inútil. As casas foram tomadas e seus moradores presos. Também lá havia feridos. Os homens foram mandados à prisão da Casa de Vereança e as mulheres aprisionadas num sítio, onde ainda poderiam manter alguma dignidade e seriam bem tratadas, apesar de vigiadas.

Do lado baiano, miraculosamente, nenhum dos civis que assistia à cerimônia fora alvejado.

A essa altura, começaram a chegar homens das vilas vizinhas. José Joaquim chegou ao cair da noite, acompanhado de Alexandre, João Feliciano e demais senhores da Vila de São Francisco. Havia um tumulto grande nas ruas. Bandeirolas antes balouçantes agora estavam rasgadas. O ar festivo dispersara-se para dar lugar a um clima de temor e revanche. Logo ficaram sabendo de maiores detalhes e do desfecho do combate, que as mensagens enviadas às pressas não haviam podido narrar.

O salão da Câmara era pequeno para abrigar tantos homens, uns fardados, outros em trajes civis mal-ajambrados pela pressa de os vestir, ou pelo suor da refrega. Alguns rostos ainda traziam vestígios de pólvora.

Era unânime a sensação de acirramento da guerra. Urgia tramar uma estratégia que pudesse não só diminuir os riscos para a população, como também terminar de uma vez por todas com o perigo.

A um canto do salão, José Joaquim lançou mão de uma pena e um pedaço de papel e, improvisadamente sobre um console, escreveu a sua esposa:

"Villa de Nossa Senhora do Rosário de Cachoeira, a 26 de junho de 1822.

Mui Amada Senhora Minha Mulher,

Breves serão estas linhas, pelo que urge dizer. Faze correr ao Engenho das Dores Bernardino, e communicar à Senhora minha Mãe que mui perigoso está quedarse lá sozinha e que vá para o Socorro sem mais tardança. Estamos nesta Villa pelejando por evitar uma catastrophe, supposto que o tyranno Madeira quiz augmentar suas affrontas bombardeando esta innocente Villa com uma escuna artilhada, o que a honra nos obriga a vingar. Escrevo depois por dar as mais ordens para vossa protecção.

He quanto tenho por agora a dar-te. Do teu mui affectuoso,

José Joaquim Castello Branco de Teive e Argollo."

João Feliciano foi encarregado de levar o bilhete ao Engenho do Socorro e narrar o sucedido. Sorridente, montou seu cavalo, procurando reunir o que pudesse ter de garbo em sua farda lustrosa. Dava já como certo que pernoitaria no Engenho... e com tantas idas já havia conseguido seus meios de conversar com Cândida, sob o olhar incômodo de Luzia.

No início, havia certa timidez de parte a parte. Os encontros eram tão furtivos e o medo de serem pegos era tão grande que quase não se dizia nada. Era preciso sempre esperar que Damásia afrouxasse sua vigilância, mas era preciso que coincidisse também a ausência dos demais. João Feliciano trazia seus bilhetes já escritos, de forma que o que não podia pronunciar, por falta de tempo, ia contado ali, nos bilhetes que Cândida ia acumulando dentro do missal.

A mocinha sentia-se uma heroína. Estava transgredindo todas as regras de seu meio e sentia-se importante por ter seu segredo. Seu coração palpitava e sentia um aperto no estômago, quase como um enjoo, toda vez que se dava conta da presença do rapaz no Engenho. Esperava então, impaciente, que viesse Luzia passar os recados, trazer as prendas: uma medida de fita azul de seda, um dia; outra vez, um alfinete com uma pequena pedra vermelha encravada na cabeça; ou ainda um poema copiado com esmero. Cândida guardava os presentes numa canastra confiada a Luzia, que a deixava num socavão escondido atrás das prateleiras onde ficavam os mantimentos na cozinha.

A mucama conduzia os dois jovens com dedicação. Queria-os próximos e apaixonados. Estava certa de que muito em breve dispensariam sua presença durante os encontros. Por enquanto, Luzia lhes era de serventia para arranjar os locais onde se veriam, e para ficar vigiando o caminho. Os lugares eram escolhidos de forma a não serem os jovens vistos, mas também de forma a não causar grande escândalo, se acaso fossem pegos. Como nunca dispunham de muito tempo para correr grandes distâncias, encontravam-se sempre por perto da casa-grande. Por isso, duas ou três vezes haviam conversado por pelo menos cinco minutos junto ao poço que havia atrás da residência dos senhores. Se fosse flagrada, Cândida poderia alegar ter ido à cozinha pegar algo com Luzia e ter aí encontrado o moço por acaso. Isso seria repreensível, e sua liberdade viria a ser mais restringida do que nunca, mas sua honra não estaria comprometida. Da mesma forma, já haviam se encontrado na varanda e no copiar. João Feliciano tomava o cuidado de seguir as orientações de Luzia e esta se dava ares de grande esperteza. Por enquanto, a escrava deixava a situação estar assim. Mas maquinava já os próximos passos. Os dois nela depositavam grande confiança àquela altura. As trocas de olhares e as palavras sussurradas entre eles eram cada vez mais apaixonadas. A timidez do início foi sendo vencida e Luzia era testemunha! Logo, logo haveriam de querer dar mais um passo e Luzia os encorajaria, submetendo-se ela própria a riscos altíssimos. Tentava imaginar como poderia deixar que os dois fossem vistos juntos, sem que ela parecesse ter alguma parte no erro. Se isso conseguisse, seu plano seria perfeito.

Mas sabia que, em breve, não poderia mais correr tão agilmente, porque seu ventre crescido já principiava a arredondar-se. Tinha a exata noção do que lhe ocorrera e estava completamente absorvida pela ideia de colocar a sinhazinha Cândida na mesma situação. Nisso pensava noite e dia, enquanto dava conta de seus afazeres. Calculando os próprios passos, distraía-se, à noite, em sua esteira sobre o chão da cozinha, imaginando nhanhá Candinha desonestada. Que lhe sucederia? Que dores os dois rapazes não provariam ao ter a irmã pejada... E ela, Luzia, contentar-se-ia em viver seus dias servindo e limpando e tendo um filho a carregar: uma carga a mais naquela vida cheia de ruindade. Não deixava de pensar que era ela própria, e não eles, que se via em maiores apuros, estranhando as alterações em seu corpo, sofrendo olhares reprovadores de Sinhá Virgínia e de Damásia. Perguntava-se o que faria quando nascesse a criança, que sentimento lhe teria. Logo ela, que tanto temia as dores físicas, que nunca desejara dilacerar-se aos gritos até ouvir os vagidos de um ser pequeno e feio! Faltava-lhe, por outro lado, a coragem para livrar-se da criança enquanto ainda crescia em seu ventre. Havia dois anos, vira como a negra Andreza se esvaíra em sangue até morrer, depois de tentar dar cabo do filho que carregava. Por isso, sentia-se acuada, forçada a escolher entre o menor dos riscos, a tatear por um caminho que traria dor de uma forma ou de outra. Não bastasse a sujeição de ter servido aos jovens Argollo, agora estava pejada, atada a outro ser que vinha para pedir também um quinhão de sua vida.

Se Luzia remoía aqueles pensamentos, os jovens enamorados não deixavam de perceber o risco a que se expunham. Entretanto, prosseguiam; Cândida movida por seu temperamento impetuoso, e João Feliciano, sonhando com sua entrada triunfal no Engenho do Socorro, como membro da família. Se Cândida possuísse alguma instrução, por menor que fosse, sobre a vida, teria notado as mudanças no corpo e no olhar de Luzia. Mas nela confiavam cegamente.

Por isso é que João Feliciano ia no seu caminho já com a figura da mucama na mente. Era a primeira pessoa que buscava, quando chegava ao Engenho, para saber como estava o humor da senhora Virgínia. Mostrava-se solícito, sério. Um homem digno de confiança! De resto, era vigiar os gestos de mucama, na expectativa das mensagens que poderiam trazer. Era adulá-la com um ou outro presentinho também e com elogios, nem sempre muito elegantes. E, assim, via já no horizonte apontar o dia em que teria sua senhorinha Argollo, e habitaria o Engenho do Socorro. Valoroso como era, não lhe faltaria oportunidade de provar-se na guerra, na lide do Engenho...

José Joaquim haveria de fazer muito gosto em tê-lo como genro! Ele privaria da companhia dos membros daquela família e de gente alta da Província. Quiçá não lhe caberia até ter suas próprias terras apartadas, doadas pelo sogro que tanto possuía.

Por enquanto, galopava como mensageiro dos Argollo, desconhecido, cruzando as estradas do Recôncavo, ora cheias de palmeiras, ora cercadas de brenhas. Mas tudo haveria de mudar. Em breve, seria um senhor amado e respeitado. Cabia só agir com o cuidado e a presteza necessários. Cabia obter um beijo e uma promessa. Cândida ficaria impressionada com a narrativa da refrega na Vila e ele pintaria com cores vivas sua própria participação nos eventos e sua próxima partida para a guerra que se avizinhava.

Estava esperançoso! Antes da partida, Cândida decerto lhe concederia um beijo como novo penhor de sua paixão. E a sorte, então, entornar-se-ia sobre ele, bela e forte como o braço de um novo senhor.

XXII

Já se haviam passado algumas semanas, quando Virgínia atendeu ao chamado de Luzia, que estava de pé no copiar, com a mão direita sobre a vista. Eram onze horas da manhã e no céu corriam nuvens, mas ainda assim o dia estava um tanto luminoso. Chegando ao copiar, Virgínia fez o mesmo gesto. Na verdade, era o que aquele lugar inspirava a todos fazer: proteger a vista do sol e tentar ver o mais longe possível, até o horizonte ondulado de cerros, por trás dos quais ficavam os mangues. Estando no alto dos vinte e cinco degraus que, pela parte externa, davam acesso à grande varanda coberta e ao primeiro andar, não tinha cobertura e, por isso, ficava aberto sob o céu gigantesco, diante da amplidão verde do engenho... Quando se estava ali, vinha uma vontade de tentar enxergar tudo ao redor, ou de compreender onde terminava a visão humana e começava o pensamento, o conhecimento de lugares distantes que o olhar não alcançava.

Virgínia escrutinou a paisagem com olhos apertados por causa do sol. Ao longe, viu mover-se um fio de gente. Como uma cobra sacolejante no caminho da casa grande. As duas continuaram a olhar em silêncio até que Virgínia soltou, num suspiro:

- É Don'Anna!

Sim. De fato lá vinha Don'Anna para o Engenho do Socorro. Lá vinha ela com seu séquito que parecia um córrego feito de gente, como uma rainha saída de um sonho das Índias Orientais, cavando seu caminho em meio a verdes canas brilhantes e sombras de mangueiras antigas... Sinuoso rio feito de um poder vigilante, o nome quase secular de uma vontade, a ordem, a espada do olhar, força feita arqueada e desmedida em seu corpo, quase disfarçada, pronta a esvair-se, mas ainda viva, renitente. Vinha deitada numa rede carregada por dois escravos, parecendo uma iara velha e, por isso mesmo poderosa. Visão oriental ou indígena. Qualquer entidade onírica! Tudo, menos apenas o que deveria ser...

Seus escravos vinham como botos negros adiante e, depois da rede, laboriosos, carregando os baús e caixas e a grande cadeira de madeira escura e palinha trançada, com seu espaldar alto e entalhado. Don'Anna tinha esse estranho costume de recusar-se a sentar em outra cadeira que não aquela. Quatro negros sustentavam um toldo feito de um tapete oriental, para que a velha viesse sempre protegida, à sombra. Uma escrava caminhava ao lado da rede, trazendo no colo, meio enrolada num pano, a magnífica imagem de madeira de Nossa Senhora das Dores, crivada de punhais prateados e reluzentes, com o rosto retorcido pelas lancinantes punhaladas do mundo. Virgínia conhecia-lhe as feições. Retirada do altar da capela da velha fazenda, saída de seu nicho abençoado, acompanhava sua senhora como uma aia, uma protetora diminuta, para que lá não ficasse à mercê nem dos portugueses, nem de aventureiros.

Luzia olhou para sua senhora e perguntou:

- Tá tudo no de mais conforme. Mas qué que apronte arguma coisa mais, Sinhá? Eu me aligeiro...

- Vou eu mesma à cozinha por ver se está tudo a gosto.

Voltando para dentro da casa, Virgínia olhou ao redor. Sim, estava tudo pronto, limpo, arrumado. Percorreu com os olhos a sala. A madeira escura dos móveis reluzia, as paredes caiadas de branco estavam impecáveis. Seu reino pequeno, o pouco poder que lhe restava: o comando da casa, a ordem das suas alfaias... Estava prestes a tudo perder. Consolava-a apenas o pensamento de que a guerra terminaria um dia. Foi à cozinha, onde as escravas trabalhavam finalizando comidas, bolos e doces. Escravos traziam água do poço para dentro. Luzia pôs-se a abanar o fogo. Estava tudo a postos, mas, para sua própria surpresa, por mais que se houvesse preparado, seu espírito fraquejou e Virgínia sentiu perder a coragem.

- Don'Anna já se está achegando. Agora é que há de ser o mor lavor! O jantar deve ser servido na hora certa. Luzia, apresta-te a arranjar o de comer do povo de Don'Anna.

Virgínia tentava pensar se havia esquecido algo. Naqueles dias, sabendo da chegada de Don'Anna a qualquer momento, havia mantido a casa num estado de suspensão. Mais do que nunca o que se fizera foi limpar, lavar e procurar consertos a fazer. E agora estava tudo pronto. Virgínia ordenou que se lhe chamassem os filhos. Desejava todos reunidos, lavados e escovados, na sala de visitas, esperando a avó. Sentou-se por fim na varanda e pôs-se a esperar também.

A sombra profunda do toldo encobria o velho rosto enrugado. Sem muita dificuldade, levantouse da rede. Era impressionante, de fato. Era um mistério... Virgínia perguntava-se de onde aquela mulher retirava suas forças. Com uma mobilidade surpreendente, foi galgando os degraus, apoiada no braço de sua mucama. Não olhava para os lados. Trazia a cabeça branca erguida, coberta pelo chapéu preto, ao estilo de boneca, arrematado de fitas, preso por um laço ao pescoço rijo que sumia por entre as rendas da gola negra, feitas de bicos finíssimos, como se uma aranha os houvesse tecido para emoldurar seu semblante. Chegando ao copiar, avançou para a varanda. Virgínia estava de pé à porta da sala, esboçando como podia um sorriso.

Don'Anna caminhou olhando para frente e passou por ela, sem dar-se ao trabalho de cumprimentá-la, muda como se guardasse um segredo vitorioso. Virgínia abaixou o olhar e seguiu-a sala adentro. Ali, seus filhos estavam de pé, meio paralisados por aquela visão: sua avó, ali, no Engenho do Socorro, onde poucas vezes pisara os pés.

A velha mirou-os um por um, apertando seus olhos negros para tentar enxergar-lhes as almas, as vontades... para tentar vislumbrar onde haveria algum segredo a ser arrancado, desnudado, desentranhado com a dor que fosse possível causar, para o expurgo do espírito... Era preciso... Seus olhos correram a sala, o teto, as paredes, os móveis e voltaram a pousar sobre os netos. Atrás deles, como se possuísse alguma asa que pudesse estender numa proteção muda, Damásia encontrava-se de pé também, parada, com a respiração um tanto entrecortada. Don'Anna encarou-a. Ali estava então a velha negra, ainda viva e forte! Damásia não abaixou o olhar:

"Muié marvada! Besta fera... T'isconjuro!" - era o que pensava.

"Credo in Deum Patrem... Dai-me forças, ó, Senhor. Afastai-nos do mal desta mulher. Peçonha maldita... Dai-me forças, Senhor, para que eu não peque, desejando a morte da mãe de meu marido." - Virgínia orava, enquanto sentia um vento leve remexer-lhe a barra do vestido.

Sim, este era o fato que todos, num acordo tácito, recusavam-se a reconhecer: a mulher devota, o anjo bom, a alma caridosa... dificilmente seria alguém por quem se pudesse ter um afeto sincero. Seu caráter rígido não permitia falhas nos que a rodeassem. E falhas, ela as encontrava com uma facilidade assombrosa. Por mínimos que fossem, os erros alheios eram apontados com crueza, e a velha parecia saborear por isso uma felicidade sem sorrisos ou talvez um triunfo sobre o mundo. Desde que enviuvara, havia vinte anos, decidira permanecer no antigo engenho da Nossa Senhora das Dores, com o tempo desativado e transformado numa simples fazenda sem muita atividade. Lá instalada, deu asas à perseguição pela perfeição e suas vítimas diárias eram os escravos sobre quem baixavam chicotes e paus. Não deixava, entretanto, de fazer abater sobre a cabeça das outras mulheres da família também, vez ou outra, o peso de seu cetro invisível.

Don'Anna entendia ser necessária a rigidez de caráter porque, sem esta, não a respeitariam. Sendo mulher viúva, decidida a não arredar pé de seu território, de que outra forma protegeria sua honra, seu dom maior? De que outra forma não a denigririam, já que comandava sozinha escravos e empregados? Tratava, pois, de apontar nos outros seus defeitos e de distribuir esmolas, calculando onde derramar sua generosidade, encomendando missas, aceitando a bajulação dos padres.

Assim, admirada e temida, chegara a contragosto ao Engenho do Socorro, decidida a transferir por inteiro seu reinado, a impor mudanças já imaginadas de forma a melhor rebaixar a nora e ressaltar seu próprio poder.

Todos na sala esperavam que uma palavra da matriarca abrandasse o silêncio. Viram-na mexer a mão direita lentamente, que foi se erguendo na direção dos jovens. Era como se uma estátua ganhasse vida e, perdendo sua dormência pétrea, executasse um movimento solene. Assim, de pé, com o braço estendido, teve a mão beijada pelos netos, abençoando cada um com um leve aquiescer feito com a cabeça. Virou-se então para Virgínia e estendeu-lhe também a mão, que Virgínia beijou não sem arquear uma das sobrancelhas, deixando trair seus sentimentos.

Com um olhar, ordenou a dois escravos que depositassem a grande cadeira num canto da sala.

Eles guarneceram o assento de palhinha com uma almofada de veludo e Don'Anna sentou-se.

E o silêncio foi enfim remexido por sua voz rouca e altiva:

- Água!

XXIII

Com a escassez de comida na cidade, a grande preocupação de Domingas, todos os dias, era o que preparar para comer. Vezes havia em que não tinham nada. Seu olhar cruzava o de Manoel Jacintho e era como se pedissem perdão um ao outro pela situação calamitosa.

Nessas noites de fome, Manoel Jacintho subia ao quarto de Francisco e orava à sua cabeceira. Era um milagre que estivesse vivo. Doente como estava, partilhava com os sãos a carestia. Percebia-se que os cuidados de Domingas traziam-no num estado ao menos digno. Mas não era o suficiente. Estava muito magro e, seu rosto, irreconhecível.

Manoel Jacintho procurava passar as noites isolado, acuado num quarto, fugindo da visão de Domingas. Um cálice de licor o ajudava a dormir quando se sentia especialmente agoniado. Saía de manhã cedo, sempre recomendando a Domingas cuidado. Que evitasse sair, ou sequer abrir as janelas.

Não passava pela mente de Domingas aventurar-se pela cidade. Ao menos, dentro de casa, sentia-se menos insegura.

Porém, às vezes corria à Igreja de Nossa Senhora do Rosário dos Homens Pretos, por ser muito próxima à residência de Francisco e por ter ali travado conhecimento com o velho porteiro. Este deixava as portas sempre fechadas, mas segredou a Domingas:

- Quando a minina quiser vir, entre pela porta da direita, que tem a tranca quebrada. Ninguém num sabe, mas fica só encostada com essa pedra. É só impurrá, que a porta abre. Mas vancê num conte isso a ninguém, viu?

Uma vez no templo, punha-se a rezar, a admirar os santos, os entalhes... De resto, durante o dia em casa, entregava-se a pensamentos aleatórios. Vagava por lembranças, cantarolava as canções de Ifigênia, lia a Bíblia como Eugênio lhe ensinara. Limpava a casa, cuidava de Francisco, fazendo descer-lhe pela boca algum alimento que tivesse à disposição: um dia milho cozido amassado. Outras vezes algum mingau. No quintal, mantinha vivas duas galinhas. Eram seu tesouro. Davam uns poucos ovos, mas não todos os dias. Uma mangueira e uma cajazeira ajudavam com o que completar a dieta apertada.

Numa manhã em que, sorridente, havia colhido dois ovos, ouviu baterem à porta. Seu coração pulsou mais forte e foi caminhando em silêncio até a entrada da casa, tentando ouvir que ruídos o visitante fazia. Temia que fossem soldados... Manoel Jacintho narrava sempre o que as tropas portuguesas andavam a fazer: invadiam casas, estupravam mulheres, matavam brasileiros e pilhavam seus bens. Não admirava a Cidade estar quase vazia.

Do outro lado, não vinha nenhum rumor. Esperou. Depois de alguns segundos, ouviu nova batida. Pôde então escutar um choramingo de bebê e uma voz de mulher que procurava acalmálo. Abriu a porta e deu com a figura de uma velha carregando uma trouxa e um menino de colo.

- Bons dias. É cá que se encontra o Padre Manoel Jacintho?

Domingas hesitou em responder. Era possível que Manoel Jacintho desejasse ajudar indigentes ainda que não pudesse ajudar nem a si mesmo.

- Por que vosmecê percura?

- Meu nome é Maria Capitolina de Assis. Ele não me conhece, mas porto mensagem de um seu amigo, que me confiou esta criança e me deixou ordem de procurar o Padre, se carecesse de auxílio.

- O Padre está no hospital da Casa da Santa Misericórida. É lá que ele atende quem carece de ajuda.

- Lá se não encontrava. Disseram que agora vive cá. Minha filha, vosmecê me permita entrar, pelo amor de Nossa Senhora. Foi muito perigo que corri pra vir ter por cá. Saí de lá do Porto das Pedreiras, vim arribar aqui, subindo ladeira com esta criança e a trouxa. Tem soldado bêbedo nas ruas... Pelo amor de Nossa Senhora...

Domingas acabou por compadecer-se e deixou-a entrar. Foram sentar-se na cozinha, onde havia tamboretes e água, que a velha sorveu com avidez.

- Tenho uma história para contar a Padre Manoel Jacintho. Careço muito encontrá-lo! Esteja segura de que ele há de aprovar minha estada aqui.

O dia correu entre conversas; aquelas que se têm quando as adversidades unem desconhecidos... amenidades, o perigo das ruas, as poucas notícias vindas do Recôncavo, os cuidados com o pequeno, a história triste de Padre Francisco, que jazia numa cama no andar de cima, uma visita ao doente, uma manga repartida como almoço

- Eu trouxe o que tinha comigo. Tem feijões fradinhos e uma cebola. Um moço pescador que mora lá no Porto das Pedreiras me vendeu uns camarões que defumava no quintal. Regateei e consegui trazer um pouco. Mas era o último dinheiro que me restava. Agora não sei mais o que há de ser de mim, nem deste menino.

- Padre Manoel Jacintho não há de tardar. Com isso tudo preparo uma ceia de rei; vai sê de se regalá.

Domingas foi acender a parca lenha que economizava, curiosa pela origem daquela mulher e mais ainda pela da criança. Não podia ser seu filho, pois sua idade já era muito avançada. De início, ansiosa para que o clérigo chegasse logo, acabou depois por se concentrar na comida. Olhou para os ingredientes de que dispunha, espalhados sobre a mesa e tentou imaginar como combiná-los. Resolveu cozinhar os ovos e o feijão e ralar a cebola. Depois escorreu o feijão para refogá-lo com a cebola e os camarões e sal e um pouco de azeite de dendê. Sentia a quentura do fogão na barriga, enquanto mexia a panela, cantarolando. Sem saber por que, surpreendeu-se pensando na velha Iyalaxé, nas noites do terreiro do Rio dos Seixos... Ajeitou tudo num belo prato fundo de louça branca com desenhos dourados, que fora buscar num armário da sala de jantar. Sentia-se inspirada, alegre com aquela fartura. Queria alegrar o padre também. Quando terminou, descascou os ovos e colocou-os inteiros por cima, enfeitando. Terminou por verter sobre eles um fio de azeite, para que ficassem também dourados. Ficou satisfeita com o resultado.

Eram sete horas quando Manoel Jacintho bateu na porta da frente. Ele entrou e já foi estranhando o aroma que vinha da cozinha. Estacou ao ver a figura da velha sentada, com um menino nos braços.

- Vossa mercê é quem?

- Boas noites, Padre. - ajoelhou-se e tomou-lhe a bênção - Minha graça é Maria Capitolina de Assis. Venho da parte de Maria Idalina dos Santos. Ou melhor, de seu amigo, Alexandre Teive e Argollo. Este menino é filho dele. Justou conosco que procurássemos vossa mercê, se acaso carecêssemos de proteção.

Via-se que estava trêmula. Seu olhos estavam já marejados e Domingas adiantou-se a recolher a criança de seus braços. Manoel Jacintho abriu mais os olhos a encará-la e ela começou a soluçar.

- Mas que é feito de Maria Idalina?

Entre soluços, Maria Capitolina contou sua história:

- Quando por último esteve seu amigo em casa minha, estava ela já doente, muito tristonha. Coitada... Dera à luz esta criança enquanto do senhorzinho Alexandre não se tinha notícia sequer. Vossa Mercê sabe... moça pobre e desonestada. Depois caiu adoecida. Eu a tinha como filha e, mesmo quando findou o dinheiro que o senhorzinho Alexandre me deu para o quarto que me alugava para acolhê-la... eu... eu segui cuidando, porque gostava dela como filha! Mas ela adoeceu. E eu... Minha vista já se não tem boa... eu costurava de ganho antes... mourejava sem descanso... mas já não podia mais! Ela doente, com a criança. Muita vez não havia o de comer. Quando ela por último o viu em casa minha, por certo pensou que vinha buscá-la. Mas ele deixou dez mil réis e se foi. Deu-nos para a mantença, é certo, todo esse tempo... todo esse tempo... Mas ela ficou, coitadinha, tão desgostada que me talhava o coração. O olhar perdido, não falava... Só cuidava do filho e mais nada. Mal se alevantava da cama... Adoeceu de tristura! Há uma semana, eu acordei pela manhã e ela se não achava deitada. Na sala, a porta estava aberta... Eu saí procurando, chamando, indagando. Ninguém me sabia dizer de Idinha, meu Deus! Que desaventura! Corri a Preguiça, os trapiches. Meu Deus, com tanto soldado malvado na rua, dando pancada em homem são! Quem dirá o que fizeram a minha Idalina... minha Idinha... Não tornou mais. Não tornou mais! Esperei por sete dias. Não tive meio de avisar o senhorzinho Alexandre. Recordei então que enviara um bilhete com seu nome, que era o que tinha por promessa, se acaso ela carecesse de qualquer auxílio, que podia procurar o Padre e que encontraria abrigo. O dinheiro findou. A comida também, menos pelo que trouxe e que entreguei a Domingas que, por caridade, acolheu-me mesmo em sua ausência.

- Sim, me lembra essa história. Alexandre ma confidenciou, antes de partir para se juntar às tropas baienses.

- Então, vossa mercê bem sabe que não minto minha desdita. Eu lhe rogo que me acolha com a criança. Pelo amor de Nossa Senhora! Deixei minha casa pelo desespero e pelo medo que bem faz estar sozinha nesta Cidade como é agora. Em nome de seu amigo e em nome de Nossa Senhora da Conceição! Eu lhe rogo me acolha!

- Vossa mercê pode se apaziguar, que eu lhe acolho, sim. Aqui somos só eu, Domingas e meu velho amigo Padre Francisco, que jaz enfermo. Mas havemos de lhe dar abrigo, e arranjar leite para o pequeno. Aqui os marotos não entram, porque sabem que trabalho no Hospital e cuido de muito soldado lusitano. Por isso me respeitam.

A velha jogou-se aos pés de Manoel Jacintho, beijando-lhe as mãos.

- Que é isso! Mas, ora, alevante-se. Não carece estar assim. De Alexandre Argollo, infelizmente, não sei dizer. Na Cidade já se não tem, nem envia cartas. Tudo o que cai em mão de lusitano é violado e confiscado. E, com tudo que sucedeu nos últimos tempos, quem nos poderá dizer se está vivo ou morto? Teremos que aguardar o fim dessa guerra para ver o que se há de fazer com a criança. Quanto a Maria Idalina, indagarei na enfermaria das mulheres, a ver se por lá andou. Mais que isso, que se poderá fazer...? Vossa Mercê descreva como é e como se tinha vestida e indagarei na enfermaria dos varões, também... se por algum acaso viram moça que se compare.

Domingas havia escutado a conversa de olhos esbugalhados, com o pequeno Alexandre adormecido no colo. Manoel Jacintho mirou-a e riu. Pareceu-lhe a figura de uma Madonna. Ela riu de volta.

- Agora somos nós cinco, Domingas. Terás a companhia de Dona Capitolina, que te há de auxiliar com Padre Francisco. Somos mais bocas e o de comer está raro de se encontrar. Mas havemos de permanecer firmes e bons tempos hão de vir... Deus há de assim desejar...

- Hoje temos uma boa ceia, graças a Dona Capitolina! Vosmecê suba que já levo água morna.

No andar de cima, Manoel Jacintho sentou-se à cabeceira de Francisco para orar, como sempre fazia.

"Meu amigo, vosmecê aprovaria certamente o que estou a fazer. Mas quem saberá o que mais há de vir? E vosmecê aí, inerte. Quanta ironia! Homem ativo, trabalhador! Levantai-o, ó Senhor, que tantos milagres operastes no mundo. Levantai-o para nossa alegria e proteção. Ou findai o sofrimento, para alívio dessa alma caridosa."

Entre as mãos tinha o rosário que permanecia na cabeceira do doente. Uma vela acesa dava ao quarto a aparência de uma cela de claustro. Sua voz seguia cadenciada, no ritmar ciciado de suas rezas. Ao terminar, mirou o amigo e suspirou.

Foi então que, na semiluz do aposento, Francisco moveu a cabeça e abriu os olhos, para espanto extremo de Manoel Jacintho.

XXIV

Uma réstia de luz do sol caía sobre a toalha branca por onde passeava a agulha de Cândida. A tarde estava calma e quente. Ao seu lado, Cândida tinha Luzia que, com sua barriga já pesada, suava meio sonolenta.

Sentadas nas esteiras de palha, parecia-lhes que passariam as próximas horas assim, sem novidades, sem excitações. Mas com o canto do olhar, Cândida percebeu a palha de sua esteira escurecida por um líquido. Olhou o chão ao redor, e estavam todas as esteiras empapadas. Luzia jazia adormecida, com a saia molhada também.

Não tardou a chegar Damásia, que reconheceu o sinal. Foi avisar Virgínia e retornou com a cozinheira e outras escravas, prontas para carregar Luzia até a senzala, onde daria à luz.

A noite adentrou sem que na casa grande se tivesse notícia de como andava o parto. Os senhores imaginavam que Damásia deveria estar atarefada, dando ordens. A certa altura ela retornou, dizendo que Luzia custava a parir e que tinha vindo repousar um pouco. Não tinha mais idade para essas empreitadas.

- A tar Yiá Catarina num está por lá? Apois, é bem sabida. Termine ela o sirviço...

Pela manhã, quando acordavam, os membros da família Argollo souberam que havia mais um pequeno escravo em seu engenho.

- Qual nome lhe vai dar Luzia? - perguntou Cândida.

- Luís, me disse ela - respondeu a escrava que havia trazido o recado.

- Muita conversação por assunto de pouca monta! - interveio Don'Anna que, sentando-se à cabeceira da mesa, parecia comandar o desjejum como a um ritual militar, onde tudo seguia uma ordem, tudo tinha uma função.

Passou-se um dia, e Luzia adentrou de volta a cozinha, com seu filho amarrado a seu corpo por um pano. Trazia os olhos um pouco encovados, mas procurava animar-se. Desde que se lhe notaram a gravidez, já lhe haviam perguntado diversas vezes quem era o pai da criança, mas Luzia calava-se e baixava os olhos. Agora, pensava que, com o correr do tempo, conforme percebessem a cor mais clara do menino, suporiam ser o pai um dos feitores. Que ficasse assim... suposto pai.

Cândida foi à cozinha visitá-la e ver como andava, depois do que, em sua imaginação, parecia ser uma peripécia e tanto. Luzia devia ter mais ou menos sua idade e estava ali, depois de haver passado pelas dores, pelo medo. De pé, trazia seu filho e a Cândida parecia que a escrava o trazia como um troféu.

Aproveitando a saída da cozinheira, Luzia, olhando ao redor para se certificar de que estavam sós, principiou a entabular conversa com a moça:

- Yiá Catarina me ajudô no parto. E dispois me falô muita coisa... Me contô como era na terra dela. Ela num fala a língua de branco muito bem, nóis entende um poco. Mas uma coisa que ela disse eu entendi... Ela falô de vosmecê, nhanhá.

Os olhos da sinhazinha se esbugalharam. Seu coração bateu mais forte e sua curiosidade aguçou-se a ponto de não conseguir conter-se. Contorcia as mãos e Luzia colheu daí um prazer secreto. Prosseguiu, baixando o tom da voz:

- Ela contô que jogô os caurí que ela tem lá, que é o modo de conversá com os deus da terra dela. E ela falô que tinha uma mensage pra vosmecê. Que a deusa Oyá le queria oferecê uma troca...

- Mas que troca pode essa gente ter comigo, Luzia?

- Mais que isso eu num sei, não. Mas pode ser coisa com o moço João. Às veiz, quando uma das nega percisa de alguma coisa, Yiá Catarina joga os caurí pra pedir favô pro Orixá. Vosmecê tinha de havê um meio de falá com Yiá Catarina.

Cândida ficou confusa. Provavelmente uma tal ousadia nunca tivesse coragem de cometer. Ir à senzala era impensável. Sua honra restaria manchada para sempre se fosse pega, e não conseguia atinar o que o pai lhe faria se soubesse. Sua curiosidade arrefeceu diante de um tal obstáculo e Luzia percebeu.

- É coisa de achá um dia, nhanhá. Quando ninguém estiver atentando. Vamo isperá.

Havia uma semana que Cândida não recebia notícias de João Feliciano. Ele deveria vir agora a qualquer dia, trazer notícias de José Joaquim à família. Com Luzia tendo seus movimentos podados pelo filho que carregava, não podia ter certeza de conseguir criar uma situação para vêlo. Cabia agora retornar às tardes calmas, bordar e esperar, farejando como burlar a vigilância de Damásia e a sombra da avó.

O pequeno Luís chorava pouco e era na verdade agradável olhá-lo dormindo, sereno, amarrado à sua mãe. Mas, por proibição de Don'Anna, Luzia não podia sentar-se no gineceu como fazia antes. A velha Argollo achava imprópria, escandalosa mesmo, a visão daquela cria sem pai, concebida, conforme dizia, "sabe Deus por trás de quais matos".

Foram três dias de uma falsa calma, de bordados errados, malfeitos, "dignos de uma mendiga", nas palavras de Don'Anna. Para Cândida, não havia como se concentrar... quando não errava, espetava o dedo ou deixava cair o dedal. Nada daquilo passava despercebido a Damásia, a moça sabia. Talvez a Don'Anna, que com ela convivera pouco, tudo parecesse simplesmente o resultado de uma educação pouco rígida, negligente.

- Com tais bordados, não hás de casar nunca! Que marido quererá mulher de tão pouca prenda. Que vergonha!

Mas a Damásia... Não... Começava a perceber que não a iludiria por muito mais tempo. Imaginou talvez afetar alguma doença, para encobrir o nervosismo. Ficaria então na cama o dia inteiro, fingindo dormir ou olhando para o teto.

Foi quando, com um alvoroço no copiar, chegou o mensageiro vindo da Vila. Ouviu a voz de João Feliciano e, com o coração disparado, respirou fundo antes de caminhar para a sala, como se nenhum objetivo a guiasse. Separados por alguns metros, ela o podia olhar sem demonstrar muito interesse. Júlia, Bernardino e Antônio faziam o mesmo e isso lhe dava alguma oportunidade. Mas ele não podia mirá-la, sob risco de se delatarem.

As cartas que chegavam davam conta da movimentação na região de Pirajá, para onde Alexandre havia sido enviado, e das providências que José Joaquim tomava, junto com outros notáveis do Recôncavo, para garantir a segurança das Vilas. Don'Anna tomou para si a precedência de abrir as correspondências, ao que Virgínia teve que se conter. De relance, percebeu o olhar de Damásia e sabia que a escrava conhecia seu sofrimento.

João Feliciano sempre tinha ordem para esperar que Virgínia escrevesse resposta. Isso lhe dava tempo para pensar, para examinar o ambiente, perscrutar os humores. Sabia da vigilância que pairava sobre as filhas da família e tentava manter seu sangue frio. Procurava não se perder na vertigem de se imaginar senhor daquele ou de outro engenho, casado com Cândida, comandando o comércio de um sem-número de caixas de açúcar. Aquela mulher bondosa, mas distante, seria sua sogra. Aquele seria também seu mundo. Mas também não deixou de notar a mudança operada em todos os semblantes, nas posturas, e custou a crer que aquela velha fosse a responsável. Calculou que aquela fosse Don'Anna Argollo, mulher famosa por sua bondade e preocupação com os necessitados.

- Mui alta Senhora, se Vossa Mercê desejar escrever para seu filho Alexandre, posso eu mesmo portar a carta, posto que serei enviado pelo meu benfeitor, o Senhor Argollo, a Pirajá, para ali estar ao pé do Senhor Alexandre. Assim, sendo que não mais seja este seu servo quem lhe traga as costumeiras notícias, estarei, porém, com seu filho e poderei não só entregar suas cartas como mormente ajudá-lo.

Virgínia acolheu a notícia com certa simpatia, agradecendo ao rapaz. Mas Don'Anna arqueou uma das sobrancelhas. Passou por sua mente que havia algo de errado com o timbre da voz daquele jovem. Havia algo que não ressoava bem... Olhou ao redor, apertando os olhos. Algo estava errado ali, naquele ambiente, e eram aquela voz e aquelas palavras servis a lhe avisarem. Procurou encará-lo nos olhos, mas ele, talvez se sentindo intimidado, tinha o olhar posto no chão.

Os minutos escoavam, rápidos. Cândida procurava sorver a presença de João Feliciano, como se, por respirar-lhe o mesmo ar, pudesse guardá-la dentro de si. Ele, que sempre chegava ao fim da tarde, de forma a poder pernoitar no Engenho, desta vez chegara cedo e Virgínia não o convidaria a ficar. Havia alguma razão para aquela mudança? Procurava manter-se fora do raio de visão da avó. Não sabia como esconder o tremor dos lábios e estava ciente de que, se precisasse pronunciar uma palavra sequer, naquele instante, trair-se-ia de forma irremediável.

Viu-o partir da sala com um semblante meio triste. A tarde voltara a ser apenas um tempo vazio, embora cheio de sol. Tudo estava esmaecido, descolorido. Quanto sofrimento cada minuto traria a partir de então? João Feliciano partia para as trincheiras das Campinas de Pirajá! Que lhe poderia suceder? Que desaventuras lhe poderiam rondar o destino? Que oportunidades teria de vê-lo, de ter notícias? Quanto tempo sem o sobressalto benéfico de sua chegada? Um abatimento caiu sobre Cândida, fazendo pesar suas pálpebras.

Damásia notou-lhe a palidez e perguntou de forma que Don'Anna não percebesse:

- Candinha, minina! Que é que vosmecê tem feito?

Cândida caminhou em direção ao gineceu, suando frio. À porta do aposento, virou-se para Damásia e estancou, olhando-a nos olhos:

- Damásia... Penso que esteja ficando doente.

XXV

A cidade da Bahia localizava-se numa península em forma de "V", dando a leste para o Oceano Atlântico e, a oeste, para o interior da Baía de Todos os Santos. Ao norte da península, fazendo frente ao mar aberto, estava Tatuapara. Do outro lado, no litoral interno, estava a cidade, onde nascia a Estrada das Boiadas que ia acompanhando o litoral até quebrar para dentro do continente. Na exata ponta da península estava o Forte de Santo Antônio, guardando a entrada da barra.

Olhando seus mapas e alfarrábios, os líderes do Recôncavo haviam concluído que a melhor tática para tomar a cidade seria guardar a base da península, sitiando a cidade pelo norte, de leste a oeste, formando um arco, para impedir as tropas lusitanas de receber mantimentos do interior. A principal ligação da cidade com o sertão, a Estrada das Boiadas, deveria ser bloqueada a todo custo. Reconheceram que tal estratégia só poderia ser praticada por meio de guerrilhas. Era impossível bater-se de frente com os portugueses. Seria preciso tirar partido da topografia e da surpresa, por melhor conhecerem os matos que contornavam as últimas ruas mal-habitadas dos arrabaldes. Já se havia lutado assim, com sucesso, quando da invasão holandesa.

Cartas foram enviadas a Tatuapara e ao Rio de Janeiro, narrando a situação e pedindo reforços. Oficiais foram mandados a buscar auxílio na Província de Pernambuco. O alvoroço exilara das Vilas toda a tranquilidade, que agora parecia a remota lembrança de um sonho. A população, desejosa de vingar o ataque traiçoeiro à Vila da Nossa Senhora de Cachoeira, trabalhava com afinco. Pelas ruas do Recôncavo se faziam exercícios, homens fardados marchavam, carros de bois passavam, carregando madeira e ferros para reforçar os acampamentos onde os soldados ficariam entrincheirados, à mercê de ordens dadas com vozes graves.

Como cabia isolar a cidade também por mar, todas as embarcações eram aparelhadas com algum tipo de artilharia. Ordens haviam sido dadas para que se patrulhassem as águas da baía, as angras e a foz dos rios. Trincheiras fortificadas foram construídas nas ilhas da Madre de Deus e na Ilha dos Frades; na Ilha de Cajaíba e na Ilha das Vacas. Em Itaparica.

Conforme ordenado pela Junta Conciliadora de Defesa formada na Vila de Cachoeira, os moradores das Vilas do Recôncavo contribuíam com objetos de metal, que seriam derretidos para se produzirem armas e munição. Mas a população se mobilizava espontaneamente também. Homens associavam-se em companhias milicianas, muitas vezes sem farda nem armas, outras vezes com arcabuzes ou bacamartes antigos, de cuja serventia muito se poderia duvidar. A Companhia dos Pretos Libertos trazia vários homens descalços, outros mesmo com vestes semirrotas. A Companhia dos Pedrões corria fazendas e sítios em busca de munição e qualquer objeto que pudesse se transformar em arma. As peças de artilharia dos engenhos eram antigas e não possuíam nem carretas, nem pólvora, nem balas. Além disso, não havia quem as soubesse manejar e, com tal escassez de canhões, as poucas peças eram objeto de discussão acalorada quanto aos locais onde deveriam ser postadas.

José Joaquim tomava parte na Junta Conciliadora de Defesa, contribuindo para as decisões. Expedia empregados de suas fazendas, com escravos seus, a fim de ajudarem a cavar as trincheiras, nos locais definidos pelo Conselho: Caípe, Marapé, Mataripe, Paramirim, Saubara... Engenho do Conde, Gamboa, Encarnação. E mesmo em Pirajá, Coqueiro, Cabrito, Bate-Folha. Na Ilha de Itaparica, os habitantes entrincheiravam-se também. Cavavam acampamentos em Caixa Pregos, Portinho, Aratuba e na Barra dos Carvalhos.

A produção do Engenho do Socorro estava parada, assim como a dos demais engenhos, apesar de a safra ter sido boa. Mas não se podia esperar muito da próxima, pois quase nada fora feito no plantio. Todo o comércio da região cessara. José Joaquim contava com o dinheiro que possuía guardado em botijas, depositadas sob as tábuas do assoalho de seu quarto, no engenho. Muitas vezes pagava despesas com açúcar, melaço ou aguardente, e percebia que assim a maioria dos donos de terras passara também a negociar. Por vezes, perguntava-se como estaria a situação financeira do Recôncavo quando aquela luta findasse, mas logo se desvencilhava daquele pensamento. Queria concentrar-se nos esforços para vencer os portugueses o mais cedo possível. Era a única forma que via para que antiga ordem pudesse voltar: expulsá-los rápido e retomar a produção de açúcar, tentando aproveitar os preços ainda em alta. Por isso, não media as providências: no Engenho do Socorro, permaneciam apenas os homens necessários para a proteção de sua família e a manutenção da ordem entre os escravos.

Algumas correspondências chegadas do Rio de Janeiro davam conta de que o Príncipe se ocupava de preparativos para ajudar as Províncias do norte. Já estava ele, pois, avisado de que na Província da Bahia o povo aderia ao seu governo e que havia sido aclamado defensor perpétuo do Brasil.

- É como vos disse, senhores! Sua Alteza Real conhece nossas penas. O Rio de Janeiro nos tem como amigos e não nos há de abandonar. Lutarão conosco! - José Joaquim procurava animar os demais. - Vejam o que nos enviam... aqui diz... – e lia a em voz alta a carta recebida - ...a fragata União, as corvetas Maria da Glória e Liberal e o bergantim Reino Unido, este com 200 homens de tropa de linha. Com eles virá o General francês Pedro Labatut para, em nome de Sua Alteza Real, assumir o comando do exército do Recôncavo.

- Mas não é este Labatut contra quem nos avisa o Brigadeiro Domingos Moniz Barreto, por ser aquele um aventureiro que jamais fora militar? - perguntou Antônio Elesbão Pires de Carvalho e Albuquerque. Abandonara seu cargo na Junta da capital pouco antes de Madeira de Melo dissolvê-la. Fora ter na Vila de Nossa Senhora da Purificação de Santo Amaro e depois na de Nossa Senhora de Cachoeira, onde ajudava os esforços baianos, enquanto seu irmão, Santinho, procurava arregimentar forças em Tatuapara.

- Mas se nos vem ele da parte de Sua Alteza Real, que havemos de temer? Se nos trouxer auxílio, melhor será um aventureiro do que nada!

Aquelas discussões iam noite adentro juntar-se às orações da população...

Mas a esquadra enviada do Rio e Janeiro não pôde aportar no Recôncavo, por ter cruzado, na entrada da baía, com reforços enviados por Lisboa. Pedro Labatut fez hastear a bandeira portuguesa para ludibriá-los e passou ao largo, indo tentar desembarcar em Tatuapara. E, assim, a cidade da Bahia acordou, no dia 7 de agosto, com um alvoroço. No porto, diante da cidade, viam-se seis navios portugueses, dos quais desciam 600 praças de infantaria, 100 praças de cavalaria e 50, de artilharia. Depois de 50 dias de viagem, traziam a Madeira de Melo nova esperança de vitória e uma preocupação: abrigá-los e alimentá-los todos, numa cidade já quase vazia, sem mão de obra, onde os víveres escasseavam de forma assustadora.

Também não lhe escapava o fato de que toda a gente da Cidade passada ao Recôncavo ia aumentar o contingente dos revoltosos. Em vão procurava medidas que impedissem os habitantes de fugirem mas, quanto mais tentava, mais os exasperava e mais eles abandonavam suas casas.

Era preciso quebrar o anel que se formara por terra e mar em torno da Cidade. Decidira atacar primeiro as ilhas, mas os sucessivos combates, quase diários, não haviam surtido efeito. Na Ilha dos Frades, a Ponta de Nossa Senhora encontrava-se bem guardada, com os baianos fincados no alto do despenhadeiro. Resolveu então atacar Itaparica, que era maior e mais víveres poderia fornecer, além de que ali havia um grande foco de insurreição que, se sufocado, quebraria a moral dos baianos. Foi planejado o assalto à ilha, no Canal do Funil. Por ali, tendo a ilha como proteção entre si e a baía, aumentava cada vez mais o tráfego de navios vindos das Vilas de Nazaré e Camamu para levar ao Recôncavo farinha de mandioca, carne e peixe salgados. Por isso estava bem guardado o Canal, com gente escondida nos matos das margens.

O ataque liderado pelo capitão português Joaquim José Teixeira, conhecido como Trinta Diabos, deu-se antes do raiar do dia. Suas barcas canhoneiras trovejaram fogo sobre as margens, mas os baianos estavam a salvo, escondidos, e de suas posições revidavam. Os portugueses não os podiam ver e erravam os tiros, gastando sua munição. O barulho atraiu gente de toda a região, que acorreu para ajudar. Mesmo as mulheres se agachavam e rastejavam pelo mato, trazendo água e pólvora. Durante toda a manhã e a tarde, continuou o combate. Com o vento mudando de direção, tornou-se mais difícil ainda o desembarque e a Trinta Diabos nada restou fazer, senão bater em retirada.

A notícia da vitória do Funil logo chegou à Vila de Nossa Senhora da Cachoeira. O povo exultava e seus líderes tornaram-se mais confiantes.

De seu lado, Madeira de Melo lutava para não se deixar abater. Conseguira que os comerciantes portugueses da cidade constituíssem um fundo, amealhando contribuições que chegaram a 50 contos de réis. Mas, se por um lado o dinheiro não podia ser aplicado no que mais se carecia, alimentos, agora os Praístas sentiam-se no direito de exigir manobras e planos de guerra. Madeira de Melo via-se afrontado pelo próprio partido português da cidade e temia que, em breve, surgisse a idéia de depô-lo.

Nos arrabaldes, as pelejas eram diárias. No Garcia, no Bate Folha, em Itapoã, os baianos iam avançando palmo a palmo, escondidos entre as árvores, nas valas dos rios, atirando nos soldados lusitanos que, àquela altura, já temiam a função de patrulhar aquelas paragens.

Do norte, chegaram ao Recôncavo as notícias de Pedro Labatut. Tivera de desembarcar na Província de Alagoas, descendo pela de Sergipe, onde depusera o presidente aliado de Lisboa, e entrando para a Província da Bahia. De fato, em outubro, ele chegava ao Recôncavo com seus homens, estabelecendo seu quartel general nas proximidades de Pirajá. Dali, procurou imediatamente conhecer suas forças e avaliar os batalhões de que dispunha: o de Periquitos, com 300 voluntários; o de Belona, com 400; o de Mavorte, com 300. A milícia da Vila de Nossa Senhora da Purificação e Santo Amaro trazia 500 praças, o Batalhão dos Pitangas, 600, e o Batalhão Henrique Dias, 1.100. Havia ainda o Batalhão dos Couraças, liderado pelo Padre José Maria Brayner, cujos homens se vestiam de couro como os vaqueiros do sertão. Além disso, Labatut trouxera consigo 300 homens de Pernambuco e 400, da Província da Paraíba. Trazia também a notícia, confirmada por cartas recém chegadas do sul, de que em breve arribaria no Recôncavo o Batalhão do Imperador com 850 homens, com armas e munição.

Cabia agora orquestrar toda aquela gente, fazer daqueles milicianos malvestidos, mal-armados e maltreinados um exército. Era preciso criar o senso de disciplina, impor treinamentos. Todos sentiam que uma mudança se operava e no ar se formava uma imagem, um pressentimento que percorria as mentes, mesmo as menos argutas: o embate maior se avizinhava, como uma onda maior e mais sinistra, com sua espuma espessa que poderia trazer às praias da Bahia a liberdade, mas também a perdição.

XXVI

Durante todo aquele tempo, Alexandre empenhara-se ao máximo nas suas tarefas para a organização do exército baiano. Conforme as instruções vindas do Recôncavo, comandara a abertura das trincheiras na parte das Campinas de Pirajá, junto ao Alto do Cabrito, de onde se tinha uma ampla visão da Baía de Todos os Santos e da Península de Itapagipe, da qual sobressaíam as torres da Igreja de Nosso Senhor do Bonfim, no alto de uma colina.

Ali, a cavaleiro da ribanceira íngreme comandara ainda a construção de uma torre de observação. Com a chegada de Pedro Labatut, acatava as ordens que vinham por mensageiros e sentia, com satisfação, renovar-se sua esperança. Nas últimas semanas estivera muitas vezes temeroso, quando examinava os homens de que dispunha para lutar, ou constatava a falta de armas e munição. Tendo que punir alguns atos de indisciplina, vinham-lhe à mente as palavras de Francisco, proferidas na fatídica reunião do solar Argollo: aquela guerra bem podia acabar mal para os baianos. Apesar da boa nova do Canal do Funil, sabia-se da chegada das tropas expulsas do Rio de Janeiro e daquelas vindas de Lisboa; sabia-se da superioridade militar da tropa portuguesa. Eram verdadeiros soldados!

Os dias passavam sob o sol cada vez mais forte. O verão se aproximava. Novembro entrara pelo céu como um cavaleiro iluminado, batizando com sol e uma brisa leve os cerros que contornavam a baía, os arrabaldes da Cidade da Bahia, dourando as praias, produzindo sombras profundas sob as árvores. Os milicianos suavam debaixo de seus arremedos de farda, mantendo as trincheiras bem preparadas, descendo e subindo a encosta com víveres chegados por mar. Alexandre, agora secundado por João Feliciano, que havia sido guindado a corneteiro da tropa, achava-se rouco de tanto bradar. Ele próprio, sem nenhuma experiência de vida militar, fiava-se nas instruções passadas pela Junta Conciliadora de Defesa. Além disso, com o avanço dos baianos mais pelo interior, havia agora uma grande trincheira na localidade de Bate Folha, de onde chegavam sempre notícias, fazendo com que Alexandre se sentisse menos isolado. Mas o fato era que, se o Bate Folha era agora o posto mais avançado dos baianos que vinham do lado do Recôncavo, o Alto do Cabrito permanecia como o posto mais estratégico. Dali se obtinha o máximo de visão, com acesso fácil ao mar, bem como à Estrada das Boiadas. Era o entreposto perfeito para se montar defesa ou para se iniciar um ataque.

No dia 6 de novembro, uma carta chegou a Alexandre, vinda de Tatuapara e assinada por Santinho:

"Tatuapara, a 31 de outubro de 1822.

Mui Estimado Snr. Alexandre Ferrão Argollo,

Dou parte a Vossa Mercê que parto hoje de Tatuapara com tropas em marcha forte. Sigo na direcção do logar ditto do Cabrito conforme ordenança da Villa de Nossa Senhora do Rosário de Cachoeira. Allegro-me por saber que ahi nos encontraremos e que pelejaremos juntos.

Guarde Deos Vossa Mercê e sua tropa.

Coronel António Elesbão Pires de Carvalho e Albuquerque."

- Atrasei-me por ter ido também à Fazenda do Garcia e ao Bate Folha fazer chegar cartas, antes de vir arribar aqui. De Tatuapara até cá são pouco mais ou menos cinco dias de marcha. - disse o mensageiro.

- Então, estão por chegar a qualquer instante!

Alexandre correu a dar ordens, avisando a todos das boas novas. Era preciso abrir lugar nas trincheiras, providenciar mantimentos, construir cabanas de madeira e palha para abrigo de Santinho e de possíveis doentes ou feridos.

Com efeito... Ao raiar do dia seguinte, Alexandre foi acordado com uma cornetada que vinha do alto da torre de observação. Correu a subir e, lá em cima, encontrou João Feliciano e um vigia, apontando na direção das Campinas de Pirajá.

Vindo pelo interior, depois de contornar a Cidade pelo norte, depois de subir e descer morros, atravessar rios, desbravar brenhas, cruzar estradas desertas e arraiais semimortos, Santinho comandava seus homens. Mas a visão que Alexandre contemplava causou-lhe um espanto e fez com que cuspisse um riso de felicidade e incredulidade. De fato, era uma visão estapafúrdia, inacreditável, prova da força e vontade daquele homem, que parecia ter revolvido as entranhas da Província para arregimentar uma tal tropa. À frente, a cavalo, ele e seus ajudantes, seguidos por fileiras de homens de cor pardacenta, que Alexandre entendeu serem pescadores, lavradores e boiadeiros, portando espingardas, facões, varas, uns trajando vestes de couro, estando outros semirrotos, trazendo grandes chapéus de palha. Logo após, fileiras de homens negros, fortes, armados com grandes hastes de madeiras e lanças, alguns também trazendo espingardas e arcabuzes antigos. Atrás, em fileiras mal-arrumadas, índios de corpo pintado, empunhando lanças e arcos, com passos sincopados que faziam dançar cocares que traziam nas cabeças, e colares de contas e penas que lhes adornavam os peitos. Finalizavam o cortejo lentos carros de bois carregando munição. Homens brancos e negros esforçavam-se por fazer rodar duas peças de artilharia: dois canhões meio enferrujados, porém de aspecto bastante sólido. Vinham como um rio colorido, um cortejo fantástico pronto para bater-se no Alto do Cabrito pelas terras da Província, como se, vomitados de uma gruta ancestral, houvessem ganhado vida apenas para aquela luta, decididos a retornarem depois a seu berço pacífico, posto n'algum recôndito sertão ensolarado, rústico e poeirento; n'alguma mata esquecida, onírica, molhada de fontes feitas de silêncio; n'alguma praia primeva, tocada só por franjas brancas de sal e espuma. Alexandre mirava aquele quadro, incrédulo, engolindo em seco por não saber o que pensar daquela marcha insólita, que ia se desfazendo conforme alcançava o acampamento, como se uma gigantesca e invisível cornucópia estivesse esparramando aqueles homens ali, como sobre um grande prato: a fartura de carne e sangue e músculos que se oferecia como auxílio, que bradaria no topo daqueles montes a uma ordem de seu comandante, que seria preciso organizar e disciplinar. Que seria preciso alimentar e talvez devolver à terra... E, do fundo de seu estupor, não deixava de perguntar como se havia cometido a loucura de armar aquela gente e juntá-la toda com ânimo bélico. Negros e pardos, todos juntos, soltos, armados, perigosos!

Alexandre fechou os olhos por uns segundos, sentindo que sua mente guardara a impressão colhida pelos olhos. O vento da manhãzinha remexeu de leve seu cabelo. Sentia a seu lado as presenças de João Feliciano e do vigia; em sua mão, a superfície rugosa da madeira com que se construíra a torre. Ouvia o rumor dos homens, lá embaixo, ruídos metálicos, martelos caindo sobre madeira. O dia estava começando... Perguntou-se o que estava por vir, que sucessos trariam aquele ajuntamento de homens, todos atinando para o mesmo fim belicoso. Abriu os olhos e pôde ver, como uma sombra, a vida da Cidade da Bahia erguendo-se ao sul, depois dos morros, depois da Península de Itapagipe, além das copas das árvores, diante do imenso teatro que era a Baía de Todos os Santos.

Olhou para João Feliciano. Este estava meio espantado e pareceu a Alexandre que lhe servia, naquele momento, de espelho de si mesmo. Tinham poucos anos de idade a separá-los e ali, a condição social não os diferenciava muito. Estavam ambos no alto da torre, postados diante da mesma realidade, carregando as mesmas perguntas. Olharam-se nos olhos por um instante.

João Feliciano perguntou:

- Está pronto, Senhor?

- Sim, estou pronto!

XXVII

Desde a chegada de Don'Anna, a convivência no Engenho do Socorro fora cheia de silêncios. O ar carregava mensagens e sombras ocultavam pensamentos, como lençóis tênues acobertando móveis esquecidos. Cada tarefa era desempenhada com a certeza de que sempre viria uma repreensão: o pó nunca retirado de todo, a disciplina da casa falha, os escravos insolentes, a comida mal feita, os bordados reles. Don'Anna vigiava tudo enquanto comandava a casa.

A isso todos baixavam a cabeça. Seria preciso uma força moral maior para afrontá-la. Seu poder era absoluto, não recuava diante de nenhuma fronteira, quiçá recuasse um dia diante da fronteira da vida. E era nesse pensamento que Virgínia reclinava sua mente, enquanto ouvia preleções sobre quão impertinentes eram seus escravos, o que só poderia se explicar pela falta de sova, e quão indisciplinados eram seus filhos, especialmente aquela Candinha, o que só poderia decorrer da falta de uso da palmatória.

Na noite em que Alexandre Argollo recebia as tropas de Santinho, no Alto do Cabrito, as mulheres estremeceram quando ouviram o ribombar do trovão, ao que Jerônimo e Bernardino se riram. Uma ventania súbita fez abrir uma janela mal-aferrolhada da sala. Damásia foi fechá-la.

Os pratos da ceia já haviam sido retirados da mesa. Os candeeiros da sala de jantar, apagados.

Era hora de rezar.

- Havemos de orar mais esta noute que n'outras. Só Deus sabe o que enfrentam os homens por estas horas e a nós cabe rogar por eles. - disse Don'Anna, em seu caminhar meio curvado mas lépido. Havia alguns dias vinha se sentindo incomodada com um pressentimento que não sabia explicar. Mencionara-o mesmo à nora. Mas, por ser um sentimento vago, ora procurava relegá-lo a um canto da mente, ora o atribuía a alguma desgraça nas Campinas de Pirajá.

Haviam recebido cartas da Vila e do acampamento do Alto do Cabrito. As correspondências contavam os boatos que corriam sobre a movimentação militar na Cidade. Grassavam rumores de movimentação militar, o que aumentava a suspeita de que se avizinhava um confronto. A carta de Alexandre narrava suas tarefas nas trincheiras e contava como João Feliciano, que estava servindo como corneteiro, fora promovido para assim estar mais próximo do jovem Argollo.

Dirigiram-se todos à capela-de-dentro. Em seu nicho, à frente da estátua de Nossa Senhora do Socorro, com seu panejamento de madeira, estava a soberba figura de Nossa Senhora das Dores que Don'Anna havia trazido consigo. Ocupava agora o lugar principal. Virgínia e sua sogra sentaram-se em cadeiras de palhinha postadas diante do grande oratório. À esquerda da mãe, Cândida e Júlia acomodaram-se sobre uma grande esteira de palha, tendo Damásia atrás, sentada num tamborete de madeira e couro. Do outro lado, à retaguarda direita de Don'Anna, estavam Jerônimo e Bernardino, sentados em tamboretes. Olhavam-se disfarçadamente porque ansiavam por escapar da reza e jogar uma partida de gamão prometida desde a tarde. Mas ainda não sabiam se ousariam incorrer na ira da avó. Provavelmente não. Luzia ficava de pé, encostada a uma parede, pronta para receber ordens e aguardando que o olhar de Cândida cruzasse com o seu.

E Cândida... esta tremia por dentro. Esforçava-se para que sua respiração não a traísse. Estava aflita! As notícias que tivera de João Feliciano estavam longe de serem satisfatórias.

O que significava a sua promoção? Estaria assim mais ou menos seguro? Sua angústia mal contida a impelia a tentar vencer qualquer obstáculo e ir ter com Yiá Catarina; saber qual era a troca que lhe estavam propondo; saber o que se podia ver do futuro, talvez? Segurava seu rosário sobre o colo, mas não ousava levantar as mãos. Sabia que estavam trêmulas. Don'Anna principiou as orações:

- In nomine Patris, et Filii et Spiritui Sancto. Pater noster, Qui es in caelis, sanctificetur nomem tuum....

Logo a chuva desabou com grande ruído e o cheiro de terra invadiu o recinto. Assim como Luzia, Cândida não prestava atenção à reza. Apenas repetia as palavras mecanicamente. Ambas sabiam avizinhar-se a hora de ir ver a velha Yiá na senzala. A jovem Argollo sentia-se disposta a enfrentar o medo, a correr riscos, se a velha negra pudesse lhe dizer algo do paradeiro de João.

- Credimus in unum Deum Patrem omnipotentem. Factorem caeli et terrae...

O tempo passava, marcado pelas luzes dos raios e pelo ribombar dos trovões. Chegavam já quase ao fim do Rosário e passavam com avidez conta por conta. Cândida pensava numa forma de burlar a vigilância. Não esperava por aquela reza demorada naquela noite. Decerto teria outras oportunidades, mas não desejava esperar mais. Queria findar aquela agonia, saber onde se encontrava João, se estava bem, se ainda a amava, se retornaria. Luzia mirava-a de quando em vez, numa pergunta meio desafiadora, como se indagasse onde estava sua coragem, incitando-a.

Terminavam de rezar o terço quando se ouviu, ao longe, o som de atabaques. Os escravos cantavam. Certamente dançavam também. Don'Anna ergueu um olhar indignado a Virgínia. Então era assim que se regia o Engenho? Os escravos ousavam fazer suas sujeiras debaixo dos narizes de seus senhores?

- Que é isso, Virgínia? Que conta hás de dar a teu marido quando retornar? É o fim do mundo!

Que findem já essa galhofa!

Jerônimo ofereceu-se para ir colocar em ordem os escravos. Bernardino, solícito, dispôs-se a ir auxiliá-lo. Com sua revanche no gamão diante de si, saiu comentando com o irmão, alto o suficiente para que as mulheres escutassem:

- O senhor nosso pai há de estar mui orgulhoso, porque trazemos as nossas tarefas bem cumpridas! Vamos apor ordem na escravaria!

Luzia viu-se despertada de seus pensamentos pela ordem e correu para a cozinha, afetando uma aquiescência servil. Cândida resolveu não mais esperar. Começou a tossir, fingindo falta de ar e engasgos.

- Que tens, minha filha? - indagou Virgínia.

- Não é nada! - interveio Don'Anna e, dirigindo-se à neta, ordenou - Reza mais que passa!

A moça prendeu a respiração e foi ficando com o rosto intumescido e vermelho.

- Posso ir à janela? Quero tomar um pouco de ar.

- Mas com essa chuva é capaz de te fazer mal a frialdade! – falou a mãe.

- Está abafado e quente aqui! Eu rezo da janela. Se não me sentir bem, posso ir deitar?

- Certamente, mas não demora muito a reza.

Don'Anna não gostou da impertinência da neta e interrompeu o diálogo com rispidez para retomar as orações, esperando que suas ordens surtissem efeito e os cantos da senzala cessassem.

- Salve, Regina, Mater misericordiae, vita, dulcedo et spes nostra, Salve!

Com o andar da reza, Cândida viu-se esquecida, junto à janela semiaberta. Um vento úmido batia seu rosto e sentiu enfim que havia chegado o momento. Estavam todos de costas para ela, no fundo da sala, absortos na compenetração forçada pela figura da velha senhora. Esperava que, se dessem por sua falta, pensassem ter ido ao quarto. Lá fora, a chuva cessara. Cândida foi caminhando devagar pela sala, como se quisesse apenas se sentar numa das cadeiras e foi tomando o rumo da sala de jantar. Dali, depressa ganhou a cozinha, passando esbaforida pelas escravas que perceberam o perigo. Algo estava acontecendo! Os humores dos brancos eram às vezes difíceis de adivinhar e o perigo rondava sempre para os pretos. Então, fingiram que nada viram e apressaram as providências para deixar o recinto o mais rápido possível e desaparecer.

Contava apenas com alguns minutos e precisava apressar-se. Ao dar no terreiro dos fundos da casa, percebeu ter a chuva enlameado o chão de terra. Arrebanhou as saias, pois não teria como explicar a barra suja de terra. A lama dificultava seus passos. Passou pela casa de moeção, que estava deserta àquela hora. Dobrando à direita, viu a senzala à sua frente, encravada no declive. Lá dentro, luzes trêmulas deixavam-se entrever por entre as frestas das paredes meio caiadas, meio cobertas de sapé. Estava tudo silencioso. Com certeza, seus irmãos haviam passado por ali, antes tomarem algum desvio a fim de estar o mais tempo possível longe das orações.

À entrada da senzala, Cândida divisou a figura de Luzia, tensa, com os braços cruzados. A cantoria e os atabaques haviam cessado. O silêncio era quebrado apenas por um choro de criança. Aproximou-se da construção e parou. Deu-se conta do desatino que cometera. Era fato que descobririam sua saída de casa. Mas agora era tarde, tinha de ir até o fim.

- Sinhá Candinha, sinhá Candinha, que Don'Anna há de dizê?

- Vamos, Luzia, agora vamos até o fim. Onde está a velha escrava? Quero falar-lhe é já!

- Apois, é por aqui nhá nhá, mi acumpanhe!

Mas não tiveram tempo de adentrar porque estacaram à porta diante de Yiá Catarina, com seus olhos grandes semicerrados, cansados das visões do mundo. Altiva, barrou a entrada das duas.

Outro escravo, de nome Manoel, atalhou-as:

- Luzia! Vossencê tá portano a disgraça pra nóis! Si a sinhá discobre a sinhazinha aqui vai é tudo nóis pro tronco!

Cândida dirigiu a ele o olhar suplicante. Todo o esforço e risco ameaçavam tornarem-se vãos. A chuva tornou a cair, grossa, com um ruído ensurdecedor. Seu vestido começou a ensopar-se. Trovões ribombavam e coriscos riscavam o céu. A água escorria-lhe pelo rosto e viu então que grande tolice estava a fazer.

Na casa-grande, a reza continuava. Don'Anna resolvera iniciar terço. As vozes eram agora ritmadas, soando como um cântico monótono. Os olhos da velha Argollo, fechados, tinham as pálpebras apertadas. De repente, ela emudeceu e abriu-os. Compreendeu que havia algo errado. Farejava alguma trama. Sim, era isso que pressentia já havia dias. A desonra passeava sobre as cabeças de sua família, estava impregnada naquela casa, estampada nas paredes. Como não se dera conta!? Como pudera ser tão cega!? Vagarosamente virou-se e deu com a sala vazia.

- Quede Cândida!? - e seus olhos apertaram-se, enquanto varriam a sala, dando a seu rosto um aspecto sinistro.

Todos se voltaram surpresos. Ela não estava ali.

- Deve ter ido deitar-se. - disse Júlia.

- Deixe ver se num tá passando bem. - avisou Damásia, levantando-se.

Mas não houve tempo para mais perguntas, porque Don'Anna já estava a meio caminho da sala de jantar. Os outros se apressaram a segui-la. Era incrível como aquela velha encarquilhada podia ser rápida. Adentraram a cozinha, num bando espavorido, seguindo-a como podiam. Virgínia estava sobressaltada. Não sabia o que poderia estar acontecendo e muito menos quem poderia conter Don'Anna em sua ira, se pusesse as mãos sobre sua filha.

Viram-se ao ar livre, açoitados pelo vento e pela chuva de gotas grossas. Era difícil enxergar no escuro, os olhos mal podiam abrir-se por causa da água. Os penteados das mulheres desfaziamse. Seus vestidos dificultavam os passos. Mas, por mais inacreditável que fosse, lá ia Don'Anna Argollo, determinada. Lançou mão de um ancinho que encontrou encostado numa cerca e prosseguiu em direção à senzala. Jerônimo e Bernardino não deviam estar longe, porque logo ouviram a confusão e correram também pelo terreiro, patinhando na lama.

Cândida e Luzia ouviram ao longe as vozes, camufladas por trás do ruído da chuva. Empertigaram-se como se um alerta houvesse soado. Haviam sido descobertas mais cedo do que esperavam. Resolveram voltar correndo pelo espaço aberto que separava a senzala da casa de moeção e puderam ver a velha Argollo vindo em sua direção, apoiada no ancinho e, mais atrás, Virgínia que tombava no chão, enlameada e confusa, rodeada pelos demais que procuravam ajudá-la a levantar-se.

Diante daquela visão, Cândida não conseguiu senão erguer a cabeça e avançar em direção à avó, numa marcha altiva e lenta. Decidira enfrentar a situação com dignidade. Não se curvaria, nem choraria, nem imploraria perdão, nem criaria desculpas que, de qualquer modo, soariam falsas. Ali, no meio do terreiro, separadas por poucos metros, as duas se olhavam, procurando vencer o espaço, cada qual com seu passo e anseio. Foram se aproximando até que, frente a frente, olharam-se de perto, mudas. O olhar de Cândida era frio, mas sua respiração ofegante, trêmula, traía seu medo. Don'Anna tinha os lábios crispados de ódio. Olhou a neta com fúria. Repentinamente, lançou um urro que ninguém jamais imaginaria poder ser produzido por seus pulmões de velha. Um grito medonho de raiva que lhe deu forças para levantar o ancinho sobre sua cabeça. Anteviu-o abatendo-se sobre a cabeça da moça, para trazer a morte a quem ousava desonrar o nome de sua família. Sim, a morte enxaguaria a vergonha, lavaria o nome enxovalhado.

Mas não, o ancinho foi alçado, mas Cândida não sentiu seu peso. Antes que qualquer um pudesse se dar conta, e além do que qualquer um pudesse esperar, um raio ziguezagueou pelo ar e tocou a ponta de metal do ancinho, fulminando Don'Anna ali mesmo, diante dos olhares aterrados da família, dos escravos. Os gritos foram abafados pelo estrondo. O terreiro inteiro estremeceu como se livrado de um peso. O corpo da velha Argollo bamboleou e tombou na lama, com o rosto arroxeado contorcido por um esgar. Estavam todos como que congelados, como que esperando que a estória fosse recontada com um final diferente, menos espantoso, menos cheio de consequências.

Cândida permaneceu de pé, tremendo. Não percebeu quanto tempo se passara até sentir-se rodeada por seus irmãos. Virgínia veio chegando como pôde, amparada por Damásia. Teve de desviar o rosto para não encarar a face desfigurada da sogra.

- Candinha, que significa tudo isto? - perguntava Jerônimo.

Mas a irmã permanecia muda, como todos os demais. Àquela altura, os escravos haviam saído da senzala e se aproximado para mirar a cena com olhos esbugalhados. Os feitores acudiram correndo. Um deles ajoelhou-se junto ao corpo e certificou-se da sua morte. O silêncio foi quebrado pela voz rouca de Damásia, que num tom novo se dirigia a Virgínia:

- Sinhá, sinhá, a senhora viu o que ela queria fazê? Ela ia matá a minina! - rodeando o grupo, aproximou-se de Cândida e a abraçou, em prantos. Sentiu seus joelhos fraquejarem e foi se abaixando, agarrada à cintura da moça, gritando com sua voz soluçante. - Ela ia matá minha minina! Ela ia... Que nem que fez com sinhazinha do Rosário. Que nem sinhazinha do Rosário!

Os jovens se entreolhavam surpresos, indagando-se sobre o que estava Damásia a falar. Mas não foi preciso interrogá-la. Damásia era uma muralha caída, através da qual se entrevia o segredo escuro do Argollo.

- Ela matô a própia fia com uma facada no coração! Ela matô Sinhazinha Maria do Rosário. E agora queria matá minha minina tumbém! - e virando-se para Cândida, prosseguiu - Ela matô a irmã de sinhô Juaquim por causa que ela ia fugi pra casá com um tenente! Ela matô a própia fia! E agora quiria matá vossemecê tumbém, Candinha...

Jerônimo, Bernardino e Júlia buscavam com os olhos a confirmação de Virgínia para aquela estória. Mas ela estava imóvel. Depois de algum tempo, havia reunido forças para olhar o cadáver e agora não tirava dele os olhos. Trazia uma expressão impassível. Por sua mente passeavam já todas as ordens a serem dadas para a realização do funeral, o mais discreta e rapidamente possível. Só depois de repassar em pensamento todos os detalhes, foi que olhou ao redor e viu Damásia soluçando, agarrada à cintura de Cândida.

A chuva cessou, mas a água lamacenta continuava descendo o declive do terreiro, lavando a terra. Tudo e todos haviam adquirido um tom pardacento de barro. O cheiro acre de massapé molhado exalava pelo ar, subindo para fecundar não se sabia o quê.

XXVIII

Naquela mesma noite, a chuva torrencial fazia estragos no acampamento do Alto do Cabrito, mas as nuvens carregadas não chegaram a ir tão ao sul deste, a ponto de incomodar as tropas portuguesas da Cidade.

Os navios ancorados no porto eram carregados com o máximo de silêncio. Segundo as ordens de Madeira de Melo, zarpariam às quatro horas da manhã, contornando a península de Itapagipe e surpreendendo os baianos nas praias ao sopé do Cabrito, ao amanhecer. Tudo tinha de ser preparado em segredo, para que não fosse algum baiano, remanescente na Cidade, avisar os sitiantes.

A situação dos portugueses vinha se tornando cada dia mais crítica. A comunicação com o Recôncavo era impossibilitada pelo cerco. A fonte mais próxima de víveres, as Vilas e fazendas do entorno da baía estavam fora do alcance, a não ser que se conseguisse tomar o acampamento do Alto do Cabrito para dali forçar passagem para a Estrada das Boiadas, para o Recôncavo e o sertão. Isso só seria possível mediante um ataque surpresa. Era a única forma de desestabilizar os baianos, dada a situação privilegiadíssima do acampamento.

Do Palácio do Governo, olhando pela janela em direção a Itapagipe, adivinhava-se o tempo chuvoso no Recôncavo. Sobre o porto viam-se algumas estrelas, mas, para o lado de lá, nada se via. Era uma noite escura, agourenta.

Carregavam-se os navios com barris de pólvora e peças de artilharia. Baionetas reluziam à luz de archotes. Os passos ecoavam nas pedras do calçamento da ribeira das naus, espremida entre o Bairro da Praia e o corpo escuro do Forte do Mar, a redonda massa de pedras cinza que guardava o coração da cidade. O tempo voava. Era preciso correr ainda mais. O tempo de levantar âncora avizinhava-se. Uma febre tomava os olhares dos homens.

Madeira de Melo envergava sua farda. Desceu a colina num pequeno cortejo silencioso. Seus olhos estava fixos no porto, onde seus vasos de guerra aguardavam. Seu destino estaria selado em poucas horas. Ao fechar os olhos, vislumbrava a Glória a vir beijar-lhe a fronte, e rogava uma bênção aos céus:

"Que a revolta infame se esvaia desta terra, ó Senhor. Que se alevantem as fúrias, que se ajuntem as orações de nossos antepassados, que entregaram suas vidas nas vagas do grande mar e nas terras brutas, desconhecidas, para que Portugal tivesse império. Que a coragem e as bênçãos de todos os santos, guerreiros, conquistadores e navegantes estejam conosco agora. Valei-me, São Jorge guerreiro! Valei-me Santo António de Lisboa, amantíssimo patrono! Valeime, São Gonçalo de Amarante, rogai por nós a Nossa Senhora da Assunção! São Basílio de Braga, Santa Iria! Invoco-vos em nome de Lusitânia! É agora que careço que me valeis! Protegeinos, D. Afonso Henriques, que no Campo d'Ourique com intrepidez nos destes a pátria! Valeime, ó fero Nuno, pai da Casa ilustre de Bragança, que em Aljubarrota nos tivestes salvos de tiranos invasores. D. Sebastião, que no desastre do Alcácer-Quibir contra moura espada se lançou com brio, alevantai-vos das brumas e valei-nos na vanguarda! Olhai por nós, Bartolomeu, que vencestes o Cabo das Tormentas! Vasco, que levastes para as Índias a glória lusa! Cabral, que primeiro avistastes esta terra, para que, com a bênção de Deus, fosse por nós povoada e civilizada! Valei-me, valei-me vós que sois os pais deste nosso sangue e que fostes senhores do mar e das terras cheias de brenhas, para além dos abismos do oceano incógnito."

Mil homens embarcados. Mais dois mil e duzentos aguardando no terreiro da Lapinha o sinal para avançarem para a Estrada das Boiadas. Lá, no fundo do horizonte, sobre o Recôncavo, um raio cruzou a escuridão.

<h2 style="text-align:center">XXIX</h2>

João Feliciano preparava-se para dormir, numa rede armada nos galhos de duas castanheiras baixas. Estava encharcado, como todos, pela chuva que caíra, mas que parecia arrefecer. Com a confusão reinante nas trincheiras, depois da chegada das tropas de Santinho, fora promovido a lugar-tenente de Alexandre Argollo. Calculava agora quais frutos poderia colher de sua nova posição. Conquistar-lhe-ia a confiança e mais - a amizade. Ao fim da guerra, o acesso à casa grande do engenho lhe seria franqueado. Estaria mais próximo de uma felicidade perene e confortável. Mas em seu coração havia um peso e tentou examiná-lo para descobrir de onde vinha. Até que se deu conta da razão de sua angústia.

"Falatório mais desagradável... estranho...."

Na noite anterior, passara o posto de corneteiro a um tal Luís Lopes, português de nascimento, que viera para o Brasil ainda criança. João Feliciano não era de dar conversa a quem não lhe interessasse, mas o rapaz pôs-se a falar e narrar como chegara a Pirajá:

- ...e aqui vim arribar, tenente Meneses. Meu pai e minha mãe, deixei-os na vila perto de Tatuapara. São reinóis, porém mais regozijo têm em permanecer aqui, estando o Brasil apartado de Portugal, que em tornar ao reino. E eu muito gosto faço com esta luta. Tenho apenas o peito apertado pelo sonho que tive noute passada. Sonhei que um vento batia as copas das árvores e que lá vinha uma negra linda, dançando, com um chicote numa mão e uma espada na outra. No sonho, ficava eu mui contente, porque me fazia orgulho lutar com aquela espada bonita. O chicote não me fazia gosto... Mas a espada era uma belezura! Tinia! Mas qual nada... o que ela me entregou foi um chifre. E agora fico eu a temer que seja mau agouro, e que a negra fosse o excomungado e que, sem espada, vá eu perecer na peleja

- Vosmecê sabe os toques? - João Feliciano procurava encurtar a conversa. Precisava retornar e cumprir ordens que lhe dera Alexandre.

- Sei, sim, senhor. Meu pai foi corneteiro em jovem, e muita cousa me ensinou desde pequeno.

- Bem, vosmecê tenha responsabilidade! Passo-lhe o instrumento.

Poucas horas faltavam para o raiar do dia e João Feliciano procurava dormir. Mas sentia as roupas úmidas, e, nos pés, algumas frieiras o incomodavam. A conversa com Luís Lopes retornava-lhe à mente e mais uma vez procurava afastar sua lembrança.

Seus olhos pesaram e, na tontura da sonolência, sua respiração foi se tornando mais profunda e serena. Viu-se adentrando o Engenho de Nossa Senhora do Socorro... estava feliz, cavalgando um tordilho e o dia era resplandecente. Via o terreiro em frente à casa e os Argollos estavam de pé no copiar. Porém, repentinamente, tudo mudava... feitores do engenho atavam-no à força a um pilar, rasgavam sua camisa e o chicoteavam. Chorava de humilhação, sem entender como tudo correra errado, porque caíra em danação. Gritava por socorro e já não eram mais os feitores a chicoteá-lo, mas a mulher do sonho de Luís Lopes. Ela urrava, tentando abafar os gritos de João Feliciano.

Acordou sem entender o que estava ocorrendo. Olhou para o céu e viu que a manhã o avermelhava por entre as nuvens. Ouvia gritos, toques de corneta. Alexandre gritava ordens. A artilharia se armava, voltada para a ribanceira. Os índios cantavam e batiam os pés no chão, produzindo um som sincopado. João Feliciano correu para a beira do declive, abotoando a túnica da farda, e seus olhos apertaram-se ao ver os navios portugueses fundeados na enseada, os soldados desembarcando atrás de muitos que, na areia, já entravam em formação, apontando para a colina.

Olhou para trás e seus olhos encontraram os de Alexandre, que empunhava o sabre de seu pai, agitando-o enquanto urlava suas ordens. As trincheiras estavam voltadas para o caminho que vinha da cidade, pois era de onde se esperava que chegasse o ataque. Não haviam imaginado que os portugueses tivessem a coragem de atacar por mar, pela desvantagem que teriam para vencer os 90 metros de subida íngreme. Era isso que se lia nos olhos de Alexandre: a dúvida sobre se seriam capazes de tirar partido da vantagem geográfica, diante da superioridade numérica dos lusitanos, diante da disciplina de seus homens experientes? Saberiam esquivar-se não só da metralha inimiga, como dos alçapões que lhes criava aquela mistura de gente que mal se poderia chamar de exército?

Debaixo de uma mangueira, instalados sob um tapete grosso amarrado em estacas e que fazia as vezes de abrigo, Labatut e Santinho examinavam a situação, nervosos, expedindo correspondências para o Recôncavo, decidindo a estratégia de defesa. Um soldado chegara a cavalo vindo das bandas da Estrada das Boiadas. Ofegante, narrara que os portugueses lá haviam postado a maior parte de seu exército.

Teriam de lutar em duas frentes! Era preciso manter fortes as trincheiras, de qualquer forma, com parte da infantaria e com os batalhões de negros e índios, com seus facões e flechas. Deles, sabia-se, o único auxílio que se poderia esperar seria a luta corpo a corpo. Postariam os batalhões compostos de homens mais experientes à beira da ribanceira, formando linhas de defesa, e de lá tentariam fazer recuar os invasores. Apostando o melhor da tropa naquele ponto, teriam de conseguir impedir a subida da tropa portuguesa ou se preparar para o pior.

Na praia, as linhas de ataque estavam formadas. Foi dada a ordem para iniciar a subida. Os baianos aguardavam. Na primeira linha de defesa, 200 homens agachados, apontando suas armas. Muitos tremiam. Atrás, na segunda linha, mais duzentos, em pé, também prontos para abrir fogo. No centro e dos lados, seis bocas de canhão ao todo mantinham vivas as esperanças.

A marcha começou tão compassada quanto o terreno escorregadio o permitia. Os baianos esperavam que entrassem na zona de tiro. Os canhões foram disparados. Mas eram peças velhas, de pouca precisão. A terra fofa e enlameada amortecia os disparos e pouco estrago se fazia nos invasores. Os disparos da infantaria começaram. Mas, sem treino suficiente e com poucas armas em condições de efetivo combate, muita munição era perdida sem que os alvos fossem atingidos. Os lusitanos avançavam. Antes de chegarem a meio caminho do topo, começaram também a abrir fogo. As balas passavam zunindo, começaram a ouvir-se aqui e ali gemidos de dor. Era preciso substituir os feridos para manter a defesa sem buracos. Maqueiros vinham recolhê-los, correndo de volta para a retaguarda, onde estavam tendas improvisadas.

Alexandre comandava um dos lados da linha de artilharia. Sentia suas narinas arderem com a fumaça quente de pólvora.

Gritava, ordenando o fogo, coordenando o recarregamento das armas, o suprimento de munição. Contava com a ajuda prestimosa de João Feliciano, que corria de um lado para o outro, procurando demonstrar bravura tanto quanto podia. Não havia armas para todos e, assim, muitos dos homens serviam apenas carregando-as para que fossem empunhadas pelos mais experientes, ou mantendo o fluxo do suprimento de munição. Até então, a única sorte com que contavam era a lama que retardava o avanço do inimigo. Pôde ver os portugueses postarem bocas de fogo na praia, mas não teve tempo para temer seu poder. Ouviu um estrondo e logo depois, três metros à sua frente, a terra voou pelos ares. Alexandre foi arremessado ao chão pela explosão e era como se o tempo houvesse parado; um sonho estranho feito de suor e gosto acre de medo. Coberto de terra, incapaz de produzir algum pensamento, era um fantasma sem asas, num voo indigno, lento e humilhante. Impotente, sentiu o próprio corpo encontrar o solo, e grudar-se a ele. Travou o maxilar e sentiu os grãos de terra trincarem entre seus dentes. O cabelo grudou-se-lhe na testa. Apalpou o chão, procurando o sabre. Estava enceguecido e apenas um zumbido profundo enchia sua cabeça, entontecendo-o. Quando conseguiu abrir os olhos, viu que parte de sua tropa estava no chão, também procurando levantar-se. Olhou ao redor e viu João Feliciano inerte, a certa distância. Maqueiros se aproximavam para levá-lo à retaguarda. Aos poucos, o ruído do combate foi retornando e Alexandre pôde reerguer-se. Com apenas um tiro de canhão, um tal estrago havia sido feito! Outros mais viriam. Seu grito fez saltarem as veias de seu pescoço. Era preciso manter a posição! Os portugueses agora estavam perigosamente próximos e seu avanço prosseguia.

A manhã já ia pelo fim e os tiros agora partiam dos dois lados numa grande confusão. Fumaça, terra e gritos enchiam o ar. Entre os baianos, gritava-se por reposição de munição, armas e homens. Mil soldados ganhavam a encosta palmo a palmo e, numa ilusão sombria, poder-se-ia dizer que sorriam, no regozijo sarcástico da vitória humilhante. A certo ponto, restava à defesa apenas recuar alguns metros. Mesmo escorregando e caindo, o inimigo ainda avançava. Tiros de canhão ribombavam, desordenando as linhas baianas. Notícia chegara de que as forças portuguesas da Estrada das Boiadas começavam a movimentar-se. Se não impedissem a chegada da tropa que subia, estariam esmagados entre duas paredes. Restaria como alternativa apenas uma debandada disforme... ou a morte... ou pior: a captura.

Labatut e Santinho viam-se diante de uma decisão difícil. Para manter o Recôncavo fechado aos portugueses, seria preciso ter trazido também os homens que travavam a luta de emboscada no entorno da cidade, espalhados pelos matos, num arco de muitas léguas. E, ainda assim, talvez não fosse suficiente! Seria preciso recuar para algum ponto fortificado e dali manter a resistência. Mas, que local seria esse? A cidade da Bahia estava cercada de fortes, mas o Recôncavo carecia de construções daquele tipo em condições de uso.

Os portugueses não haviam atingido ainda o topo, mas estariam ali em breve. Numa luta na Campina, não haveria chances para os baianos. A batalha em Pirajá estava perdida! Decidiram ordenar o recuo e tentariam fazê-lo da forma mais ordenada possível, a fim de não dispersar os homens. Para tanto, necessitavam ganhar tempo. Se as tropas de Madeira de Melo fossem em seu encalço, precisavam estar preparados para não se deixarem simplesmente massacrar. Ordenaram o deslocamento de homens das trincheiras para reforçar a infantaria. Os índios, impacientes para participar da luta, correram em fila com seus arcos e lanças. Alexandre viu-os postarem-se de pé, distendendo as cordas dos arcos por entre os ombros dos soldados. A saraivada de flechas cruzou o vazio, morro abaixo. Uma delas, numa trajetória improvável, atravessou o pescoço de um soldado lusitano e deixou-o estendido, inerte. Alexandre pôde ver os esguichos de sangue, compassados como se um tambor ordenasse o fim daquela vida. Ritmada morte! Aquela visão impregnou sua mente e soube que talvez, de tudo que vira e vivera naquela guerra, aquela cena seria o que lhe apareceria em sonhos sempre.

O sol surgia, intermitente, por entre as nuvens, ameaçando secar a lama da encosta. A tarde chegava trazendo mormaço e a sensação de que o dia estava perdido. Mas era preciso ainda manter alta a moral da tropa e Alexandre gritava que se mantivessem firmes. Novos tiros, nova saraivada flechas. Tiros de canhão descendo a encosta, fazendo voar a terra fofa e aguada.

Do ponto de onde estavam, os portugueses não conseguiam ainda ter visão da Campina de Pirajá. Por trás do Alto do Cabrito, braço estendido da grande colina da Bahia, para eles o que havia era mistério. Não tinham, não podiam ter certeza do que havia. Quantos homens? Que armas? Aquela débil demonstração de força a cavaleiro da encosta não seria uma armadilha? Era certo que contavam com a marcha vinda pela Estrada das Boiadas, que apertaria os baianos como uma pinça fervente. Mas ainda assim...

De sua tenda improvisada, às duas horas da tarde mormacenta, cada vez mais quente, daquele dia de novembro, Labatut pronunciou a ordem de retirada. Bater retirada... Fugir para não perder o grosso da tropa. E, se suas palavras foram passadas ao ordenança com frieza e desconsolo mal disfarçado, foram ouvidas também pelo vento, pelas árvores. Ainda que houvesse sido sussurrada, nem o badalar de mil sinos impediriam que corressem os ares da Campina de Pirajá. Ele era francês e não sabia que a brisa que sopra naqueles cerros tem um poder.

A brisa da Paraguaçu. A asa que rufla sobre a kyrymuré! O som de um assovio e a ventania tempestuosa. O ciciar das copas de antigas árvores. O soar solene de tambores nas encruzilhadas. O fato é que nuvens encobriram o sol. Parecia de repente que voltaria a chover. Um vento forte e úmido bateu a Campina, levantando folhas. Os homens protegeram os olhos. Labatut e Santinho saíram a céu aberto para contemplar o movimento de recuo. A ordem chegara a Alexandre que olhava, ora para a ribanceira, ora para retaguarda, incrédulo, meneando a cabeça como se não pudesse aceitar a derrota.

Nem aqueles três homens, nem ninguém mais no Alto do Cabrito pôde crer no que se seguiu então. Ouviu-se um grito agudo de guerra e agonia, como se uma víscera houvesse sido exposta, sangrenta, em oferenda, e o vento formasse redemoinhos a envolver os homens. Como uma lança arremessada ao céu, aquele grito subia pelos ares. Alexandre procurava ver qual dos índios o estava soltando. Esperava-se o soar da corneta, ordenando a retirada. Bater retirada... Mas o que se ouviu foi outro toque. Em meio àquele turbilhão, Luís Lopes, o corneteiro, encheu o peito daquele ar remexido de vento. Encheu o peito e troou "Cavalaria, avançar e degolar!" E novamente... "Cavalaria, avançar e degolar!"

De trás da linha de artilharia baiana, um grito coletivo subiu. Soldados avançaram em direção à encosta, com sabres e baionetas apontados. Os negros que haviam se levantado das trincheiras, prontos para recuar, os índios, os sertanejos, todos com seus facões e lanças e flechas e arcabuzes e espadas gritavam e corriam. Alexandre franziu o cenho, tentando entender o que estava sucedendo. Labatut contorcia seu rosto num esgar de revolta. Não! Bater retirada! Bater retirada! Mas Luís Lopes fez soar ainda mais uma vez: "Cavalaria, avançar e degolar!" Não, não havia cavalaria! Não, não havia nem armas suficientes, nem homens, nem munição!

"Cavalaria, avançar e degolar!"

O que os portugueses ouviram foi o toque da corneta de Luís Lopes e o grito daqueles homens. E o que sentiram no chão foi a vibração do tropel de patas poderosas. O vento levantava poeira e era como se uma nova tempestade se aproximasse. Era inacreditável, mas não seria possível ficar e esperar para ver. Principiaram a correr encosta abaixo, numa debandada desordenada. A terra, agora mais seca, permitia que corressem, mas muitos ainda escorregavam e desciam, embolando-se uns nos outros, como uma avalanche. Mil homens, antes prontos para o massacre, agora recuavam ao som da corneta de Luís Lopes e do tropel de 600 homens desesperados que, pela Campina de Pirajá, gritavam agitando o que houvesse para valê-los.

Lá embaixo, incrédulo, Madeira de Melo sentia o suor escorrer-lhe pelas têmporas, enquanto via o mar de fardas que era seu exército descer, como uma maré, do Alto do Cabrito, quase conquistado, para a praia, atirando-se na água. Os baianos tornaram a abrir fogo, começando já a descer também, avançando contra os portugueses. Tiros de canhão agora surtiam o efeito que o medo podia infundir. Flechas voavam, a fumaça voltava a encher o ar.

À beira da encosta, Alexandre estava de pé, ofegante, assistindo à investida ainda sem compreendê-la. Não conseguia pensar com clareza. Passou a mão enegrecida pela testa, afastando o cabelo. Tinha a sensação de que não conseguiriam deixar aquele posto. Seus membros estavam tesos e a troada dos canhões parecia ribombar em seu coração.

Na proa de sua embarcação, Madeira de Melo batia seu punho cerrado contra a madeira da murada. Logro! O pesadelo das vitórias quase conquistadas, mas irrevogavelmente perdidas no último lance. Não seria possível refazer o ataque. Muita munição havia sido gasta. Os homens estavam exaustos. Ainda havia a tropa da Estrada das Boiadas, mas não podia arriscar. Não se conseguia saber, dali, em que condições se encontravam as tropas baianas na Campina. Os primeiros homens chegavam às embarcações a nado e nos botes.

Por um momento, recusou-se ainda a dar como perdida a batalha. Fazer retornar a tropa e melhor guardar a cidade? Esperar os reforços havia muito prometidos por Lisboa? E, se nunca chegassem? Dispunha de 2.200 homens na Estrada das Boiadas... Arriscar-se a perdê-los?

Arriscar e vencer? Estava sozinho para decidir. O risco era todo seu...

Com mil homens cruzando de volta as águas da enseada, a maioria já perto das embarcações, com os canhões baianos já sendo postos ao meio do declive para alcançarem-nas, decidiu recuar. A batalha em Pirajá estava perdida!

Se apenas soubesse ele do que a brisa da Paraguaçu é capaz...

O corpo de Don'Anna foi carregado para dentro da casa grande. Coube a escravas limpar a lama da massa retorcida e enegrecida que era agora a velha, vesti-la e depositá-la sobre uma grande mesa que fora trazida para o meio da sala de estar. Velas foram acesas e colocadas nos grandes candelabros de prata de lei cinzelada, trazidos da capela do engenho.

Virgínia era a única dos presentes que parecia não ter o estômago revirado ao olhar para o cadáver. Seu olhar pousava sobre ele com uma indiferença soberana. Lá fora, ela sabia, escravos haviam ido buscar madeira para preparar um caixão. Seria algo improvisado, desprovido de qualquer beleza ou altivez. Nada de volutas esculpidas, nem alças de bronze. Não... em vez disso um caixão de madeira mal serrada, perfurada com pregos sem estirpe.

Sua serenidade tinha o condão de manter todos sob controle. Todo alvoroço havia cessado. Cabia agora dar as ordens necessárias. Mandar chamar na Vila o marido e Padre Flávio. Mandar avisar depois a parentela. Alexandre estava nas trincheiras, em Pirajá. Não sabia se conseguiria fazer chegar a ele a notícia, a tempo.

Damásia havia sido levada quase carregada, meio desfalecida, escada acima. Cândida mandou deitá-la em sua própria cama e sentou-se à cabeceira, de onde mandava Luzia e outras escravas enxugá-la e aquecê-la. A certa altura, Damásia pareceu recobrar a lucidez e seus olhos encontraram os de Cândida.

- Iaiá... Iaiá. Aquela visage do corredô... Era Iaiá Mariana que veio le avisá pra tê cuidado, minha fia. Ela viu Iaiá Mariana com um moço da Vila, no canaviá de traz da senzala. Deu uma facada no peito da minina! - e começou a tossir. Cândida mandou que fizessem um caldo quente para Damásia. Começou a preocupar-se com a saúde da velha. Mas esta continuou a falar. - Ela disse que não quiria tê fia desonestada. Que muié Argollo desonestada era muié morta. E matô a pórpia fia. Matô a pórpia fia! A família toda calô. Eu calei. Ela matava vosmicê tumbém, iaiá, se num fosse o raio...

A moça colocou a mão sobre a testa de Damásia e viu que ela tinha febre.

- Ai, meu Deus! Havemos de fazer vir um médico da Vila.

- Não! - disse Virgínia que, sem que a filha percebesse, havia se postado atrás dela. - Participarei a todos ter Don'Anna falecido de mal súbito, mas natural. Não carece se veja o estado do corpo. Teu pai e Padre Flávio não tardam em chegar e damos o enterro amanhã de manhã cedo.

A filha intuiu uma frieza reprovadora na voz de sua mãe. Previa já que dali em diante sua vida não seria a mesma e, num recanto de sua mente, podia vislumbrar que tipo de punição poderia se abater sobre ela. Mas, naquele instante, decidiu mostrar alguma firmeza, como se com isso pudesse atestar que sua honra permanecia inviolada e que não tinha nada a temer.

- Então, trato eu de Damásia! Trato eu!

A noite transcorreu assim, sem maiores sobressaltos, com Cândida velando o sono da escrava. Apenas quando José Joaquim e Padre Flávio chegaram, de manhãzinha, a moça ouviu rumores no andar de baixo.

Virgínia viu-se constrangida a narrar ao marido, em particular, o acontecido. Convenceu-o de que seria necessário esconder a verdadeira causa da morte, para que não incorressem no risco de falatório. José Joaquim concordou. Com a confusão da guerra contra Madeira de Melo, o falecimento de Don'Anna não chamaria muita atenção.

- Mas é de fazer ver, Virgínia, que se deu um fato mui grave. Urge agora correr com o convento!

Virgínia assentiu e foi à sala ver Padre Flávio, que já se encontrava instalado numa cadeira, de costas para o cadáver, tomando um cálice de licor. Não se alterou ao vê-la. Tinha um aspecto cansado, enxovalhado, por ter cavalgado toda a madrugada pelas estradas enlameadas.

Continuou bebericando sem cerimônia, enquanto a luz do dia ia banhando o ambiente.

- Carece agora é dizer a missa de corpo presente e dar enterro.

- Na capela já se abriu jazigo no chão, diante do altar. Está tudo pronto.

Às 08:00 horas, sob um céu encoberto, o pequeno cortejo deixou a casa grande pela porta que dava para o copiar, desceu os mesmos degraus que Don'Anna havia subido na sua chegada, cruzou o terreiro enlameado e dirigiu-se à capela, com o caixão à frente, carregado por escravos. Cândida havia deixado a cabeceira de Damásia muito a contragosto, para ir ao enterro da avó e tinha Luzia a seu lado. Com seus chapéus nas mãos, os feitores acompanhavam os Argollos um pouco à distância.

A capela do engenho, de fachada simples e muito bem caiada, podia comportar vinte assistentes confortavelmente. No altar, uma bela imagem de madeira de São Francisco de

Assis repousava num nicho. As paredes eram nuas. Apenas algumas cadeiras de assento de couro compunham o mobiliário.

Diante do altar, um monte de terra escura e úmida exalava um forte odor. Foi ali que Padre Flávio disse sua missa, meio mal rezada, antes de descerem o caixão ao buraco aberto no chão. Os escravos despejaram-lhe a terra por cima, fechando-o. Depois recolocaram as tábuas do assoalho.

Pronto! Don'Anna estava sepultada! Um silêncio pairava e era como se os presentes se perguntassem o que fariam com o vazio da liberdade dos dias que viriam. Sem a sombra que antes pairava sobre suas consciências, o que fazer do que sobrava da vida? José Joaquim teria sua distração, pois além da guerra, a ele caberia cuidar do inventário, fechar a fazenda de Nossa Senhora das Dores (agora, sim, chamá-la-iam de fazenda). Vendê-la, quem sabe, se comprador encontrasse. Mas Virgínia suspeitava de que teria de se acostumar a não trazer no peito o peso da existência de sua sogra. E suspeitava que isso poderia ser fácil, como também poderia ser difícil...

Os presentes foram recuando. Voltando-se para a porta da capela, foram saindo à luz. A sombra fria do interior do edifício ficou para trás e Cândida sentiu a quentura de um sol tímido deitar-se sobre sua testa. Olhou o céu. As imagens da noite anterior vinham-lhe com força à mente quando fechava os olhos. Deixavam-na trêmula. O pai não lhe dirigira a palavra desde que chegara, e não sabia se o faria outra vez, enquanto vivesse.

Caminhando uns cabisbaixos, outros pensativos, não perceberam que Virgínia ficara na capela, mirando o local onde haviam depositado o caixão. Trataria um dia de fazer substituir o assoalho de tábuas por lajes de mármore. Mandaria até preparar uma lápide com os dizeres de costume. José Joaquim haveria de aprovar. Deu um passo à frente e pisou sobre as tábuas que haviam sido recolocadas. Ali ficou um pouco e depois pensou:

"E faço atrancar esta capela. Ninguém há mais de entrar aqui, quando menos não enquanto for eu viva."

As freiras que trabalhavam no Hospital da Casa de Santa Misericórdia viram, com assombro e alvoroço, os soldados portugueses feridos chegarem à enfermaria. Não havia lugar para todos. Muitos tiveram de ser depositados em esteiras. As janelas foram abertas para que o ar circulasse.

As notícias, narradas de forma confusa, não davam conta ao certo do que sucedera, mas correram as ruas da cidade, enchendo de temor e pesar os corações dos lusitanos. Nas residências onde ainda estavam baianos, discretas comemorações levavam-nos a abraços e risos esperançosos.

Não tardou a chegarem a Manoel Jacintho as novas de Pirajá. Ficara animado! Francisco agora mirava o ambiente a seu redor. Parecia mesmo comunicar-se, piscando os olhos encovados. Ao jovem padre e Domingas parecia que afinal a boa sorte retornava. Capitolina deixou-se contagiar por aquela esperança e fazia questão de limpar a casa, as louças e os vidros.

Manoel Jacintho decidiu levar ao Deão José Freire a notícia da melhora de Francisco. Aquele assim o solicitara, quando soubera do ataque sofrido pelo amigo. Pela manhã, deixou a Rua da Porta do Carmo e caminhou até o Palácio Episcopal. Lá chegando, foi informado de que o Deão encontrava-se enfermo.

- Mas o que venho trazer são novas da saúde do Cônego Francisco da Anunciação. Aproveito e faço oração pelo Deão. Asseguro-vos que fará muito gosto em ter comigo.

No quarto, Frei Gabriel dos Anjos estava à cabeceira do Deão, que parecia adormecido.

- Bons dias, Frei Gabriel. Como vais passando?

- Bons dias. Passo como manda Deus, meu caro.

- Que tem o nosso amigo?

- Está febril, mas já tem melhorado.

- Trago novas de Cônego Francisco. Abriu os olhos e tenho comigo que se há de recuperar, embora semelhe um milagre... Mas milagres acontecem, não é assim? Queria informar esta boa nova ao Deão, por serem amigos e por me ter requestado expressamente que não o deixasse sem aviso, se acaso alguma mudança ocorresse em seu estado.

- Como vês, agora dorme. Mas me podes bem ser de serventia. Careço sair por alguns instantes e, se pudesses restar aqui até meu regresso, far-me-ias grande favor. Toma assento.

- Com muito gosto!

Manoel Jacintho sentou-se e, abaixando a cabeça, de olhos fechados, principiou a orar. À vista de Frei Gabriel, procurou disfarçar o quanto lhe desgostava permanecer na presença do Deão, ainda que adormecido. Uma vez a sós com o enfermo, olhou-o com desprezo, mas disso logo se arrependeu. Ia se concentrando novamente para pedir perdão pelos maus sentimentos, quando foi interrompido pelos gemidos do Deão, que suava e remexia os olhos sob as pálpebras. O Padre tomou de um pano molhado que repousava numa bacia de prata lavrada. Espremeu-o para retirar o excesso de água e depois o colocou sobre a testa do doente.

- Gabriel...

"Está delirando, meu Deus! Deve ter muita febre."

- Gabriel... o tesouro... Gabriel! Gabriel! Que fizeste? Os holandeses não lhe puseram as mãos.

O tesouro é meu, agora é meu!

De olhos arregalados, Manoel Jacintho escutava em silêncio. À sua mente veio a conversa que ouvira escondido ali, naquele Palácio. Poderia ficar sentado ouvindo, com o coração disparado. Porém temia que a lucidez lhe retornasse e abrisse os olhos. Que inimigo formidável não ganharia, então! Seria a certeza da perseguição e da maledicência sobre sua cabeça. Se apenas se levantasse e fosse embora, talvez pudesse escapar... Sentia o arrepio da ameaça. Então, bastava aproximar-se daquele homem para que o perigo se apresentasse em forma de sombra, ainda que para isso não houvesse contribuído! Mesmo uma boa ação votada a ele transformavase, num instante, em fonte de medo e angústia! Contra tais pensamentos, e contra seu impulso primeiro, lutou Manoel Jacintho, suspeitando que Deus o levara ali para ouvir algo sublimemente secreto, importante, ardiloso. Como uma porta ou uma parede podem ouvir sem temer represálias, Manoel Jacintho, imóvel, com a respiração suspensa, resolveu ficar. E mais... - O tesouro? Que tesouro?

- Ora... O tesouro, Gabriel! - O Deão às vezes contorcia o rosto como se fosse chorar de impotência. - Está lá, no Mosteiro, sob a Igreja. Tens de ir lá! Os beneditinos não sabem, Gabriel. Só nós... Tens de retornar... Na Capela das Almas... Vai até lá e faze como te ensinei... retira o tampo da mesa e desce. Desce, Gabriel! Desce!

Um tesouro? Um túnel? Na Igreja de São Sebastião do Mosteiro dos beneditinos!? Com um formigamento nas mãos, Manoel Jacintho procurava manter a calma, mas tremia. Se Frei Gabriel retornasse e o encontrasse naquele estado, seria inevitável perceber que sabia de algo. Levantar-se e ir embora seria, por outro lado, considerado uma grosseria, o que poderia também levantar alguma suspeita. Frei Gabriel podia ser submisso ao Deão e até pusilânime, mas estava longe de ser um parvo.

Manoel Jacintho levantou-se ainda indeciso. Foi quando Frei Gabriel, enfim, adentrou o quarto.

- Não ponhas reparo, mas já estou de partida. Cônego Francisco carece de atenção também e o Deão está mui bem servido de amigos. - Esboçou um sorriso, tentando aparentar naturalidade.

- Sou-te muito obrigado! Estejas certo de que falarei ao Deão de tua visita e que ficará mui contente com ver-te novamente, quando se tiver são.

Manoel Jacintho não conseguiu deixar de morder o lábio inferior. Assentiu com a cabeça e saiu. O sol da manhã já estava quente e os passantes iam bordeando as casas e muros para aproveitar a sobra que produziam. Ele pisava o calçamento, olhando as pedras escuras, meio inconsciente dos movimentos que faziam seus pés. Mais do que ao Deão José Freire, temia a si mesmo. Temia aquilo que em si entendia ser uma paixão grosseira, fruto de luxúria. Temia porque de antemão já se dava por vencido. Assim como não havia ninguém que o protegesse da fúria do Deão José Freire, caso esta fosse despertada, não haveria nada que o impedisse de dar cabo aos planos mirabolantes que passeavam em sua mente? Por que prosseguir? E por que não? Não havia mais a asa de Cônego Francisco, mas também não havia mais o olhar severo de sua mãe, nem o chicote de seu pai. Com seu trabalho no Hospital conquistara a garantia de trânsito livre pelas ruas, sem o risco de ser abordado por soldados bêbados ou raivosos. Bastava encontrar uma forma de passar despercebido. Poderia aproveitar-se de alguma balbúrdia? Poderia alegar alguma promessa a São Sebastião? À noite seria melhor, sob a fraca luz dos lampiões? Ou melhor seria durante o dia, às claras, em meio ao vaivém da soldadesca e dos eventuais fiéis? Contaria a Domingas? Que riscos correria, se fosse surpreendido? E o que encontraria, afinal? Um tesouro que não fora tocado pelos holandeses... Algo escondido havia muito, num subterrâneo esquecido... Talvez na biblioteca de Francisco encontrasse alguma notícia do assunto. Alguma história. Talvez conseguisse resgatar o bilhete enviado pelo Deão a Francisco e que ele, Manoel Jacintho, tivera nas mãos, mas não lera por pudor, por modéstia. Aquele momento pareceu-lhe distante e ele próprio, uma outra pessoa, mais escrupulosa, menos temerária.

Quando deu por si, tinha à sua frente a grande fachada da Igreja de São Sebastião. Branca, encimada pelo frontão barroco, com seu triplo pórtico em galilé. Ali estava! Estacou e ficou a olhar.

XXXII

"Villa de São Francisco da Barra do Sergipe Conde, a 14 de novembro de 1822.

Minha Mui Estimada Virgínia,

Na esperança de que a Santa Paz de Deos esteja comvosco e que, se tenha tudo em ordem no Engenho, escrevo por narrar as notícias da refrega a que se deu logar no Alto do Cabrito, há não muitos dias, quando ahi ainda me achava pelo sepultamento de minha mãe. Como taes notícias já devem por ahi ter arribado, e para que não te tenhas afflicta faço logo saber que nosso filho Alexandre tem-se bem, em bom estado de saúde e humor.

Com effeito, por ter sido peleja dura, a que ganhamos por no ultimo instante termos repellido os luzitanos, pela graça de Deos, muitos forão feridos, embora também quizesse Deos que poucos fossem os mortos, prova que faz do mérito que temos nosoutros baienses deante da Divindade. Avizo também, com pesar que pereceo na peleja o bom amigo João Feliciano Meneses. Ao que rogo mandes dizer missa no Engenho em favor de sua alma jovem e que bem obrou pela causa da liberdade em occasioens muitas.

Escreverei mais para teu socego quando mais houver por narrar. Por ora, Alexandre restará em seu posto vez que o commando e defénção das trincheiras não se pode abandonar. Rogo não olvides as missas e que sejão dictas em favor de João Feliciano como da alma de minha finada mãe.

Com o muito affecto que por ti tenho no coração, do teu

José Joaquim Castello Branco de Teive e Argollo"

XXXIII

Domingas notou desde o início a mudança em Manoel Jacintho. Uma quietude perturbada. Uma angústia silenciosa, que deixava seu olhar perdido no teto. Demorava-se mais agora no quarto de Francisco, talvez na esperança de que o amigo conseguisse comunicar-se por algum meio, além de seus olhos de pálpebras semicerradas.

O que Domingas não sabia era que, conforme as semanas foram correndo, Manoel Jacintho aparecia cada vez menos no Hospital. Passava tardes sentado na Igreja de São Sebastião, contemplando com o corpo o altar-mor e com a alma algum poço dentro de si, numa oração muda, que nada pedia, senão forças para sair daquele templo e não mais retornar, esquecer o segredo que palpitava em seu coração. Sentia-se prisioneiro... E, a cada dia, era como se um passo a mais desse em direção àquele poço íntimo. As tardes em contemplação pareciam-lhe pesadelos diurnos, como se adentrasse um escuro claustro e ali espectros do passado e do futuro viessem caçá-lo. Seguia-se uma lassidão, cansado que estava da luta entre temor e ousadia. A curiosidade o fustigava e a cobiça do segredo era uma seta que o atravessava mil vezes. Sentia-se como que atado a um pilar, mártir de si mesmo, de sua própria luxúria, pecado mortal. Assim, atravessado por setas e lanças, trazia a respiração lenta e difícil, entre orações semibalbuciadas.

Tropas portuguesas encontravam-se acampadas no mosteiro contíguo ao templo, mas os monges tinham autorização para ir e vir, prosseguindo com a rotina prescrita pela Ordem.

Pela manhã, a missa dos monges enchia o ar com seus cânticos e, quando findava, deixava para trás um eco na alma de Manoel Jacintho. Às vezes, era o soar das completas que o despertava do torpor e então ele se dava conta de ter já anoitecido. Conforme os cânticos morriam, ele ficava sentindo a melancolia de todas as vidas possíveis, que não haviam sido a sua. O medo e a frieza das lajes de mármore... Aquela angústia alternava-se com um estado de graça que trazia à boca um sorriso e aos olhos um marejamento calmo e abundante. Mas algum tempo depois, tornava ao estado semidelirante, transido de dúvida.

"Erguestes vossas vozes e os peregrinos choraram; vergaram-se as vazadas cúpulas e os ares encheram-se do transbordo de vossas preces, sinuosos cantos sem fim. Sereno, oh! sereno dia em que vos encontrei... no calor fecundo deste templo, no meio da cidade sobre a colina..."

Às vezes caminhava pela Igreja, visitando as capelas laterais. Em frente à nave esquerda, parava diante do altar do Cristo, que carregava sua pesada cruz, com seu suor sanguinolento escorrendo-lhe pelas faces. No chão, diante do altar, o túmulo de Frei José de Santa Escolástica, monge da Ordem dos Beneditinos.

3 D IAN° DE 1814

No adro, lia e relia os nomes dos fidalgos mortos na batalha de 02 de abril de 1625, contra os holandeses.

"...Mestre de Campo D. Pedro de Santo Estevam, D. Diogo Espinhosa, D. João de Otejo, Dom João de Terrablanca, D. Francisco Manoel de Aguilar..."

Estavam todos enterrados no claustro, cobertos por terra e pedra, sem saída. Restava-lhes o silêncio infindável daqueles pátios, a espera sem fim... Mas e o Paraíso? Não havia o Paraíso dos que lutavam pela liberdade de sua terra? O Paraíso dos que haviam matado e morrido no destemor da guerra? O Paraíso que acolheria a alma dos que se mostrassem bravos, dos que haviam sentido suas mãos infligirem golpes mortais? Que Paraíso seria aquele? Que outras câmaras teria, que não a do silêncio de cada um dos dias da eternidade, numa procissão feita somente dos minutos da mais profunda e desesperançada clausura?

"Aos 2 de maio de 1624 entraram os holandeses por esta porta. Aos 30 de março de 1625 este mosteiro foi transformado em quartel general do sul. Onde aos 2 de abril de 1625 os holandeses num ataque imprevisto mataram grande parte da guarnição que foi sepultada no seu claustro."

Seu peito se enternecia quando se lembrava de Domingas. Doce e ignorante dos perigos grandes e reais daquela cidade, daquele tempo. Cabia a ele protegê-la, em nome de Francisco. Cabia a ele protegê-la de sua própria luxúria, do gérmen da desgraça que tomara sua alma e agora ameaçava seu corpo, a cada vez que a via preparar-lhe o banho e sentia latejar o sexo. A cada vez que ela se debruçava sobre ele, para servir-lhe o que de parco houvesse para comer, permitindo que ele sentisse o cheiro de seu corpo. Ou quando seus dedos roçavam desavisadamente a pele negra e macia, nos esbarrões de mãos e braços por sobre a mesa da cozinha.

Manoel Jacintho se desesperava e pensava que estava tudo errado e que melhor seria se desaparecesse, fugisse para algum lugar remoto onde ninguém o conhecesse. Melhor que correr todos aqueles riscos que ele mesmo se impunha. Melhor que sentir a fome e assistir a Francisco definhar e

Domingas apertar os lábios por causa da dor no estômago, nas noites em que não havia ceia. Esquecer-se-ia de suas obrigações, não teria mais vínculos, não teria mais de ser corajoso. Viveria retirado n'alguma paragem do sertão e sentiria o sol sobre sua cabeça até o último dos dias de sua vida. Ou talvez terminasse sepultado sob aquela mesma abadia, reduzido a um nome inscrito em mármore, o qual em breve nada mais significaria a ninguém... O mundo era assim, não? Só o que importava era o dia claro, o mundo dos vivos, com seus afazeres, prendas, guerras e haveres. Um nome inscrito no mármore se lembra por um dia, por dois, por três... não mais. E talvez o próprio Deão José Freire se incumbisse da tarefa de enviá-lo àquele esquecimento... Sim... e, sempre quando chegava a esse ponto, concluía que seria melhor mesmo correr daquela igreja e refugiar-se... mas então as setas retornavam, e Manoel Jacintho sentia-se queimar...

E, então, estacava diante do Altar das Almas, uma minúscula capela, a primeira à direita de quem entrasse. Sua imaginação preenchia o espaço do pequeno recinto para dar-lhe cores, cheiros e sons. Via-se abrindo o tampo da mesa do altar e, nesse ponto, não conseguia prosseguir. O que encontraria?

Precisava ver com os próprios olhos. Precisava saber! E, assim, passaram-se semanas, meses, em que a cidade lutava para sobreviver ao cerco que mais e mais se apertava.

Notícias corriam, ora dando conta de que em breve chegariam de Lisboa reforços tais que decidiriam a guerra em pouquíssimo tempo, ora aventando que Madeira de Melo já ordenara a preparação das embarcações e que, sem víveres e sentindo-se abandonado pelo Rei e pelas Cortes, deixaria para trás a Bahia, a fim de garantir a sobrevivência da tropa.

As guerrilhas dos matos do Garcia já ousavam bordear o Campo de São Pedro. Ao norte, as guerrilhas de Itapoã já desciam até o Rio Vermelho. Dom Pedro, agora Primeiro, Imperador do Brasil, enviara aos baianos o capitão mercenário inglês Cochrane que, com navios vindos do sul, intentava garantir a supremacia brasileira nas águas da Baía de Todos os Santos. O fim da guerra podia ser farejado agora. A maioria já compreendia que os baianos entrariam um dia vitoriosos na cidade, fosse tomando-a de assalto, fosse simplesmente por estar abandonada.

Enquanto isso, num dos bancos da Igreja de São Sebastião do Mosteiro de São Bento da Cidade da Bahia, Manoel Jacintho baixava a cabeça para mais uma oração.

XXXIV

Às vezes, D. Capitolina não resistia e se aventurava pelas ruas, à tarde, à procura de Maria

Idalina, confiando sua integridade física à sua velhice. Perguntava a uns e outros, descrevendo-

a. Algumas vezes chegou mesmo a retornar a sua casa, a ver se por lá a moça tinha aparecido, se deixara algum sinal de sua passagem. Mas nunca obtinha nenhuma informação sobre Maria Idalina, embora sempre voltasse com alguma notícia da guerra, enchendo a casa de esperança.

Nessas ocasiões, Domingas permanecia com a criança. Estava mais contente, agora que Francisco tinha os olhos abertos boa parte do tempo. De vez em quando, pareciam trazer alguma lucidez e ela se perguntava o que estaria ele pensando, ali, imóvel. Contava a ele as poucas novidades diárias, cantarolava, enquanto lhe passava um pano úmido pelo corpo. Sua maior preocupação eram as escaras que haviam aparecido nas costas do velho. Tentava limpálas, mas intuía que eram apenas o aceno de algo muito pior, que Deus houvera por bem adiar apenas. O padre tinha os olhos muito encovados, a pele acinzentada, a cabeça agora quase toda calva, com uns fios finos que ela procurava alinhar. Dizia as orações que sabia, à sua cabeceira. Mostrava-lhe o pequeno Alexandre, contando e recontando quem era ele e como tinha ido parar ali, no sobrado da Rua da Porta do Carmo.

Com a chegada de Manoel Jacintho, a cada noite, ceavam parcamente, mas como uma família. Domingas achava que ele agora a evitava. Estava estranho, mais calado. Permanecia horas a fio no quarto com Francisco e se podia ouvir, do corredor do andar superior, sua voz ciciar preces encadeadas em latim.

Certa noite, ele adentrou a casa com um sorriso. Soubera de fonte segura que Madeira de Melo havia, enfim, ordenado a partida do exército português de volta a Lisboa. De fato, notava-se agora um movimento diferente na cidade. Os víveres, se antes escassos, agora eram mais que nunca preciosos. Os soldados tinham ordens de arrombar, matar, enfim, de buscar de todas as formas alimentos para fornir os navios. Domingas comentou que seria, então, preciso esconder as galinhas, para que não fossem encontradas, caso viessem a dar busca no sobrado também. E D. Capitolina pensou que talvez viessem a enfrentar maiores perigos ainda, pois a tropa estava desesperada. Mas, no sobrado, havia esperança!

Manoel Jacintho sempre desconfiara, e depois acabou confirmando, que havia espiões do exército brasileiro infiltrados na cidade. Bateu-se certa tarde com um homem mirrado, andrajoso, que em nada parecia oferecer perigo. Mas, olhando-o melhor, reconheceu nele um certo José Paes de Almeida, dono de um pequeno negócio de tecidos nas imediações da Igreja da Barroquinha. Manoel Jacintho ministrara extrema-unção à sua mulher, que morrera, por fim, após o que o marido iniciara, ainda na presença do padre, seus preparativos para uma fuga. Isso havia acontecido oito meses antes. Dissera que dava enterro digno à mulher, mas que não tardava em rumar para o Recôncavo, onde tinha parentes e pretendia juntar-se ao exército.

O clérigo assustou-se quando o viu, e pensou que o homem havia enlouquecido naquele meio tempo, ou que alguma desgraça lhe havia sucedido. Mas José Paes de Almeida olhou-o com bastante lucidez e até dureza e ordenou que continuasse caminhando à sua frente. Sabia que o clérigo era homem de confiança, sabia de sua ligação com Cônego Francisco. Atrás de um muro, num beco do bairro de São Pedro, declarou que o exército brasileiro já estava ciente dos preparativos para a fuga de Madeira de Melo e que uma invasão era iminente. Se conseguissem organizá-la, seria melhor que os habitantes ficassem reclusos, protegidos ao máximo, pois as ruas da cidade poderiam ser transformadas num grande campo de batalha.

Tais informações agravaram o estado mental de Manoel Jacintho. O Deão Dom José já deveria estar a par de tudo, com certeza... E deveria estar tomando suas providências para apoderar-se do tesouro do Mosteiro de São Bento! Sentia-se tonto. Voltou à casa como um autômato. Seus pés caminhavam pelo Terreiro dos Jesuítas, mas seu espírito vagava pelos corredores do Mosteiro, descia escadarias, enveredava-se por túneis, esquivava-se como uma sombra.

- Nhonhô quer que le prepare um banho? - Domingas perguntou, naquela noite. Manoel Jacintho tinha o olhar perdido no teto da sala de visitas.

- Obrigado, Domingas. Quero, sim. Vou subindo...

Não havia lenha que permitisse esquentar água, então aqueles banhos eram mais raros e sempre com água fria. Ao entrar na tina, no quarto iluminado apenas por uma vela bruxuleante, ele encostou os joelhos ao peito e deixou-se ficar pensando. Precisava encontrar uma forma de chegar ao tesouro antes que o Deão o retirasse, ou pior, que os portugueses o descobrissem.

Não escutou os passos na escada, nem o ranger da porta se abrindo. Quando deu por si, Domingas estava de pé, a seu lado, com uma toalha de linho estendida. Ele levantou-se e olhoua de frente. À luz fraca da vela, a pele da moça brilhava como uma seda e ele podia ver a sombra de seu seio sob a roupa. Ela abaixou a toalha e os olhos do padre enevoaram-se. Sua mão pousou dentro da bata de Domingas, e aquela carícia morna foi abrindo caminho em sua alma. Ela principiou a enxugá-lo com a toalha, mas logo pousou um beijo em seu peito, e outro e mais outro, ao que Manoel Jacintho, já sem controle, comprimia os lábios para não gritar. Era um pouco como se perdesse a consciência, invadido por êxtase e medo; as mil setas voltavam agora furiosas e um formigamento lhe corria as coxas e as virilhas. Não havia pensamento que pudesse identificar, havia apenas os lábios de Domingas, e seu seio firme e macio, e as sombras de dois amantes refletidas na parede como uma pintura mágica. Lá, na parede, eles se amavam com ternura e se fundiam, tornando-se uma só sombra oblonga, sem identidade. No mundo da luz trêmula, ele a penetrava devagar e permitia que o prazer o inundasse, deixando escoar para longe os temores, os vestígios de felicidades outras, possíveis, porém nunca realizadas... Plantas mortas no lodo do fundo de um lago escuro; escombros submersos de cidades perdidas; o túnel que descia até a câmara reluzente, onde ouro e prata e pedras preciosas o aguardavam... O teto abobadado cheio de reflexos luxuriantes; as figuras de santos entalhadas em madeira policromada, cravejadas de pedras... Os santos... Eles o viam chegar pelo túnel. Estava nu, com seu membro ereto e úmido! Sentia vergonha, mas mesmo assim não se retirava e percorria com os olhos os baús repletos de moedas, as mesas cobertas com tapeçarias antigas e aparatos sagrados em prata e ouro. Incensórios, sacrários, salvas, cálices! Porém os olhares dos santos eram acusatórios. Habitadas por um sopro de vida, as imagens reviravam seus olhos de vidro, moviam os braços apontando-o, apontando o seu pecado; abriam suas bocas em esgares de reprovação e repulsa; franziam seus cenhos, horrorizadas! Ele olhava seu próprio corpo e sentia vergonha, mas não conseguia deixar de trazer seu membro ereto. E, em meio àquela vexação, de lá do fundo da câmara, vinha a face de sua mãe, fria como quando a contemplou pela última vez, no caixão. E o rosto compungido de Berenice, amargando seu castigo. E os rostos de todos os santos corriam o ambiente como a espiral da fumaça do incenso nas igrejas desertas de algum país perdido. Como num gozo solitário e dorido, o ar penetrava os pulmões daquele homem, deixando-o arfante. Suas feições se contraíam e à luz dourada, subterrânea e incerta daquela vertigem, ele abria os braços e se entregava. Medo e morte! Obscuro transe! Vergonha, vexação e prazer em ondas, onde portas se abrem, quando deveriam permanecer cerradas. A vida...

Subitamente, como se estivesse pairando nas alturas e caísse com grande susto, foi arrastado de volta ao quarto por fortes batidas no andar de baixo. Gritos e rumor de metais. Os olhos de Manoel Jacintho encontraram os de Domingas. Ela estava lívida. Alguns segundos mais se passaram antes que compreendessem o que se passava. Ela correu para a escada, suspendendo a bata. Ele envolveu-se numa colcha e seguiu-a.

Os soldados arrobaram a porta e foram adentrando o corredor, em direção à cozinha, onde D. Capitolina chorava, apertando o pequeno Alexandre contra o peito. Manoel Jacintho tentava manter alguma altivez, ciente de que sua imagem, molhada e enrolada numa toalha, não transmitia nenhuma dignidade. Mudos assistiram ao saque ao quintal. Os portugueses correram os quartos, reviraram baús e gavetas, levando o pouco que restava de dinheiro, restos de farinha de mandioca, um pedaço de queijo e as galinhas, que com cacarejos lamentavam seu destino, deixando o ar revolto de pequenas plumas.

Como um pé de vento que tudo destrói antes de desaparecer, chegaram e partiram, deixando apenas desolação. O padre tinha a cabeça baixa entre as mãos crispadas.

- Que havemos de fazer agora? Que é que nos restou? Sem o de comer, como havemos de ficar? - perguntou D. Capitolina, entre soluços.

O padre permanecia mudo. Domingas foi até um dos armários da cozinha e, de dentro de uma moringa vazia, retirou dois tostões. Manoel Jacintho olhou-a com piedade.

- Isso não será de nenhuma serventia, Domingas. Bastaria quando mais para um repasto e só. E ainda que bastassem para tantos dias quanto não sabemos, não resta mais nada na cidade!

Agora andemos a rezar para que se liberte a cidade sem tardança, ou não sei que será de nós.

Mas se algo houvesse que pudesse ser comprado, ele sabia pelo menos onde encontrar dinheiro. Talvez pudesse salvar aquelas cinco bocas, correndo os mais riscos que houvesse. Naquele instante, a última vela que havia no andar de baixo do sobrado findou, com um fio de fumaça, deixando as cinco bocas no escuro.

XXXV

Foi com olhar imóvel que Cândida recebeu a notícia trazida pela carta de seu pai. Estava sentada à cabeceira de Ifigênia, que agora já se encontrava mais recuperada. A moça levantouse, com as mãos apertadas contra o peito e caminhou até a janela. A velha acompanhou-a com o olhar, lendo toda a verdade de seu sofrimento. Só agora percebia o que lhe deveria ter sido óbvio e principiava a culpar-se.

- Iaiá... Iaiá...

Mas Cândida não ouvia. Em sua confusão mental, tentava conter o choro e não sabia como. Veio-lhe um espasmo e levou a mão à boca, soluçando. Não percebeu que Damásia vinha a seu encontro, ainda que com alguma dificuldade, para pousar as mãos em seus ombros, encostar o rosto ao seu e dizer baixinho:

- Iaiá... Em caso de morte é sempre Deus que manda. É sempre essa dor e é isso a vida. Fica um silêncio, um vazio, uma sodade... Fica os dia sem cor, sem a mesma vontade de acordá. Mas é a vida, e os dia vai continuá a passá, mesmo que nóis não qué. – sua voz era um sussurro, ou mais que isso... era como uma canção de ninar alisando a alma da moça, uma carícia, como quando, pequena, caía e vinha Damásia lhe soprar o machucado e lhe fazer um pouco de graça para que sorrisse.

Mas aquela era uma ferida diferente, não? Não havia o que pudesse ser dito. Cândida não respondia, apenas soluçava...

"Meu Deus, por quê? De que servirão os dias agora? Tive a crença, Senhor... tive a crença num futuro venturoso, onde tudo me sorriria. Agora está tudo pálido! Não supunha pudesse haver uma tal dor. Quanta ilusão! Quanta ilusão! Tanto sonhei ser feliz, Senhor... Tanto pedi... Tanto arrisquei... E, onde estará ele? Que balaço o apartou de mim para sempre? Maldita guerra! Malditos portugueses! Maldigo a tudo e todos! Maldita seja essa mão que se levantou contra o meu amor para levá-lo de mim!"

Damásia parecia adivinhar-lhe os pensamentos e teve medo de que cruzasse a linha em que tanta amargura lhe banhasse, que viesse a blasfemar.

- Não maldiga Deus, minha fia! Nenhum homem merece que uma muié se vorte contra Deus, porque é Deus que sustenta.

- Damásia... se pudesse, lutaria eu também! Se pudesse... eu estaria lá, interpunha-me para protegê-lo, tomaria de armas e sabres e pistolas... Não tenho medo! Não temeria perecer assim. Mas temo a sombra sequer desta dor. É esta imolação, este punhal que arrenego e ele está aqui e não me deixará nunca, nunca e mil vezes por dia há de alembrar-me da sua presença.

E olhando pela janela, Cândida viu a paisagem do engenho e quis poder alçar voo pelos cerros, pelas matas. Sentiria o vento em seu rosto e talvez isso lhe trouxesse um pouco de consolo. Ou talvez desejasse lutar como a deusa de Yiá Catarina, que corria os céus, cortando a vontade dos homens com seus raios e suas ventanias. Queria voar de encontro ao sol, como se assim pudesse lavar-se daquele luto e reencontrar um dia que se havia passado. Chorava pelo amor caído nas Campinas de Pirajá; pela vida que não possuía tanta luz quanto desejara; pelo futuro, que agora traria sempre uma nódoa; pelo abraço de Damásia, que a rendia, remetendo-a a algum minuto esquecido da infância, alguma lembrança profunda, emergida agora do silêncio do coração.

Mas ali ficou, como uma promessa não cumprida. Encostada à janela, sentia o braço de Damásia enlaçá-la por trás, embalando-a numa canção apenas adivinhada. À porta, assomou Luzia que viu a cena com olhos arregalados. Não teve coragem de se aproximar. Baixou o olhar e deixou-as a sós.

XXXVI

Havia uma pergunta que Madeira de Melo se fazia todos os dias, desde que a evacuação da cidade deixara de ser uma questão de escolha:

"Trezentos anos de império estão por despenhar-se. Se tudo não se perdeu antes, com espanhóis, holandeses e franceses batendo-nos pela frente e pelas costas, por que a ruína agora? E justamente pelas minhas mãos!! Por quê?"

Tal pensamento enevoava seus dias. Sentia-se malfadado, como se sobre sua cabeça pousasse uma mão negra e férrea. Mas nem por isso deixava de cuidar das providências para o embarque. Era preciso fazer subir às embarcações o essencial para 40 dias de viagem: lenha e água, e o que pudesse ser reunido de alimentos. Seria uma viagem dura. 4.000 homens de maruja, 1.400 empregados que serviam as tropas, as quais somavam 6.000 soldados... além de comerciantes e outros cidadãos portugueses que intentavam retornar ao reino com suas famílias. Madeira de Melo tinha diante de si a tarefa de embarcar 12.000 pessoas, subindo primeiro os doentes e feridos, que se procurava acomodar como possível. Com grande cuidado, as guarnições das trincheiras, que defendiam os arredores da cidade, iam recuando, de forma a não deixar aos inimigos entrever a retirada. O exército português ia aos poucos se concentrando na cidade, formando uma grande massa cansada e meio faminta, que aguardava só uma ordem para desfazer o caminho de seus antepassados, cruzar de volta a ponte fluida e traiçoeira, deixando atrás de si sua língua e sua semente que por trezentos anos haviam vicejado naquela terra.

Viu-se interpelado, por cartas e visitas da Junta Governativa e de comerciantes lusitanos, a declarar o dia do embarque. Mas cabia tergiversar. Se a data que tinha em mente se tornasse pública, era certo que os baianos invadiriam a cidade e a evacuação digna, que vinha planejando, tornar-se-ia um desastre.

Madeira de Melo sabia que os comandantes baianos estavam bem informados. A fome que grassava no lado português era conhecida no Recôncavo. Por isso, o exército baiano já o havia intimado a capitular. Porém, ceder traria uma mácula irremovível à sua reputação. Decidiu ignorar a intimação contida na carta do Coronel José Joaquim de Lima e Silva, o novo comandante das forças baianas, agora chamadas de Exército Pacificador e engrossadas por homens e armas enviadas por D. Pedro I.

No Recôncavo, às graves dificuldades materiais somavam-se as intrigas. O governo interino da Vila de Nossa Senhora de Cachoeira batia-se com o General Labatut, pois este, encarregado pelo Imperador de levar a cabo a expulsão dos portugueses, impunha forte disciplina às tropas formadas em grande parte por sertanejos humildes, caboclos e escravos que lutavam pela promessa de alforria. Por isso, era acusado de crueldade e barbárie. Quando se achou num engenho dois potes, contendo ouro e prata no valor de 160 contos de réis, Labatut deles se apoderou para cobrir as despesas enormes do exército, ao que os governantes do Recôncavo se opuseram.

A verdade era que o prosseguir da guerra exasperava a todos. Assim como os Praístas exigiam de Madeira de Melo uma estratégia que sufocasse sem demora o levante baiano, o governo do Recôncavo exigia que Labatut irrompesse pelas trincheiras lusitanas a todo custo e invadisse logo a cidade, porque se temia a chegada de reforços europeus a qualquer momento. Mas o general não admitia dividir o poder, quando o assunto era estratégia militar. Para afirmar sua autoridade, destituía e nomeava oficiais para cargos no exército, preterindo muitas vezes membros das grandes famílias, que viam seus brios tocados. A oposição a ele crescia, ainda que fosse bem sucedido ao apertar o cerco à Capital, ao criar uma terceira frente, pelo interior da península, de onde comandara pessoalmente ataques pelos serros da Brotas.

Tendo sido avisado de que um motim se preparava, liderado pelo Coronel Felisberto Gomes Caldeira, que retornara da prisão em Lisboa, Labatut ordenou sua detenção. Mas era tarde... Outros oficiais aderiram à sedição, libertaram o Coronel Felisberto e depuseram o general francês. O comando do Exército Pacificador passou assim ao Coronel José Joaquim de Lima e Silva, jovem oficial que iniciava destacada carreira no Rio de Janeiro.

Enquanto isso, a fome a tudo permeava no lado brasileiro. Não havia medicamentos e os acampamentos não eram sequer dignos de tal nome. Todos os recursos da Província haviam sido devorados pela guerra. Nem se plantava, nem se colhia, nem se fabricava mais nada. Não havia mais comércio. A guerra tomava todas as forças e se consumia a si mesma. Não seria possível prosseguir por muito mais tempo.

Pelos campos, esmagada entre os dois lados, vagava sem destino uma populaça esfaimada, fugida da cidade. Eram os fracos, pobres, doentes, velhos e crianças desesperados que não encontravam sequer o que saquear para saciar uma fome que já durava meses. Não havia a quem recorrer, nem onde se abrigar. O céu chuvoso do outono deixava os caminhos enlameados. Doenças se propagavam, sem que nenhum cuidado se pudesse esperar. A massa indistinta, desgrenhada, de olhos esgazeados, era uma zona cinzenta entre os dois mundos que se apartavam; fenda móvel oriunda de um terremoto, ora bordeando os rios e mangues, ora rumando pelos caminhos das campinas, cavucando raízes, consumindo frutos magros e insossos. Eram eles os milhares de perdedores, quaisquer que fossem os vitoriosos naquela guerra.

Enquanto isso, as praias da cidade da Bahia se revolviam com o movimento das tropas portuguesas. Em seus cais empilhavam-se barricas e caixas. Naus, fragatas, brigues, escunas, sumacas, barcos de comércio armados em guerra, como grandes estômagos sôfregos, enchiamse de víveres e homens. Do alto da grande colina, Madeira de Melo contava e recontava seus planos, dava ordens e contemplava sua armada. Sabia que em Portugal só desonra e censura o aguardavam. Sabia que nenhuma palavra de consolo viria a seu encontro para adoçar o porvir. Nenhum remédio haveria para o réprobo que perdera a Bahia, que dela saíra meio fugido, com fome, batido por homens a quem, na Corte, reservava-se apenas o desprezo. Por isso, seria ainda mais desprezado ele próprio.

Ali perto, no Palácio Arquiepiscopal, O Deão Dom José Freire terminava de ditar a carta que pretendia enviar, no dia seguinte, ao Arcebispo, notificando sua partida com a tropa e o abandono da sede da Bahia. Como todos que tencionavam seguir com Madeira de Melo, desconhecia a data da partida. Garantira seu lugar num dos navios com a paga de uma quantia que considerou indecorosa por tão alta. Com isso, considerava-se, na verdade, arruinado, pois usara todas as economias juntadas naqueles anos de assuntos e negócios escusos. Agora, aguardava ser chamado, fosse no dia seguinte ou dali a uma semana, não mais que isso. Entretanto, mais que nunca seria preciso chegar ao tesouro, senão chegaria ao reino em estado de penúria.

- Cabe agora, Gabriel, provar uma última tentativa. - a agitação que o tomava não fazia tremer sua voz, mas deixava suas mão irrequietas - À noite, vamos à igreja de São Sebastião e lá ficamos. Deve estar vazia, posto que a soldadesca, aquartelada no Mosteiro, já se retirou. Traze contigo os trastes que sejam precisos para abrir passagem e alumiar o caminho. E traze também sacos, quando menos dous, fortes e novos, que ouro pesa!

XXXVII

No início da noite de 30 de junho de 1823, sob chuvisco, Manoel Jacintho caminhava, levando em seu bornal um pé-de-cabra e duas velas. A grande ladeira, que subia da antiga porta de Santa Luzia em direção ao Mosteiro de São Bento, estava deserta. As tropas estavam todas no Bairro da Praia e espalhadas pelos cais, ocupadas no ofício de carregar os navios. O pouco que restara da população não ousava sair de suas residências e expor-se a perigos. O padre ia em seu caminho como um fantasma. Saíra de casa, prometendo a Domingas que retornaria logo.

Tomara todas as precauções para ocultar que uma aventura extraordinária o aguardava.

Entrou no templo sem dificuldades, pois as portas ainda estavam abertas. Faltava pouco para soarem as sete horas e os monges logo assomariam ao templo para as orações das Completas. Escondeu-se na capela de Santa Gertrudes, num vão atrás do retábulo. Ouviu os sinos soarem as horas e logo os passos calmos dos monges sobre o chão de mármore. Não pôde se furtar a ouvir com atenção o rito, que conhecia bem. Aos poucos, sua mente foi se perdendo na diatonia dos cânticos. Ouviu a Salmodia, enquanto percebia gotas de suor correrem-lhe o rosto. O Cântico de Simeão ecoou pelas paredes, subindo pela cúpula:

"Nunc dimittis servum tuum Domine secundum verbum tuum in pace quia viderunt oculi mei salutare tuum, quod parasti ante faciem omnium populorum..."

Num estado quase febril, aguardou que findasse a Antífona a Nossa Senhora e, trêmulo, escutou os monges se retirarem. O último deles fechou as portas que davam para a galilé, baixando as barras de madeira para travá-las. Esgueirou-se para fora do esconderijo. Círios acesos nos altares forneciam alguma pouca luz. Acendida uma das velas que trouxera, cruzou o espaço que o separava do Altar das Almas. Removeu com cuidado a toalha do altar e pôs-se a tentar demover a tampa de mármore.

Foi quando algo ocorreu que não poderia esperar. Uma sombra refletiu-se na parede e ele virouse para olhá-la, incrédulo. Girou a cabeça na direção da nave e deu com a figura de Frei Gabriel dos Anjos, que vinha em sua direção, empunhando um pé-de-cabra em posição de ataque. Hesitou antes de falar. Era preciso encontrar as palavras corretas e pronunciá-las no volume e na modulação adequados, do contrário ou denunciar-se-ia aos monges, ou teria problemas com Gabriel e, pior, com o Deão José Freire. Temeu não ser hábil bastante para aquela tarefa e soube que sua voz soaria trêmula, ainda que num sussurro.

- Gabriel, por que empunhas essa barra contra mim?

- Que fazes aqui? Como descobriste sobre o tesouro?

- Gabriel... pensa bem, antes de atentar contra um irmão. Se quiseres me matar, não revidarei.

- Sabes o que nos pode suceder em o Deão conhecendo de tua presença aqui?

- Sei melhor do que podes supor. Mas sei também que não és feliz. Sei que não o amas. Por que o segues, Gabriel? Que poder tem aquele homem sobre ti, que te faz obrar de forma ímpia?

Posso ler em teus olhos que não és um homem mau!

O olhar de Gabriel pareceu, sob a penumbra, enevoar-se e perder-se no vazio, como se em sua mente uma história melancólica se desenrolasse e ele a vivesse um pouco, ali, como que por um segundo transportado a um passado, a outro local. Aos poucos, abaixou o pé-de-cabra.

- Que importa? De crimes nefandos já cometi quase todos, conforme seu mandamento.

- Também crime de sangue?

Gabriel hesitou um pouco. A luz de círios refletia-se em sua boca de lábios finos e vermelhos e deixava seus olhos brilhantes.

- Não, crime de sangue, não!

- Se atentares contra mim, será tua mão a me ferir, não a dele. A escolha é tua. Mas podes bem juntar-te a mim nesta empresa. Carregamos o quanto pudermos e escapulimos.

Gabriel sorriu com desdém e incredulidade.

- O Deão está por chegar a qualquer minuto. Vim ter aqui para abrir-lhe a porta, depois das Completas. Se nos metermos contra ele...

- Não se alevantará contra nós, meu caro! Está falido! Tudo o que possuía entregou-o a Madeira de Melo pela viagem. Parte em um ou dois dias ao Reino. Não terá meios com que nos caçar pela Província. O Brasil é grande e nada há que uns anos pelos sertões não façam olvidar.

E estarás livre do jugo do tirano. Não és mau, Gabriel, eu sei! Livre, serás um homem bom e feliz! Agora escuta! Entramos, metemos as mãos no que nos couber e saímos tão rápido como pudermos.

- Não sabes o que encontrarás aí embaixo, Manoel. Está tudo por ruir. Eu mesmo me opus aos intentos do Deão. É uma sandice. E tu... Tu também és tão cobiçoso a ponto de arriscares tua vida!

Manoel Jacintho não estava acostumado a ver-se como um homem ambicioso. De fato, era a primeira vez que lhe ocorria aquela idéia: sim, era cupidez. Uma ambição que estava escondida e que ele próprio nunca imaginara existir. E fora preciso defrontar-se ali, com Gabriel, para que aquela verdade simples lhe fosse revelada. Gabriel servia-lhe como espelho... E o que fizera por manipulação do Deão José Freire, ele, Manoel Jacintho, fazia-o de vontade própria, movido pela luxúria, pela curiosidade, pela vaidade de vencer o perigo que o mundo lhe oferecia. Teve que desviar seu olhar por um instante, porque cruzou sua mente um pensamento que nunca atinou pudesse ter: ele, Manoel Jacintho, era no fundo um homem mau. Não um homem como o Deão José Freire, era certo! Mas uma mácula não seria a porta para todas as demais? Sim, era um homem mau e, por isso, causara o sofrimento de Berenice. Todo o bem que porventura fizera na vida não era suficiente para apagar aquele sofrimento. E, num lampejo, viu a figura de Domingas sobrepor-se à de Berenice. Sim, faria também Domingas sofrer, de alguma forma.

Mordeu o lábio inferior e encarou Gabriel:

- Tendo aqui chegado, não posso recuar. Não posso...

- Se desejares, podes descer, não to impedirei. Foste avisado do risco. Podes ir, mas torna tão logo te seja possível, que o Deão já chega a qualquer instante.

Viu Gabriel recuar sem produzir nenhum ruído, como um fantasma, até ser totalmente encoberto pela sombra de uma coluna. Pôs-se a tentar abrir a tampa do altar e, pouco a pouco, conseguiu movê-la o suficiente para poder entrever que, de dentro da grande caixa de pedra que era o altar, partia uma escada estreita. Um riso de satisfação veio aos lábios de Manoel Jacintho. Sentia numa de suas pálpebras um tremor involuntário. Mas todo o seu corpo não tremia também, como se estivesse tomado por febre? Não tinha seu estômago revirado pela excitação? Pensou que devia ser essa a sensação que experimentavam os que iam à guerra... Era medo? Era! Mas também um sentimento que o impelia porque, tendo ido longe demais, devia a si mesmo o prosseguir e enfrentar seu destino até então oculto. Ali, para ele, abria-se a porta do futuro, revelava-se a razão daqueles meses de tormento e fome. Depois daquela noite, tudo seria diferente, de uma forma ou outra, para o bem ou para o mal. A canção entoada pelos monges reverberava em sua mente:

"Nunc dimittis servum tuum Domine..."

Montou sobre o altar e esgueirou-se pela abertura estreita, quase despencando escada abaixo. Pareceu-lhe que empreendia uma viagem a um outro mundo, onde a escuridão era senhora assentada. As teias haviam sido meio removidas, provavelmente por Gabriel dos Anjos, quando ali estivera. Mas começavam já a retomar seu território. Naquela dimensão subterrânea, um segundo era suficiente para que a mão do homem desaparecesse e os seres frios reclamassem seu poder sobre o caminho. Escuridão... o temor do passo em falso... descer à sepultura daquele segredo... Sentia a parede rugosa, áspera contra sua mão esquerda. Era difícil respirar. Cada degrau poderia bem trazer algum terror, revelar o erro ou acerto de seus atos. Ao fim da escada, um corredor estreito e longo e, depois, uma porta. Levantou a vela para melhor examinar o teto, o chão. Tudo parecia muito frágil. Viu rachaduras nas paredes tomadas de mofo e umidade. Calculou que deveria estar sob o pequeno largo em frente à igreja. Testou a porta, mas não se abria. Pôde perceber que não estava trancada, mas presa por algo. Iluminando o batente superior, descobriu que este estava vergado pelo peso da alvenaria ruída, apoiando-se sobre a própria porta.

De fato, era como Frei Gabriel dissera: movê-la poderia fazer com que tudo se esboroasse. Manoel Jacintho olhou-a de cima a baixo, procurando calcular se deveria prosseguir. Suspirou. Retornar agora, tendo chegado até ali? Não! Apenas uma porta o separava da libertação do medo. Encostou o ombro na madeira velha e esta começou a ranger. Foi empurrando a porta aos poucos e viu que ela começava a se abrir. Pó caiu sobre sua cabeça, deixando seu rosto meio esbranquiçado. Empurrou mais e obteve uma fresta, pela qual tentou fazer entrar luz. Ainda não conseguia ver nada no recinto por trás da porta. Empurrou mais e agora tinha uma abertura por onde conseguiria passar.

Conseguiu entrar e o que viu, com a luminosidade fraca da vela, deixou-o boquiaberto. Então estava ali, diante dele, o tesouro que os holandeses não saquearam e que dormira esquecido por dois séculos. Acendeu a outra vela para melhor poder ver ao redor. Estava numa sala grande como uma sacristia. Sobre mesas, em caixas e baús, tudo quanto sonhara. Mais belo ainda que nas suas visões delirantes! Grandes tocheiros de prata de lei finamente lavrada; um grande crucifixo ornado de esmeraldas incrustadas em torno do Cristo; espalhadas sobre pequenas mesas de madeira entalhada, alfaias diversas de prata, ouro e estanho; três custódias de tamanhos diversos, de prata de lei e ouro, com pedrarias nas bases; grandes turíbulos de prata, com detalhes dourados, alguns revestidos de pedras. Numa caixa forrada de veludo azul já quase todo puído, um rosário com contas de pérolas e crucifixo de cristal e anéis com opalas e safiras; a um canto, uma imagem em talha de madeira de Nossa Senhora da Conceição, com sua meia lua dourada; outra imagem, de Nossa Senhora das Dores, trazia cravados em seu peito punhais de prata lavrada com grandes esmeraldas incrustadas nos cabos. Sobre uma mesa, uma grande salva de ouro, com sua borda vazada em filigrana; uma cruz de prata coberta de pérolas entremeadas de fios de ouro... Uma canastra trazia pedras preciosas depositadas a esmo: rubis, safiras e alguns diamantes. Penduradas nas paredes, vestes litúrgicas com rendas agora já comidas por traças e umidade. E, por fim, cinco baús que, uma vez abertos, revelaram ouro em barras com o selo de Espanha e moedas de ouro e prata: espanholas de 2, 4 e 8 reales; holandesas, de ouro, que reconheceu por serem quadradas; espadins e chinfrões; escudos e cruzados; e até ceitis com a insígnia coroada de D. João I de Avis.

Após o deslumbramento inicial, Manoel Jacintho, olhando toda aquela riqueza, franziu o cenho. De onde teria vindo o dinheiro? E, como teria o Deão Dom José descoberto que estava ali? No fundo da sala, a parede tinha alguns nichos vazios, que o levaram a supor tratar-se de um antigo ossuário. Caminhou embevecido por entre as mesas, deixando sua mão passear pelas peças empoeiradas. Antes de lançar mão no que lhe fosse possível carregar, desejava apenas admirá-las e gozar o poder de ter chegado a conhecê-las, tocá-las. Desejava trazê-las para dentro de seus olhos, iluminar sua alma com seu brilho.

Mas foi aí que encontrou a curva vertiginosa em sua vida, a qual não tivera tempo ainda de temer. Foi então que seu destino se lhe apareceu, olhando-o nos olhos, pronto a ferir como o sabre que rutila, mesmo na noite mais escura. Demorou a reconhecer o cântico final, e este foi seu maior erro. Demorou a reconhecê-lo no tremor do chão e das paredes. Primeiro, veio-lhe apenas uma tontura, mas depois o estrondo sobreveio e todo o ambiente foi coberto por uma nuvem muito espessa de poeira. Custou a perceber que estava caído no chão. Não conseguia sequer abrir os olhos. A boca, as narinas... tudo cheio de pó. Mal conseguia respirar. As velas se haviam apagado. Sentiu uma dor lancinante no braço direito e deu-se conta de que estava quebrado. Não podia movê-lo. Conseguiu levantar-se e, conforme passou a respirar um pouco melhor, o assombro tomou sua mente. Seus olhos arregalaram-se, mas não conseguia enxergar nada. Tateando, encontrou apenas uma barreira de pedras e destroços de madeira que parecia tomar quase toda a sala. Não conseguia encontrar a porta.

Sentou-se num canto, segurando o braço. Ofegante, tentou acalmar-se. Gritaria por socorro. Frei Gabriel lá em cima ouviria. Alguém, de algum lugar, viria salvá-lo. Seus gritos principiaram fortes e longos e, naquele subterrâneo, não poderia dizer quantas horas se passaram, ou se já era dia ou ainda noite. Não saberia precisar se os portugueses já haviam evacuado a cidade... Tentou levantar-se, mas estava tonto. Sentiu a viscosidade do suor em sua testa, ou seria sangue? E onde estaria Domingas? Os baianos... a tropa baiana irromperia a qualquer momento pelos bairros, sob salvas de canhões. Já podia ouvir ao longe o tropel da cavalaria. Nunca havia estado numa guerra... Mas era assim que o galope da cavalaria devia soar... O vento agora fazia barulho nas copas das árvores e o sol caía por trás da Ilha de Itaparica, molhando de sombras róseas o mármore da *loggia* da Palácio da Casa da Santa Misericórdia. A espuma lambia as pedras cinzentas da parede externa do Forte do Mar, como fizera por séculos e séculos e como faria para sempre, no porvir. A paz vinha beijar a cidade, enfim, e esta tornava a abraçar a vida de sempre, antiga e pachorrenta, brotando mais uma vez do calçamento das ruas, das paredes das casas, rumorejando, tépida, pelas ladeiras. E Domingas poderia gozá-la... Ah! Os holandeses haviam sido expulsos e ele, Manoel Jacintho, impedira que levassem da Bahia aquele tesouro. Os holandeses não retornariam jamais. Ele estaria ali, guardando aquela sala. Não deixaria que entrassem. E tudo ficaria de fato em paz, afinal.

XXXVIII

A noite encontrou Domingas e dona Capitolina sentadas à mesa da cozinha, aguardando o retorno de Manoel Jacintho. As horas se passavam e os ouvidos das duas faziam esforços para escutar algum rumor na entrada da casa, que lhes desse alívio. Mas ruído nenhum se fez escutar... A Rua da Porta do Carmo estava de todo deserta, assim como o Terreiro dos Jesuítas.

Adormeceram com as cabeças sobre a mesa. Acordaram de manhãzinha com o choro do bebê.

- É fome! - disse a velha. Tratou de fazer um mingau ralo de farinha de mandioca velha e água.

Domingas estava impaciente. A ausência de Manoel Jacintho só poderia ser um mau agouro. Os soldados poderiam ter-lhe feito algum mal.

Subiu a ver Francisco. Manoel Jacintho gostava de orar à sua cabeceira e ela havia adotado aquele hábito, sempre que ele se ausentava. Sentou-se num banco e ia tomando um rosário quando mirou de relance o rosto do padre. Seus olhos estavam fechados e a pele estava pardacenta, sem nenhum traço de viço. Não havia ali nenhuma lembrança de sua voz, da força que movera aquele homem. Domingas não lhe conhecera os sonhos, planos ou temores, mas o vira sempre como alguém importante, capaz de tornar inteligíveis para ela os grandes fatos da vida, pela simplicidade com que falava deles enquanto seguia sua vida simples, indo e vindo do Palácio da Misericórdia. Domingas sentiu que um sorriso lhe vinha quase despercebido ao lembrar os dias passados.

Ao tocar a cabeça do velho, percebeu que o corpo estava frio. Engoliu em seco, mas não conseguiu sofrer. Estava cumprido o que há muito se adivinhava. Era mesmo um milagre que houvesse chegado até ali. Ou talvez uma pena que, tendo sobrevivido a tanto, não estivesse vivo para testemunhar a Bahia sem as tropas portuguesas. Sentiu uma angústia, como se seu coração queimasse. Padre Eugênio, Ifigênia, Padre Francisco... Onde estaria Manoel Jacintho?

Desceu a escada, gritando por dona Capitolina.

- Padre Francisco faliceu! Padre Francisco faliceu!

- Oh! Meu Deus! - a velha tinha as mãos juntas e a cabeça baixa.

- E agora? Yoyô Manoel Jacintho já havera de ter chegado. Dona Capitulina! Saio já por percurar. Carece tomar providência. Um falicido e o outro disaparicido!

- Não vás, não, minha filha! É melhor esperar aqui.

Domingas não lhe deu ouvidos e correu ao hospital, mas lá não se sabia do paradeiro de Manoel Jacintho. Estava quase deserto também. Às primeiras horas de claridade, o dia ainda estava úmido e silencioso. Não havia ninguém nas ruas a quem pudesse perguntar. As casas tinham janelas e portas cerradas. A chuva cessara, mas as pedras do calçamento ainda estavam luzidias. De volta à Rua da Porta do Carmo, decidiu descer a grande ladeira, de onde se via, à direita, ao meio da descida, a Igreja de Nossa Senhora do Rosário dos Homens Pretos e, ao fundo, no alto, o Convento do Carmo.

Como não visse ninguém por toda a extensão que sua vista podia abarcar, subiu ao adro do templo de Nossa Senhora. Empurrou a porta lateral da direita, como lhe indicara o porteiro. Bastou empurrá-la para que se abrisse. Ali, Domingas resolveu sentar-se e orar. O que mais podia fazer? Que outras forças podia arregimentar dentro de si? O que, daquele mundo, poderia mover em seu próprio favor? Que rochas? Que mares? Sentia-se pequena, mas, ao menos, ali, na paz do templo deserto, sentia que talvez tudo se pudesse desatar, como se os nós de sua vida fossem feitos de névoa. Talvez Nossa Senhora a ouvisse e trouxesse Manoel Jacintho de volta.

O interior do templo era cercado por uma balaustrada de jacarandá entalhado, que separava as naves laterais. À sua direita, um púlpito em forma de balcão pendia da parede. À sua frente, no fundo, o retábulo do altar-mor parecia recortado contra o arco cruzeiro no qual terminava a nave central. Seus olhos passeavam pelas paredes caiadas pontuadas acima pelas tribunas e, abaixo, guarnecidas por azulejos que contavam histórias. Havia um cheiro de mofo e o silêncio quase zumbia, de tão profundo. As lágrimas quentes lembravam-na que era preciso orar, pedir. Podia ouvir sua própria respiração e o estalar do assento de madeira sob seu corpo. Do fundo do coração, vinha-lhe uma certeza de que tudo estava bem e de que, àquela altura, Manoel Jacintho já estaria em casa. De certo, apenas esperara amanhecer para retornar... Deixou-se ficar ali um tanto, acomodada pelo silêncio.

Diz-se comumente que o medo é a voz da alma que nos comanda a fechar as portas, a passar os ferrolhos, a espreitar os perigos, e os que assim pensam dizem também que por isso é que o medo é bom. Mas as tragédias do indivíduo, solitárias, quantas vezes antecedidas, não vêm de uma cegueira mortal, de um silêncio enganador, de uma bonança mascaradora? O medo seria um protetor duvidoso... Pode nos faltar quando mais a alma estiver por um fio.

XXXIX

António da Moura tivera uma vida tão atribulada que a seus próprios olhos parecia inacreditável. Desde pequeno, na família paupérrima na Vila do Conde, ao norte do Porto, via-se envolvido em perigosas aventuras. Em particular, parecia fadado a morrer no mar. Por duas vezes, aos 9 e aos 12 anos de idade, quase se afogara na praia em frente à Vila, apesar do mar calmo. Numa dessas ocasiões, amigos saíram a pedir auxílio e, quando os adultos chegaram até ele, já estava inconsciente. Salvara-se por milagre.

Depois, já homem feito, sem estudo e sem querer mais testemunhar a pobreza com que sempre convivera, resolveu tentar a sorte no além-mar. Começou indo para a Ilha de Madeira, onde lhe haviam acenado com uma oportunidade num entreposto comercial. Mas seu barco naufragou e António da Moura foi resgatado junto com outros doze homens, depois de dois dias num escaler. Poucos anos depois, numa viagem pela costa africana, naufragou no Cabo Bojador. Tendo ido dar na costa, salvando-se não sabia como das ondas enormes e dos arrecifes, ficou na África por vários meses antes de decidir, por fim, ir ao Brasil, em vez de retornar à Ilha de Madeira.

No Brasil, andara por Pernambuco e Paraíba, a serviço de um grande comerciante de açúcar e aguaardente. Desceu à Bahia onde, no caminho, quase se afogou durante um banho numa lagoa: o pé ficara preso no lodo.

Uma vez na cidade, pôs-se a trabalhar com afinco. Era certo que não sonhava com riquezas. Pouco lhe bastava. Desejava apenas viver com dignidade, ter amigos, uma casa e uma mulher. Mas, apesar de ter sobrevivido a tantos desastres, sucumbia sempre nas tentativas mais simples para obter mesmo aquele pouco que sonhava. Talvez, por isso, quando bebia, tornava-se irascível, agia com violência. Praguejava, espancava prostitutas com que se deitava, envolvia-se em brigas. Seus patrões lhe tinham simpatia apenas porque, quando sóbrio, era homem trabalhador, honesto, prestativo, bom. Mas sabiam que, se cruzasse com um copo de bebida alcoólica, um copo apenas, podiam dar por perdidos os próximos dois ou três dias, durante os quais ele desapareceria. Retornaria com a face inchada e vermelha, a barba crescida, a expressão envergonhada. Pediria perdão e tornaria a trabalhar com afinco.

Quando António da Moura percebeu que o exército lusitano se retirava, viu ruir mais uma vez seus sonhos de uma vida estável. O comerciante para quem trabalhava era português e partiria com as tropas, fechando seu negócio no Brasil para sempre. Ele, pobre, não teria lugar na frota. Na noite do dia 30 de junho para o dia 1º de julho, sentara-se à mesa de uma taverna semimorta e quebrara, mais uma vez, o juramento de não mais beber. Aquela noite, passou-a lamentandose. Lembrou-se de sua pequena vila, com sua gente pobre. O cheiro de maresia, de peixe e mariscos... Desejou uma mulher, mas nem os prostíbulos estavam abertos. Vagou pelas ruas trôpego, amaldiçoando a vida, a si mesmo, a seus pais que lhe não haviam dado nada, ao General Madeira de Melo.

Amanhecera já, quando se achou diante da ladeira da Rua das Portas do Carmo. Ao meio da descida, divisou a Igreja de Nossa Senhora do Rosário. O portão da grade do adro estava aberto e pareceu-lhe ter visto um vulto entrando no templo. O efeito da bebida já ia passando e ele já conseguia caminhar com maior desenvoltura. Entrou no templo pela porta lateral que estava semiaberta. Lá dentro, uma moça sentada devia estar rezando, porque tinha a cabeça baixa. Ou talvez estivesse dormindo, pois parecia não ouvir seus passos. Aproximou-se até que estivesse quase a seu lado. Ela não se movia. Tocou-lhe o ombro e ela, num susto, tremeu-se e soltou um grito.

Os olhos de Domingas encontraram os de António da Moura, de um azul belo e brilhante. Reconheceu-o logo, lembrando-se da primeira vez em que vira aqueles olhos e do espanto que aquele azul lhe causara. As mãos da moça crisparam-se sobre o encosto do banco à sua frente. Sentiu que o homem tinha a respiração meio ofegante. Ele segurou seu braço com força. Não havia como se desvencilhar. Domingas começou a gritar, mas ele tapou sua boca e deitou-a à força no chão, imobilizando-a com o peso de seu corpo. Rasgou-lhe a blusa e a saia, enquanto rosnava e amaldiçoava sua vítima, que tentava socá-lo e empurrá-lo, lutando o mais que podia.

Os santos de madeira guardaram seu silêncio. Uns com os olhos voltados aos céus, outros mirando o espaço vazio abaixo de si... Gestos congelados, cabeças pendidas, bocas entreabertas em preces antigas... Santos esculpidos em talhas magistrais, não haviam ouvido já todos os rogos, implorados por décadas? Por que deixariam seus retábulos, suas redomas? Seriam agora testemunhas inertes da agonia de Domingas, de sua luta e choro. Não haviam admirado sempre a sombra dos vazados arcos sobre os semblantes dos fiéis? Agora não pestanejavam, nada murmuravam... Não havia uma última prece a recolher? Não haveria um fino fio de fumaça de incenso passeando pelo ar, elevando-se sinuosamente através de fachos de luz de sol? Talvez depois... Talvez outro dia... Naquela manhã, tudo estava morto e apenas o pó depositava-se sobre as imagens, deitando-se sobre as talhas, ornatos, trifólios, florões, vasos, consoles, altares, arremates, colunas e capitéis, embaçando seu douramento. Que restava, então, a Domingas? Sob que dossel encontraria abrigo? Onde se esconderia de si mesma, quando se erguesse a cortina daquele silêncio e o rumor de sua luta não fosse mais abafado?

Sentiu o frio do chão de mármore, quando deixou pender a cabeça para um lado. O corpo de António da Moura rolou para o outro lado e ela sentiu alívio em seus pulmões. Estiveram assim, comprimidos, não saberia dizer por quanto tempo. Sua cabeça doía e sentia seu ventre latejar e doer. Aos poucos se deu conta do ressonar do homem, deitado de barriga para cima, com os braços abertos em cruz, um deles por cima de Domingas. Ela se ergueu como pôde, escorandose pelos bancos. Recolheu os trapos que lhe restavam e foi saindo mancando, tentando não fazer ruído. Lá fora, chovia a grossos pingos e água escorria sobre sua pele, lavando o sangue morno que lhe corria entre as coxas. Era uma tarefa árdua caminhar sobre as pedras molhadas, tentando enxergar o caminho. Mesmo bater à porta de casa lhe pareceu exigir um esforço gigantesco. E ver a expressão nos olhos de Dona Capitolina, seu esgar de pavor, suas lágrimas de compaixão, trêmula, tentando carregá-la para dentro... Algum tempo depois, teve consciência de estar deitada ao colo da velha, como uma criança. Ela lhe alisava a cabeça e balançava o corpo como a querer niná-la. Cantava alguma canção, sacudida de soluços e tudo aquilo parecia a Domingas tão distante... como se visto através de um vidro grosso e turvo, um arremedo de vida, um dia em que a luz não vinha, em que o sol não vicejava. Uma vertigem lhe chegava e parecia trazer imagens da Vila Velha, o rumor das marolas da praia do porto, e o timbre da voz de Manoel Jacintho. Sentia a respiração da velha sobre seu rosto e seus beijos sobre sua testa. Os braços de Dona Capitolina enredavam-na, magros, ossudos, paupérrimos e sua voz sussurrada lhe dizia algo que não conseguia compreender, como um vento pequeno, envergonhado, sujo da poeira dos quintais, passando por baixo das frestas das portas, arrastando pequenas migalhas e folhas mortas.

XL

O Deão José Freire pisou na embarcação com um ar de desgosto. Antes de procurar acomodarse como fosse possível, olhou mais uma vez para o alto da colina. Vista dali, do antigo porto da ribeira das naus, entre a praia e o Forte de São Marcelo, semelhava uma muralha. Tentou, sob a escuridão da madrugada do dia 2 de julho, identificar cada edifício. Seria a última vez em sua vida que veria aquela paisagem. Mas essa não era a razão de sua expressão desgostosa.

Às 21:00h do dia 30 de junho, estivera na Igreja de São Sebastião. Foi com júbilo que constatou estar uma das portas abertas, conforme combinara com Frei Gabriel dos Anjos. Isso era um sinal auspicioso. Significava que Gabriel estava ali e que agira conforme lhe instruíra. Logo, logo estaria deixando a Igreja com dois sacos carregados. Estava decidido a meter a mão em pelo menos parte do tesouro. Pelo que lera numa carta, encontrada por acaso num velho livro da biblioteca do Palácio do Arcebispo, deveria conter uma boa quantidade de moedas de ouro e jóias. O suficiente para garantir-lhe uma vida razoável na Corte.

Entrou pé ante pé, olhando ao redor, tentando reconhecer algum sinal da presença de Gabriel. Não demorou muito, viu que seu vulto saía detrás de uma coluna, do lado oposto àquele onde ficava o Altar das Almas. O Deão José Freire correu até o frei.

- Então, trouxeste os sacos e mais trastes como mandei?

- Sim, senhor! Desde que cheguei, permaneci escondido atrás do Altar de Santa Gertrudes.

Ninguém me viu, posso assegurar-lhe.

- Vamos, então! Não temos um minuto a perder.

Chegando diante do Altar das Almas, seu rosto contorceu-se de pavor ao ver a tampa arrastada.

Olhou para Gabriel com os olhos injetados:

- Foste tu quem o abriu?

- Não, senhor! Nem me aproximei por temor que me vissem. Não sei o que pode ter sucedido...

Apoiado em seu ajudante, o Deão desceu o túnel e deparou-se com um monte de pedras que cerravam irremediavelmente o caminho. Do teto, caía pó que lhes cobria os cabelos e dificultava a respiração.

- Que pode ter havido, Gabriel? Contaste a alguém sobre o tesouro? Contaste?!

-Não, senhor, por certo que não! Não contaria a ninguém uma tal cousa grave.

- Então, que me dizes? Quem poderia ter sabido e vindo ter cá?

- Não posso saber, senhor. - mas então seus olhos se esbugalharam e levou a mão à boca.

- Que foi? Que fizeste?

- Eu, nada. Mas creio tê-lo feito V. Reverendíssima mesma. Quando caiu doente, há alguns meses, teve certa manhã uma febre alta. Delirava, dizia cousas que por vezes não faziam sentido nenhum. Apareceu por lá o Padre Manoel Jacintho por dar notícias do Cônego Francisco, que aparentava melhoras, ou abrira os olhos, ou o que o valha. Deixei-o por instantes a velar-lhe o sono perturbado e, quando retornei, estava já de saída. Notei-lhe certa agitação, mas não pude então atinar para qual poderia ser a razão daquilo.

Um sorriso de desprezo veio aos lábios do Deão.

- Padre Manoel Jacintho... Aquele néscio? - soltou um suspiro. Olhava para a parede desmoronada e não se conformava. Chegara tão perto!

- Pois bem... Vamo-nos daqui!

- Mas, senhor! Se há alguém aí dentro, Padre Manoel Jacintho ou não, não vamos tentar retirálo?

- O que é isto? Enlouqueceste? Sempre foste néscio tu também, mas agora estás também louco? Vamos nos implicar nesta história? E este teto está por ruir todo. Queres tu também ficar aqui enterrado? Demais... é a história da víbora e da lima... Mordaciorem qui ínprobo dente adpetit... Vamo-nos daqui, agora!

Gabriel dos Anjos seguiu-o a contragosto, cerrando a tampa da mesa do altar sob as ordens do Deão. Este saiu do templo olhando para um lado e para outro, a querer certificar-se de que ninguém os vira. No pequeno largo, à frente do Mosteiro, via-se o chão de calçamento meio afundado.

Agora estava ali, embarcando de volta a Portugal. Ao seu redor, o movimento frenético da soldadesca, dos comerciantes ricos e suas famílias. Após pagar a soma extorsiva para obter um lugar na frota, retornaria por fim sem posses que lhe garantissem uma posição. Gabriel dos Anjos, a seu lado, ordenava alguns escravos a depositarem os baús num canto. Haviam conseguido lugar em uma das cabines, mas os baús teriam de ficar do lado de fora.

Mais adiante, a bordo da capitânia, Madeira de Melo administrava incansavelmente a evacuação. Mantivera em segredo, até o último instante, a data escolhida. Agora a notícia deveria já estar correndo pelas bordas da cidade e as tropas brasileiras não tardariam a invadila. Pior que isso: a frota brasileira poderia vir atacá-los. Com tantos civis embarcados, os navios estavam pesados. Dependendo dos ventos, não seria possível garantir uma fuga rápida e um combate seria desastroso para os portugueses. Se viessem em seu encalço, não restaria nenhuma dignidade e o que teria a contar na Corte seria um pesadelo.

Às 04:00 horas da manhã, ouviu-se ao longe um tiro de canhão.

- Partiu de um dos lados da Estrada da Boiada. Do Forte de Jequitaia ou de Santo Alberto! - veio dizer-lhe um ordenança.

Era o sinal para a invasão. Urgia levantar âncoras e ganhar a boca da baía.

O céu azulava-se. A Estrela D'Alva fazia sua aparição no alto e foi para ela que Madeira de Melo olhou antes de dar a ordem final.

- Já é hora. Partamos!

Assim, sob uma aurora tímida, desfraldaram-se as velas das oitenta e quatro embarcações. Como grandes ventres pejados e pressurosos, os navios iniciaram a viagem de retorno, desfazendo, três séculos depois, o caminho da conquista, cruzando de volta a ponte marinha, a estrada sulcada de vagas. A sombra da grande colina parecia mover-se, denteada de edifícios e vegetação. A Baía de Todos os Santos abria seus braços para deixá-los partir. As estrelas empalideciam, olhando admiradas a grande procissão que singrava rumo ao oceano, um rio dentro do mar, a perder de vista. O ranger das madeiras soava como um pregão, anunciando a hora, o momento da derradeira visão daquela terra, o instante a ser guardado nos corações de quem quer que estivesse nas muradas, na expectativa. Mãos se crispavam, olhos guardavam o céu, os velames, a espuma salgada.

Os fantasmas das naus antigas, com suas flâmulas pontiagudas agitadas pelo vento e suas velas quadradas infladas, acompanhavam-nos. Rodamoinhos agitavam as águas e deles brotavam os velhos galeões soçobrados nas águas da Bahia: o Galeão Sacramento, o Nossa Senhora do Rosário, a nau Santa Escolástica... Fantasmagóricos habitantes daqueles mares soerguiam-se das ondas, formando um cortejo. Da terra, acenavam os espíritos dos caídos; conquistadores perecidos havia muito bramiam os machados com que haviam erigido as vilas e cidades. Pelas praias corriam os espectros dos seculares colonos, agitando lenços vermelhos, gritando com as mãos às bocas. De túmulos lapidares em que de pé repousavam nos templos, de covas incógnitas sob as fundações das casas, daí se alçavam para pairar sobre os arvoredos, sobre as torres, de onde se agitavam e gemiam. Um sussurro atravessava as praias e a arrebentação e vinha lamber as brumosas naus, soprar suas velas, para que mais de perto escoltassem a frota. No porto quase abandonado, à entrada da baía, sob a sombra do outeiro de Santo Antônio, lá estava refeita a Vila do Pereira, antepassada da Vila Velha, com seus moradores estáticos, ainda portando as flechas que atravessavam seus corpos. Da praia, olhavam a esquadra que partia. Lá estava Caramuru, já meio português, meio índio. A seu lado, Catarina Paraguassu tomava-lhe o braço. De pé, junto ao marco de pedra lavrada, estava Dom Francisco Pereira Coutinho. Por fim, todos eles erguiam as mãos numa última bênção.

Dos lados da Ilha de Itaparica, onde restava o negrume da noite, viam-se luzes bruxuleantes. Pelo ritmo com que oscilavam, sabia-se que não eram casas à beira-mar, mas navios que vinham perseguir e atacar a esquadra portuguesa.

Então... haveria um embate final sobre o líquido chão da Paraguassu! As ondas tornaram-se maiores ao passarem pela Ponta do Padrão de Santo Antônio. O forte sobre o promontório já tinha uma de suas faces iluminada pelo sol. Ali se dava o encontro das águas da baía com o mar aberto. Era a porta de entrada e saída do berço daquela civilização. Os navios brasileiros aproximavam-se velozes. Viam-se já suas velas contra a alba que surgia sobre o oceano. O sol nascente revelava o céu límpido daquele dia e deixava à mostra o rastro do comboio. Em breve ouvir-se-iam tiros de canhões e o rumor de mastros partidos dos navios mais traseiros da esquadra. A perseguição prosseguiria pelo oceano, donde muitos navios, por atingidos, teriam de retornar. Seus ocupantes ficariam presos nas terras da Bahia. Desembarcariam naquelas mesmas praias de outrora e seriam acolhidos pelos fantasmas, embora não o soubessem. Última semente reclamada.

XLI

Pela Estrada das Boiadas, um rio de gente vinha serpenteando. Fardas azuis, verdes e brancas, vistas de longe, formavam uma massa indistinta, o corpo de um ser gigantesco que inseminava os arredores da cidade com rumor e vida novos.

O exército brasileiro entrou na cidade, marchando em colunas. À frente, um corpo de exploradores que estava ocupando as trincheiras mais próximas. Depois, o estado maior, o batalhão do Imperador, com os homens chegados do Rio de Janeiro, e o batalhão de Pernambuco.

Com o ruído da marcha, a população começou a sair das casas e acorrer às ruas com ânimos exaltados, desejosos de aplaudir, cantar... O dia amanhecera com um céu entrecortado de nuvens, pelas quais volta e meia o sol brilhava com intensidade. Mulheres cobriam as cabeças com seus chapéus enfeitados de fitas, homens acenavam com os chapéus, balançando-os acima das cabeças.

Mas o que os habitantes da cidade da Bahia viram não tinha nada de glorioso. As tropas passavam por eles em estado de completa ruína. Muitos vinham quase carregados ou apoiados em muletas. Alguns tinham as vestes tão andrajosas que se lhes podia ver as feridas nas pernas e, às vezes, até as virilhas lhes ficavam à mostra. Pálidos, esquálidos e fétidos, desfilavam mais de nove mil homens em silêncio, rumando para o Terreiro dos Jesuítas.

À frente do 2º batalhão, cujos 800 homens comandava, Alexandre Argollo vinha montado, ele próprio também exausto. Procurava olhar com altivez a população que os acolhia, mas baixava a cabeça por vezes. Tentava empertigar-se, mas era como se todo o cansaço reprimido se descolasse de seu espírito e se refletisse inteiro em suas feições, em seu corpo. Diante de si tinha a cidade conquistada e todas as perguntas que começava então a se fazer: onde estariam Maria Idalina e seu filho? Estaria ainda vivo o Cônego Francisco da Anunciação? Estaria ainda de pé o solar de sua família? Em que estado se encontraria tudo? A cidade e suas lembranças, os resquícios da vida de outrora...

As tropas fizeram alto diante da Igreja dos Jesuítas. Já se sabia, então, que os navios brasileiros, comandados por Thomas Cochrane, perseguiam a frota portuguesa. Já se sabia também que a cidade estava esgotada e que provisões teriam de ser obtidas com urgência para as tropas e para a população. Alexandre participou, prestativo, de todas as providências, instalado no Mosteiro de São Bento, local designado para o aquartelamento de seu batalhão.

Mais uma vez experimentava vagar pelas ruas conhecidas com a sensação de ter ele próprio sofrido transformações. Desejava pôr-se em paz consigo mesmo. Para tanto, após o aquartelamento, deveria sem demora procurar Maria Idalina e dona Capitolina. Se não estivessem mais no casebre do Porto das Pedreiras, o que seria de se esperar, procuraria pela cidade e pelo Recôncavo, se necessário fosse. Pensava que deveria dar à moça um melhor tratamento, alugar-lhe uma casa salubre em local discreto, onde pudesse habitar com sua criança e dona Capitolina. Ansiava por encontrar padre Manoel Jacintho. Com certeza, permanecera na cidade e teria muito a contar.

Suas preocupações, porém, iam além daqueles planos. Tinha agora um papel a desempenhar na reorganização da Província. Era preciso caçar os negros fugidos. Vê-los lutar ao lado de brancos já lhe causara desgosto. Sabê-los soltos para prejuízo de seus donos e, quiçá ajuntando-se para alguma rebelião, trazia-lhe aflição. Ainda soavam em sua mente as palavras de Francisco sobre um governo dirigido pelo povo... Era preciso garantir que aquilo permanecesse no reino das fantasias perniciosas e impossíveis de ocorrer. Era preciso trabalhar para que tudo permanecesse em seu devido estado.

Além disso, muitos fatos escabrosos haviam ocorrido na cidade durante o sítio. Não seria possível, àquela altura, apontar culpados para assassinatos, roubos e arrombamentos. Não haviam sido sempre essas as consequências das guerras, em todas as idades? Entretanto, a população necessitava o quanto antes se sentir segura de novo e esquecer os meses de fome e morte. A rotina deveria ser retomada, assim como as missas, as feiras, as festas. Seria preciso apagar das memórias mesmo atos que cheiravam a sacrilégio, como a morte esdrúxula de um português sobre a qual Alexandre ouvira contar: fora encontrado morto, estendido no chão da nave da Igreja de Nossa Senhora do Rosário. Pelo que se contara, bebera até cair e morrera, de barriga para cima, com as calças arriadas, afogado no próprio vômito. Tal história era contada nas boticas e até homens descrentes, ao ouvi-la, persignavam-se. História horrenda, soturna, indecente, ocorrida em tempos sombrios!

De vez em quando, Alexandre afugentava aquelas preocupações e se absorvia nas pequenas tarefas. Mas esses intervalos ficariam menores com o passar do tempo, pois se convencia de que devia pôr ordem no quanto pudesse, na Província. Convencia-se mais e mais de que era preciso muita disciplina. Carecia fazer cair sobre a Bahia uma chibata que varresse, de uma só vez, toda a desordem e toda a esperança de liberdade que negros e pardos pudessem ter.

Por vários dias após a chegada à cidade, Alexandre esteve assoberbado com as providênicas que lhe haviam sido atribuídas. Ocupou-se ainda de ordenar que o solar da família fosse limpo e que pelo menos, as portas fossem consertadas. Só depois de desincumbir-se de tantas atividades foi que teve um pouco de sossego e decidiu escrever à família:

"Cidade da Bahia a 10 de julho de 1823.

Mui Estimado Snr Meo Pae,

Escrevo já da Cidade da Bahia, como V. Mce. bem o deve saber. Depois dos muitos soffrimentos que padeceo he precizo obrar agora, por pacificalla e provella de tudo pois há muita penúria, e carestia de todo genero.

Nosso solar encontrei-o desguarnecido de toda a mobília e mais trastes, arrombado e com muitos damnos e mormente grande prejuízo das portas e janellas. Agora que he terminada a guerra, resta-nos reconstruillo igoal como se tinha antes e demora ainda athé que se possa habitallo.

Demais, tudo se encontra bem. Terei precisão de dinheiro de contado, que rogo remetta pelo portador desta. Tão logo se faça possível hirei ter comvosco no Engenho.

Tranquillisai-vos pois me tenho mui bem installado. Envio um affectuoso abraço a todos, rogando a Deos que vos tenha em bôa saúde.

De seu obediente filho,

Alexandre Gomes de Teive e Argollo Ferrão."

Enviou também, certo dia, um portador à Rua das Portas do Carmo, a saber notícias do Cônego Francisco e de Manoel Jacintho. O portador retornou sem notícias, o que entristeceu

Alexandre. Sentia alguma falta de conversar com Manoel Jacintho e ele seria de muita serventia por aqueles tempos em que teria de alojar Maria Idalina. Estranhava não ter ouvido falar dele, ainda durante o sítio, mas deveria estar por ali, em algum lugar. Acreditava que em breve se encontrariam. Noutro dia, foi pessoalmente ao Porto das Pedreiras, mas o casebre de Dona Capitolina estava trancado e deserto. Não deixou de franzir o cenho, enquanto dava meia volta com o cavalo.

Em pouco tempo, soubera do falecimento de Padre Francisco, e de seu sepultamento na capela do Palácio da Misericórdia. Mas quanto a Maria Idalina e seu filho, não encontrava quem lhe pudesse dar notícia, ainda mais porque não podia dar-se ao luxo de ser indiscreto. Conforme se passaram três semanas, foi achando o desaparecimento, tanto de Manoel Jacintho quanto de Maria Idalina, uma coincidência mórbida. Os dois, Dona Capitolina e o pequeno haviam sumido sem rastro que permitisse segui-los! Porém, nos meses seguintes, foi sendo absorvido por muitos afazeres. Era requisitado para reuniões e jantares. Sua opinião era solicitada. Depois de algum tempo, começou-se a aventar que entrasse para a política. Comentava-se que não demoraria muito para que o Imperador condecorasse os mais bravos dentre os baianos, e muitos aí incluíam Alexandre. Ele via diante de si seu futuro e a visão que tinha agradava-lhe demais! Do Engenho do Socorro lhe chegavam cartas de Virgínia e, se ele pudesse ler o ar que traziam consigo, veria o sorriso orgulhoso da mãe, que o tinha como o melhor partido da Província. Na verdade, se pudesse Alexandre ver a sombra do vento, saberia também que, pela vizinhança de seu solar vagavam os pensamentos de Dona Capitolina, que de lá da roça de Benedita, Iyalaxé acreditava o jovem Argollo um homem desalmado e pai desnaturado.

O fato é que, nos tempos que se seguiram, o afinco de Alexandre foi diminuindo, mas continuou a investigar os paradeiros de Maria Idalina e seu filho, e mesmo o de Manoel Jacintho. Nunca deixou de indagar, quando alguma ocasião oportuna lhe vinha, sempre acreditando que, a qualquer momento, encontrá-los-ia todos, sãos e salvos.

Só os anos diriam se estava certo ou errado.

<h3 style="text-align:center">XLII</h3>

Se Alexandre não obteve nenhuma notícia de Manoel Jacintho e Maria Idalina e se encontrou a casa de Francisco fechada, foi devido a um desencontro, pelo azar de ter demorado mais de uma semana para enviar seu portador à Rua das Portas do Carmo. No dia 3 de julho, Domingas e Dona Capitolina ainda ali se encontravam.

Com a entrada das tropas brasileiras, no dia anterior, haviam conseguido dar enterro a Francisco. Um dos vizinhos que retornara logo após o fim do sítio ajudou a avisar alguns membros da Casa da Santa Misericórdia. Sepultaram-no na Capela do Palácio no qual trabalhara por tanto tempo. Domingas não presenciara o sepultamento, pois permanecera deitada, tomando conta do bebê. Foi Dona Capitolina quem buscara auxílio, acompanhara o corpo até o Palácio da Misericórdia e depois agradecera ao vizinho, enquanto este trancafiava sua casa para retornar ao Recôncavo, onde pretendia instalar-se definitivamente.

A velha conseguira também alguns poucos víveres. Milho e algumas frutas. Mas nada que fosse suficiente para permanecerem ali por muito tempo. Ademais, era como se necessitassem escapar das lembranças ruins, de tudo que ocorrera enquanto habitaram aquela casa. Domingas ansiava somente por fugir dali. Se Manoel Jacintho retornasse algum dia, haveria de saber onde encontrá-las.

Na manhã do dia 4 de julho, a treliça de madeira da janela deixava entrar uma luminosidade baça no quarto dos fundos. Era apenas um formigamento de pequenos losangos brilhantes, emoldurando o ambiente acanhado onde dormia Domingas, que foi despertando devagar, preguiçosa, para o dia novo, para a cidade sem soldados portugueses, sem os medos terríveis. Um tempo novo no qual as horas voltassem a ter suas pequenas delícias e a promessa de felicidade pudesse ressuscitar, batendo às portas das casas velhas, muitas agora arrombadas, desertas. O pior passara, ela podia sentir.

Levantou-se devagar, ainda muito dolorida. Retirou a água pela bomba de ferro, no quintal e molhou o rosto. Acordara decidida, com a idéia morna que lhe germinara no espírito durante a noite. Era tempo de refazer um caminho antigo; de retornar a uma casa terna, onde o sol brilhava sempre, nos dias de sua infância.

Foi encontrar Capitolina na cozinha, tentando dar de comer ao pequeno Alexandre. Com os dedos, ia amassando um pouco de milho cozido e colocando-lhe na boca pequenos punhados.

- Ê, Dona Capitulina. Já sei pr'onde nóis vai. Aqui é que num se pode ficá.

A velha olhou um pouco espantada. Mas logo percebeu que Domingas tinha razão, pois também já perdera a esperança de que Manoel Jacintho regressasse. Enquanto cuidava do sepultamento de Francisco, não descuidou de perguntar por Manoel Jacintho a todos que encontrava.

Ninguém sabia dele! O solar dos Argollo permanecia vazio, abandonado e a velha sentiu-se impotente, fraca demais para tentar descobrir onde estava Alexandre. Temia também ser mal recebida, já que gente da casta dele não costumava se dar com gente pobre. Talvez nem houvesse vindo à cidade, permanecendo no Recôncavo. Talvez não cuidasse de saber do filho, menos ainda de Maria Idalina...

Diante da determinação da jovem, Dona Capitolina correu a arrebanhar seus poucos pertences.

- Estás certa! Aqui havemos é de morrer de fome. - dizia azafamada, entre arrumar a trouxa e olhar o bebê.

Era ainda de manhã cedo e o tempo havia enfeado, com um vento úmido de chuva e um céu chumboso de julho. Elas saíram à frente da casa. D. Capitolina carregava a criança. Domingas trancou a porta a chave. Subiram a rua em direção ao Terreiro dos Jesuítas.

- É caminho cumprido, sinhá Capitulina, mas se fie comigo.

Domingas guardava como trunfo maior a fé em que nada houvesse mudado na Vila Velha, que a Iyalaxé a recebesse de volta e que houvesse lugar para os três no terreiro. Levava também os últimos vinténs, para o caso de precisarem comer no caminho. Uma manga espada colhida no quintal ia guardada na trouxa pequena. Olhava a criança e podia ver em seu rosto amarrotado de choramingos a fome e o desconforto das atribulações passadas. Usaria os últimos vinténs, se fosse preciso comprar leite ou algo que lhe amainasse a fome.

Nas ruas, bandeirolas flertavam com o vento num namoro tímido. Havia ainda muita gente circulando, formando um torvelinho alegre, apesar da hora e do tempo feio. Muitos nem haviam voltado para casa a fim de dormir ou comer. A gandaia do povo expandia-se pelas calçadas, pelos becos, comemorando a retirada das tropas portuguesas. Nas rodas de samba, sons de berimbau e agogôs animavam negros; n'algumas rodas de capoeira, pés e braços giravam sob as palmas compassadas! Parecia que os brancos não se importavam com aquela expansão feliz e até gostavam, porque alguns, risonhos, misturavam-se pelas rodas e apostavam qual lutador seria mais ágil.

Mulheres jovens, matronas e meninas olhavam o movimento, de pé juntos às janelas enfeitadas de tecidos e tapetes, como se as casas não houvessem sido fechadas para o sono dos vencedores; como se, uma vez abolidos todos os perigos, a paz houvesse chegado para distrair as trancas, adormecer os portões, embalar as portas e janelas, enquanto o povo da Bahia cantava, dançava e ria sob o céu cinzento, invernoso. Tudo passara! Aquele céu também passaria...

Deixando para trás o Teatro São João, já subindo a ladeira do caminho que levava ao Mosteiro de São Bento, viram o movimento dos soldados aquartelados ali. Poderiam ter cruzado com Alexandre, mas não foi o que ocorreu... Passaram diante de uma portinhola que um velho mulato abria, deixando que um odor de couro e madeira escapasse para rua e tocasse as narinas dos transeuntes. Domingas entreviu as prateleiras do estabelecimento acanhado, através duma nuvem de partículas suspensas de pó. Expostos ali estavam panelas, vasilhas, cintos e selas de couro em formas variadas e, alinhados numa bancada de madeira, vários pares de sapatos aguardavam que o dia os acordasse. A moça estacou. Seus olhos apontavam para o interior da lojinha, mas traziam um ar pensativo. Ela foi entrando devagar, como se aquela porta abrisse um caminho tênue e precioso. Desceu uns poucos degraus, enquanto Dona Capitolina a mirava sem entender. O velho mulato sorriu para ela.

- Minha neguinha num ponha arreparo na sujice, viu? É que hoje abro a primeira veiz, desde os combate. Vassa'mce qué oiá? Pode oiá, sinha minina!

As mãos de Domingas passearam sobre os sapatos, um pouco com receio. O velho a seguia com uns olhos bondosos.

- Esse aqui lhe deve de sirvir bem. Num custa muito e é uma buniteza. Num é couro, mas é pano bom, tem sola boa! Qué calçá?

- Vosmecê me adisculpe. Num tenho com que pagá. Só tava mirando a buniteza...

- Pra vassa'mce, por sua lindeza e encanto, eu vendo por menos, que é pra tumbém num perdê a freguesia. Pra vassa'mce custa cinco vinténs.

Um brilho veio surgindo do fundo dos olhos de Domingas. Um brilho pensativo, acanhado. Agora podia calçar sapatos! Era livre! Negra, mas forra, de carta passada no cartório, assim lhe assegurara Padre Francisco. Mas o dinheiro que possuía era pouco e precisava alimentar o bebê. Olhou para fora, onde Dona Capitolina aguardava sem saber o que se passava, sacudindo a criança de leve para que não chorasse. Olhou para os pés da velha. Era pobre também e seus sapatos estavam remendados, sujos, já não tinham uma cor definida, mas ainda a protegiam da umidade do chão da rua, da friagem das pedras, da aspereza do pó. Olhou para seus próprios pés descalços, de solas rachadas. Achou que um par de sapatos lhes ficaria bem. Imaginou-se caminhando com eles. Devia ser um conforto e um orgulho andar na rua, calçada feito uma branca. Imaginou os cumprimentos... As pessoas olhariam para ela e imediatamente notariam os vistosos pés, metidos no aconchego do tecido arrematado de fita azul. A Iyalaxé ficaria orgulhosa! Mas, e se o pequeno precisasse de comida? E se algo lhes sucedesse e o dinheiro

viesse a fazer falta? E se algo sucedesse? E se algo sucedesse...
Por dentro do decote, pinicou-lhe a pele a carta de alforria
que trazia consigo, entremeada à chave que lhe dera Ifigênia
e que trazia pendurada ao pescoço. Decidiu: o que primeiro
sucedia, antes mesmo da fome, antes mesmo da necessidade,
antes mesmo de chegarem ao Caminho da Vitória, é que ela,
Domingas do Outeiro de Santo Antônio, precisava agora ter
sapatos, usá-los, senti-los nos pés. Um pensamento ainda
turvou-lhe a mente por um instante: não estaria escolhendo
entre si e a sobrevivência daquela criança? Mas desmanchou
a dúvida, resoluta.

De dentro da trouxa tirou um saquinho de pano e
entregou os cinco vinténs ao velho. Ele, sorridente, tomou-a
pelo braço e a fez sentar-se num banco. Pegou os sapatos
com delicadeza e calçou-a. Ela sentiu seu coração aquecer-se
numa felicidade surda. Era estranho ter os pés calçados. Ao
colocá-los no chão, percebeu que calçá-los era, na verdade,
desconfortável. Mas não conteve o sorriso. Sua vontade era
de pular, gritar, rir e para sempre mirar os pés assim, vestidos,
cobertos de uma alforria sem fome, sem temor. Estava calçada
pela primeira vez na vida! Sairia assim pela cidade, senhora de
sua vida e caminho. Se Ifigênia pudesse vê-la... Padre Eugênio,
Padre Francisco... Se Manoel Jacintho pudesse vê-la agora!
Não haviam todos de maravilhar-se dela, Domingas, calçada
e retornando à Vila Velha, conduzindo Dona Capitolina e o
bebê Alexandre ao destino que ela própria apontara? Não
haviam todos de maravilhar-se dela, sobrevivente do medo,
da guerra, da dor...?

Levantou-se hesitante e deu o primeiro passo. Olhou o
velho e consentiu em sorrir para ele, a primeira testemunha
de sua bênção. Mexeu os artelhos e sentiu o tecido roçar-lhe
as unhas. Mais outro passo e estava segura de ter tomado a
decisão correta e boa para si. Com o terceiro passo olhou para
cima, para onde, além dos degraus, ao desabrigo da loja, a

velha a aguardava. Os passos foram ficando mais e mais fáceis e seguros e ela sentiu-se apoderada de uma personalidade nova, escondida em seu coração, mas capaz de mostrar-se, se preciso fosse, no calor do dia, sob a chuva, diante dos temporais e ventanias. Agora podia retomar seu caminho e adentrar de novo a Vila Velha.

Capitolina nada questionou. Afeiçoara-se a Domingas e compreendeu que aquela aquisição lhe era necessária. Riu, admirando os pés da moça:

- Que buniteza, ê, Domingas! Estás de sinhazinha agora!

Prosseguiram subindo o caminho, revezando-se para carregar o menino. As vias calçadas de pedras foram sucedendo umas às outras: a Ladeira de São Bento, a Rua e o Largo de São Pedro com sua igreja de torres brancas, o cruzamento com a Rua da Lapa, o grande Terreiro de Nossa Senhora da Piedade, de onde se avistavam os coqueiros e bananeiras da roça das freiras do Convento da Lapa. Iam num passo muito lento, sempre parando para descansar. Capitolina não caminhava bem e Domingas sentia-se, conforme ia andando, cada vez mais dolorida. Aos poucos, já na altura do Convento das Mercês, as pedras do calçamento foram ficando esparsas até desaparecerem por completo, diante do Forte de São Pedro. O dia já ia pelo meio, sem calor, com um vento úmido. Vieram, então, o Campo de São Pedro e o Caminho da Vitória.

Avistaram a igreja de Nossa Senhora e, depois, as torres da Igreja de Santo Antônio. Domingas sentiu-se aliviada. Descendo a estrada em direção à Vila Velha, chegou mesmo a cantarolar, sentindo a brisa do mar na tarde que findava cheia de rumores de árvores e pássaros e vida invocada do fundo da desesperança, das memórias doídas, quase desbotadas, habitadas por fantasmas melancólicos.

Foi reconhecendo o pequenos sobrados da Vila, os rostos mulatos. Alguns sorriam para ela, crianças apontavam os recém-chegados, pescadores olhavam da areia, outros se perguntavam se não era aquela a negrinha de Padre Eugênio... Mas ela não queria deter-se. Desejava chegar logo à roça do Rio dos Seixos. Pelo descampado em frente à praia do porto, pisando o solo de grama rala e ordinária, onde poças de lama aqui e ali formavam banhados, Domingas reconhecia, admirada, sua vida flutuando. Lá em cima, o quintal do outeiro que não era mais seu...

Foram adentrando os caminhos, afastando-se da praia. Já anoitecia. Alexandre chorava. Sentaram-se no chão e dividiram a manga. A boca da criança ficou lambuzada, com fiapos amarelos. Capitolina limpava-o, cuidadosa. Ao terminarem, Domingas enterrou o caroço da fruta o mais fundo que pôde no solo arenoso e levantou-se.

- Farta poco!

A conhecida trilha que serpenteava pelas roças ia se abrindo à luz baça do comecinho da noite. Uma luz tremulava cada vez mais perto, até que um rumorejo de vozes se fez ouvir e elas se viram na clareira, onde a grande jaqueira erguia seus galhos fortes. Na porta do pequeno templo, vestida de branco, Benedita, Yiá Bené, a Iyalaxé do roça do Rio dos Seixos esperava, de pé, altiva mas risonha.

- Minha fia! Os Orixá me disserum que vassuncê tava vortando. Ikú voou perto mas num posô, num foi? Se vassuncê vortô é porque aqui é seu lugá.

O calor daquele acolhimento expandiu-se pelo coração de Domingas. Seguida por Dona Capitolina, atravessando a clareira, soltou um suspiro fundo, mas seco e teve a sensação nítida de que não possuía mais lágrimas, só uma mudez cansada. Quando a mão da Iyalaxé pousou sobre seu ombro e seus olhos percorreram seu rosto e seu corpo, Domingas sentiu toda a verdade sobre tudo por que passara desprender-se de si como uma pele velha e gasta, a estender-se como um lençol encardido de uso, uma página amarelada de livro onde a velha negra podia ler linha por linha quem era agora Domingas. Aquela Domingas que se postava à sua frente.

"Tanto e tanto se passou..." – era o que queria dizer. Mas com que palavras? Domingas não as conhecia o suficiente para articular a dor, transmutá-la nas frases que dessem a conhecer seus dias. Mas a velha Yiá saberia lê-los, como aos cauris, como ao caráter daqueles que cruzavam a clareira de seu terreiro e umbral de seu templo.

- Tudo se cura, minha fia! Tudo que é medo e indústria dos home... Só Deus e os Orixá é que fica. Igbà hí í to bi òrére Àiyé kí tó òpá ìbon... Tudo muda! Os tempo, as istação... E só Iku é que avoa levando pra sempre quem iscolhe. Se num posô agora, tem que esperá. O restante se cura e é o passo da vida! Apois, entre e seje benvinda. Beije essa terra que le viu nascê. Quem le truxe le guiô aqui e há de le guiá pra sempre. - e pousando a mão sobre a cabeça de Domingas, fechou os olhos e disse numa voz grave, meio baixa - Òsun ajebè oní o! Ae ae ae Ajebè lese òrìsà... Le dê força minha mãe. Le dê força! Ora iê iê ô!

XLIII

Era já tempo que a vida retomasse seus ciclos, no Recôncavo. Disso as famílias deram-se conta em setembro de 1823, quando era imperativo moer o pouco que se plantara e que, desde agosto, já se anunciava amadurecido. Os senhores da região contavam obter para seu açúcar os bons preços de dois anos antes, quando todas as esperanças de um novo tempo de fausto se haviam acendido.

Era época da botada!

No Engenho de Nossa Senhora do Socorro, José Joaquim e seus dois filhos mais novos andavam, pressurosos, cruzando suas terras a cavalo e dando ordens. A casa das caldeiras e a casa de purgar necessitavam reparos. Devia-se retomar o plantio de mandioca e algodão, em pequenas roças marginais, fazer engordar a criação de porcos. Para os rapazes, era uma oportunidade de aprendizado: há muito não viam o pai tão ativo no campo, e nunca o haviam acompanhado nessa atividade, quando menores. Agora suavam como ele, bebendo em grandes goles a água que as mucamas lhes traziam em bilhas de barro.

José Joaquim mirava o horizonte, apertando os olhos contra a claridade, tentando calcular quanto faltaria para reconstruir todo aquele mundo, reativar a produção do engenho, capturar, em alguns casos, às custas de recompensas, alguns escravos fugidos, negociar com a venda futura dos lotes de açúcar. Seria preciso despender grandes somas para que tudo voltasse a ser como dantes e os Argollo já haviam gasto uma fortuna com a guerra, assim como as outras grandes famílias da região. Algumas se viram mesmo falidas, tendo que recorrer a empréstimos junto a comerciantes da capital, inclusive ingleses. Os Argollo talvez se vissem constritos a vender algumas propriedades menos rentáveis, e seguramente o preço obtido por elas seria aviltante. Essas preocupações corriam por sua mente, mas ele se fiava na última botija ainda escondida, com vários contos de réis que lhe seriam úteis, pepitas de ouro e pedras. Era o suficiente para retomar a produção do engenho e executar os planos que tinha para os próximos meses.

Enfim, mais um setembro chegava... Apesar dos tempos economicamente difíceis e de ser um homem relativamente pragmático, José Joaquim acabou cedendo à tradição, por insistência de Virgínia. Ela argumentava que proceder à primeira moeção do ano sem a devida festa da botada, com missa e tudo, não seria de bom agouro.

- Nada disso se presta a ajuntar fazenda! - ele repetia, apesar de lembrar de sua botija. Não era avaro, mas os tempos não estavam propícios para gastança. Entretanto, Virgínia insistia que algumas tradições deveriam ser observadas e ele a olhava, então, meio de soslaio, pensando que a mulher até parecia a velha Don'Anna a falar.

José Joaquim concordou em realizar a festa, mas em menores proporções. De qualquer forma, a decisão envolveria expedir cartas de convite a parentes, compadres, amigos e senhores vizinhos. A cana flechada, já esbranquiçada, começou a ser ceifada e transportada em carros de bois até a casa de moeção. As palhas eram aproveitadas para enfeitar pilares, tetos e paredes, juntamente com palmas de dendezeiros, coqueiros e pindobeiras. Padre Flávio foi avisado de que haveria missa na festa do engenho e mostrou-se muito animado.

A casa-grande entrou então em alvoroço de preparativos. Grandes mesas eram montadas sobre cavaletes, à sombra das três mangueiras frondosas que ladeavam a capela de fora.

Esta permaneceria trancada. Virgínia decidira que seria melhor rezar-se a missa diante da casa de moeção, onde também havia sombra, pois a capela era pequena e abafada e a primavera vinha entrando quente naquele ano. E assim, mantinha também a promessa que a si mesma fizera, no dia do enterro da sogra.

Na véspera do dia da festa, os convidados que vinham de locais mais distantes principiaram a chegar. Aquela já seria uma noite de comemorações, com farta ceia e grande variedade de licores. Na manhã seguinte, os demais convivas foram aparecendo desde cedo. Abastados cavaleiros de acentuado donaire, mocinhas e crianças em carros de bois enfeitados, algumas damas preferindo ainda a rede ou mesmo a cadeira de arruar. Todos nas suas melhores roupas, com animais agaloados e muito brio. Casacas empertigadas de veludo, garbosas camisas de bretanha, vestidos de seda trespassados de fitas, chapéus de largas abas. Certa dama era alvo de comentários despeitados, por ter usado, à moda de França, plumas na cabeça, inclinadas para a frente. Uma profusão de mucamas e pajens vestidos com alvíssimas roupas de algodão, alguns enfatiotados com alvo linho engomado. Abanavam seus senhores, espantavam insetos, corriam a trazer-lhes refrescos, a providenciar sombra.

Os tão aguardados festejos foram iniciados com a missa celebrada por Padre Flávio sobre um tablado montado diante da casa de moeção. Ao latim dos compenetrados responsórios, misturava-se, ao fundo, o som de conversas animadas. A missa terminou com a aspersão de água benta sobre a moenda, as canas e toda a casa de moeção; também sobre a família Argollo, que se encontrava reunida com exceção de Alexandre, que não pudera abandonar seus afazeres na cidade. Atravessando a assistência, o padre benzeu ainda, simbolicamente, todo o engenho, aspergindo a água o mais longe possível, na direção da casa-grande e dos canaviais.

Após a missa, começou finalmente a rodar a moenda, puxada por bois adornados de flores e palmas trançadas, conduzidos por escravos. As primeiras canas, enfeitadas de fitas, foram colocadas por José Joaquim e seus filhos, depois por Padre Flávio e por outros senhores presentes.

- Está botada a cana! – anunciou José Joaquim, com sua voz abafada pelo estrondo de foguetes. Os convidados gritavam vivas, e se podia ver que àquela gente retornavam a felicidade e a esperança de um porvir próspero. Os olhares brilhavam de contentamento.

Agora era hora do lauto almoço que seria servido nas grandes mesas, à sombra das mangueiras. Assados de porco e de vaca, perus e galinhas, queijos do reino, feijão e arroz. Não podia faltar a farinha de mandioca, que era levada aos comensais para que a colocassem nos pratos. Durante toda a refeição, os mais diversos brindes eram levantados, exaltando os anfitriões, o Recôncavo, o bravo povo baiano, o Imperador, a bravura das tropas baianas, um ou outro militar mais destacado nas refregas.

Os Argollo, sempre tão austeros, deixavam-se contaminar pela alegria. Riam mais do que permitia sua severa compostura. Uma compostura que talvez já não combinasse tanto com os tempos que estavam a chegar. José Joaquim, habitualmente sisudo, ou pelo menos introspectivo, sem grandes demonstrações de afeto à família, estava sob uma das mangueiras conversando, sorridente, com alguns senhores vizinhos e Jerônimo, tendo na mão um cálice de licor que uma escrava já enchera três ou quatro vezes. O senhor Argollo bebericava e suas faces avermelhavam-se e seus olhos iluminavam-se, enquanto repousava a mão sobre o ombro do filho. Virgínia ia e vinha por entre os convidados, prestando seus sorrisos, agradecendo os elogios que se fazia ao engenho, à casa, a seus filhos. Como eram tidos tão bem, crescidos e vistosos! Ela os via ali, na festa, misturados aos convidados, e lhe vinha um calor no coração e era isso que ela entendia ser o amor. Só Cândida às vezes tinha um ar um tanto distraído... Mas Virgínia fingia não ver para não se lembrar de um sonho mau, cujas consequências não haviam findado ainda todas.

As comemorações atravessaram a tarde e prosseguiram pela noite com música, danças e gracejos, e ainda muitos brindes, tendo por objeto as belas damas. As risadas agora se elevavam e podiam ser ouvidas de longe. Um jovem com pendores artísticos recitava poemas em homenagem a esta ou aquela senhorinha, e colhia aplausos efusivos. Flores colhidas no jardim do engenho eram oferecidas com galanteios.

A primeira festa da botada no Engenho de Nossa Senhora do Socorro, depois de expulsos da Província os portugueses, não fora tão faustosa como outras anteriores, no Socorro e em outros engenhos, mas prosseguiu até tarde. Havia algo especial na atmosfera, que deixava as mentes e os corações mais bem dispostos e amigáveis. E talvez, naquele dia, nenhum dos Argollo, nem nenhum de seus convidados, percebesse com a devida profundidade o que ocorria ali. Pois, era esse o primeiro passo para a reconstrução daquele mundo: o retorno do açúcar e da tradição. Retornavam envoltos numa crista um pouco diversa, mas, ainda assim muito bem reconhecíveis. O mesmo açúcar e a mesma tradição! Por isso, aquela festa da botada, simples aos olhos dos Argollo, permaneceria nas lembranças dos convivas por muitos anos e seria narrada vezes sem fim.

XLIV

O medo pode bem ser mudo, como a dor e a saudade e a visão das lutas perdidas. As águas verdes não mudam nada, porque o mar é só o mar: um caminho que não permite rastros duradouros. As histórias afundam, afundam e os sonhos, que não se realizam, não encontram nele berço. Deixam apenas um eco esmaecido.

O mar era a estrada que levava Cândida agora, que a separaria para sempre do engenho, das horas de reza no gineceu, do canto entoado de Damásia, da lembrança de João Feliciano... A família a acompanhava naquela viagem com pompa; essa pompa dos senhores do Recôncavo quando se davam aos caminhos da Bahia; essa pompa que agora lhe era supérflua e mesmo funesta. A escuna ia cortando as águas, mas era sua alma que se retalhava de um temor certo e claro: não voltaria a ser inocente a ponto de sonhar ou amar.

- Quem me há de responder, Luzia, por que não fui eu feliz? Tão belo me parecia meu amor... Semelhava um sol que não houvesse nascido jamais, senão no dia em que lhe pus os olhos. Ah! Mas ai de mim... ai de mim, Luzia. Quem me há de responder a razão da minha desaventura? Por que não fui eu feliz?

A seu lado ia Luzia silenciosa, mirando as terras verde-acinzentadas das margens da baía, terras que não pisara nunca. Às vezes, desciam-lhe pelas faces umas lágrimas, que ela enxugava muda. Outras vezes, chegava mesmo a soluçar, porém, depois de alguns minutos, engolia o choro e pousava a mão um pouco trêmula sobre a murada da embarcação. Seu filho ficara no engenho, para ser cuidado por outras escravas. Enquanto o tivera junto a si, cosiderara-o mais como um fardo, mas agora que não sabia se algum dia tornaria a vê-lo, sentia crescer em si uma angústia por aquele destino que lhe fora reservado: terminar apartada do filho que não desejara e sofrer por isso. Findar trancafiada, no convento, com a sinhazinha que desejara usar para se vingar... Era inteligente o suficiente para ler naquilo tudo uma ironia.

E Cândida seguia perguntando a si mesma e à escrava: de que adiantava agora soluçar, Luzia? Sim, de que adiantava passear pela paisagem aquele olhar langoroso de desilusão, molhado pelos borrifos de água salgada que a proa da escuna lhe atirava no rosto? E por que chorar um rebento que ficara para trás e que, ademais, não desejara nunca? A voz que decidia seus destinos dera já sua sentença, grave e irremediável. De nada adiantara recorrer a Virgínia. Não era esta também tão impotente quanto elas? E, de que adiantaria fugir agora? O mar seria só um sepulcro sem fundo e Cândida sabia ser honesta consigo mesma: a vida, ainda que vestida do negrume do claustro, era melhor que vida nenhuma. Trazia ainda a lembrança das aparições no corredor da casa-grande; aquela mulher que agora sabia ter sido sua tia. Vira como a tristeza pudera segui-la, mesmo na morte. Então, de nada adiantaria morrer para fugir da tristeza.

Seguiam para a cidade, a instalar-se no velho solar da Rua da Oração, onde os aguardava Alexandre. Em meio à labuta e às preocupações que lhe haviam reavivado o ânimo por quase doze meses, desde a vitória sobre os portugueses, José Joaquim não descuidara das ordens para a sua restauração, sob a administração do filho mais velho. Arrombado e saqueado pelos soldados portugueses, fora preciso reparar janelas e portas, capinar o quintal, limpar as paredes, consertar telhas e móveis, encomendar novos conjuntos de canapés de jacarandá e palinha. Não se poupara dinheiro para que estivesse em condições de ser reaberto na data marcada para a chegada da família Argollo à cidade.

Nas semanas que antecederam a viagem, Virgínia, de seu lado, viu-se assoberbada com as providências, mas assumiu-as com certa alegria. Corria pela casa, ocupada com as escravas que lavavam, passavam e dobravam as roupas a serem levadas à cidade. Baús eram abertos e fechados vezes sem conta. Louças e pratarias embaladas com cuidado. Nada podia faltar!

José Joaquim também se dera ao trabalho de expedir convites para pessoas importantes, compadres e amigos da capital. Desejava uma grande celebração para o dia da entrada de sua filha como noviça, no Convento de Nossa Senhora do Desterro. Era evento de grande significado. Apesar de a situação econômica da Província ser ainda muito preocupante, não regateara no dote para o Convento: 2 contos de réis para as freiras e mais 350 mil réis para o capelão. Além disso, doava uma vaca, que seria leiloada no dia da festa e cujo lance vencedor seria entregue às freiras. E, por fim, ia também a escrava Luzia como parte do dote. Trabalharia muito para a noviça Argollo, era verdade, mas passaria a ser propriedade das religiosas. Tudo seguia à risca os costumes e os valores envolvidos eram dignos da família. Virgínia o fizera notar que as religiosas haveriam de ser indiscretas e o valor do dote seria divulgado. Não se podia correr riscos, portanto, já que se tratava da reputação da família em assunto de suma importância: a entrada de uma moça Argollo para o convento mais prestigiado da Província, com o qual rivalizava só o das irmãs Capuchas Recoletas, na Lapa.

Virgínia, de sua parte, também cuidou para que houvesse até certa extravagância na encomenda, por cartas, de comidas e bebidas para a festa. Licores de rosas, jenipapo e maracujá produzidos pelas próprias freiras; vinhos de Carcavelos e da Madeira encomendados a um comerciante inglês da cidade; empadões de galinha, peixe e lombo de porco; queijos do reino; pães de chouriço encomendados a um espanhol, proprietário de recém-aberta casa de pasto no bairro da Praia; caçarolas de cozido completo; os doces delicadamente preparados pelas religiosas... suspiros, papos de anjo, pingos d'ovos, carícias, pastéis de Santa Clara, toicinhos do céu, beijos de freira... seria tudo servido a não mais poder para regalo dos convivas e posteriores comentários na Província.

Cândida estava ciente de todos aqueles preparativos e sentia-se abater por uma modorra. Faltavam-lhe as forças para lutar, negar-se a seguir aquele destino. Agora estavam ali, singrando a baía. Os irmãos, excitados pela novidade; Júlia, debruçada na murada da embarcação com os olhos fechados, a sentir o vento bater-lhe no rosto. Cândida não reconhecia em nenhum deles nenhum sinal de compreensão da sua agonia.

Exceto em Damásia... A velha trazia um olhar diferente. Desde que se recuperara da enfermidade, tinha as pálpebras inferiores meio descoladas, deixando entrever a mucosa vermelha, o que lhe dava uma aparência um pouco demente. Seu olhar estava meio parado e pousava às vezes em Cândida como a lhe dizer que tivesse paciência. Talvez temesse que a moça retomasse aquele ímpeto que lhe era natural e se revoltasse, ou decidisse fugir. Mas nem a própria Cândida conseguia reconhecer-se. Sentia sua força esmorecida, incapaz de levantá-la contra as ordens de seu pai. Talvez se houvesse esgotado naquele momento em que Don' Anna erguera contra ela a vara de metal, em que Damásia ajoelhara-se, chorando, revelando uma verdade de pasmar. Talvez sua força houvesse sido lavada por aquela chuva ameaçadora, varrida para longe com a enxurrada, a lama da terra argilosa que se entranhava nas suas vestes e que era a matéria mesma de sua própria pele e veias. E, claro, havia a presença trêmula de Luzia, chorosa, que por vezes abria a boca, balbuciava palavras, como se lhe desejasse contar algo.

Entretanto, recuava e aquietava-se. Cândida, enceguecida por seu próprio sofrimento, não percebia o quanto de aflição vinha também no coração da escrava.

Chegaram à cidade em meio a grande burburinho. O bairro da Praia agitava-se com o retorno da antiga rotina. Os dias ensolarados de janeiro e fevereiro haviam dado lugar à temperatura mais amena de março e abril. Mas, como sempre, o sol iluminava as fachadas coloridas das casas de comércio, as roupas brancas das negras de ganho espalhadas pelas ruas, as paredes caiadas das torres das igrejas, até que maio chegou.

O dia da tomada dos votos ia se aproximando, com tardes chuvosas e ensolaradas alternando-se sobre a azáfama da família. Visitas importantes chegavam ao solar: políticos e militares que discutiam política com os homens da casa. Coronel Theotônio Monteiro da Rocha, procurador das religiosas do Desterro, viera acertar os últimos detalhes do pagamento do dote. Os escravos serviam licores nas bandejas de prata de lei, areadas diariamente com zelo. O movimento da rua entrava pelas janelas, mas não tirava Cândida de sua apatia. Ela via tudo aquilo e participava dos preparativos como um fantasma. Como se, por uma ferida, seu sangue tivesse escoado. Virgínia achava-a pálida e lhe dava por vezes uns beliscões nas bochechas para corá-la um pouco, antes de receberem alguma visita: primas distantes e comadres que passavam a tarde tagarelando com bastidores e agulhas nas mãos, comparando seus bordados, rodeadas de suas mucamas a abaná-las. Todos pareciam animados e esperançosos com o fim da guerra e o inevitável, conforme se dizia, reconhecimento da independência do Brasil pelas nações européias.

As provas do hábito de noviça eram feitas pelas costureiras no quarto de Cândida. Não se usava mais no Desterro vestes tão luxuosas quanto antes, devido ao combate sem trégua que haviam dado os vários Arcebispos, no decorrer dos anos, aos costumes pouco sóbrios daquele Convento. É certo que ainda se encontravam em suas celas as sinhazinhas freiras, oriundas das grandes famílias da cidade ou do Recôncavo: Brito Sampaio, Pires de Carvalho, Aguiar Villas Boas, Bulcão, Rocha Pitta... A velha rivalidade com as religiosas dos Conventos da Lapa e da Soledade prosseguia.. Mas o luxo vistoso de outrora se esvaíra. Ainda assim, desfilavam diante de Cândida calções e meias de seda, camisas de cambraia fina lavradas de cassa, rendas largas de Rouen e Bretanha e grandes golas bordadas. As toalhas de cabeça eram por certo mais compostas que as antigamente usadas, mas ainda eram feitas de um véu finíssimo e esvoaçante. O hábito em si tinha as mangas largas e, assim como o manto, era enfeitado por fitas de seda torsada e tinha uma cauda que lhe dava mais um aspecto de túnica de festa.

Várias foram as idas ao Convento do Desterro, cheias de longas horas de rezas na sua Igreja ou na Capela do Santíssimo Cruxifixo dos Passos, com seu altar de três nichos ornados de bela talha dourada. Foram demoradas as conversas com a Abadessa, Madre Gertrudes de São José, no parlatório de pesadas cortinas e onde grades de ferro separavam os interlocutores. Ali, na presença de Virgínia, a Madre lhe contara mais histórias sobre a casa e os exemplos de tantas irmãs que pelos séculos afora haviam deixado suas vidas inscritas nos vãos das arcadas do claustro, com os quais procurara inculcar fervor na jovem. Cândida não via o rosto da Abadessa, cuja voz soava calma através da cortina e das grades, com uma rouquidão que não se notava logo, mas somente depois de se passar certo tempo a ouvi-la:

- Lembra a santa vida de Madre Maria Vitória da Encarnação, que expirou a 19 de julho de 1715. - a Abadessa contara solene - Mortificava-se com cilícios e disciplinas feitas de couro cru e cordas de violas. A fim de trazer consigo sempre a lembrança da morte, tinha em sua cela caveiras, dentre elas a de seu pai. - - Todas as noites de sextas-feiras, com pesado lenho às costas e coroa de espinhos à cabeça, corria a via crucis. De uma feita, na Quaresma, como desejasse a todas exceder em martírio, correu a via crucis trazendo à boca a canela dum defunto, ainda fétida! Esse exemplo, minha filha, deu-nos para vivamente alembrar quão cedo se nos chega a morte e a que nos há de reduzir!

Cândida pestanejava em silêncio enquanto ouvia a religiosa contar aquelas histórias e desfiar os nomes de tantas outras irmãs: Madre Maria da Soledade, Madre Margarida da Coluna, Madre Rosa Maria do Sepulcro... E não deixava de pensar que todos aqueles nomes estavam já esquecidos pelo mundo, mortas que estavam aquelas mulheres já em vida.

Tomaram ainda providências para que Cândida viesse a ocupar uma boa cela, com bancos de pedra de cantaria junto à janela, uma boa cama e baús, uma grande cômoda de jacarandá entalhado, bacia e jarro de bronze. Luzia dormiria num pequeno quarto junto a outras escravas que, assim como ela, eram doadas ao Convento e acompanhavam suas senhoras no claustro para servi-las e assegurar que não sentissem falta do conforto de seus solares de origem.

Cândida deixava-se às vezes perambular pelos corredores. Foi lhe permitido adentrar o claustro e conhecer outras noviças, que por ali vagavam como fantasmas, ora iluminadas, ora escondidas pelo jogo de sombra e luz que as arcadas do pátio central armavam. Imaginava-se naquelas vestes, percorrendo aqueles corredores, sem ter jamais esperança alguma de transpor de volta os portões para a vida dantes. Imaginava quantas, como ela própria, haviam visto suas existências transcorrerem ali, deixando de serem moças para tornarem-se algo que ela, Cândida, não conseguia bem entender o que era. Compreendia que o Convento era antigo e muitas almas deveriam ter tido ali a mesma desesperança que agora ela nutria, ao olhar para a torre sineira, ao encostar-se nas arcadas caiadas de branco, ao caminhar sobre as lajes de mármore.

Àquela altura, já ouvira muitas histórias sobre o Desterro, além daquelas contadas pela Abadessa. Contaram-lhe que, ainda no século XVI, afastada do povoamento que Thomé de Souza fundara, era apenas uma elevação deserta e paludosa, separada da colina da cidade por um vale profundo, onde agora se abria a Rua da Vala. Ali se erguia, quase engolida pelo mato e esquecida de todos, uma capelinha cuja invocação era a Sagrada Família em sua fuga para o desterro no Egito; uma construção muito simples, de tábuas de madeira e barro, com telhado de palmas. Por causa de tal capela, o local ficou conhecido como Desterro.

Dizia-se que, no ano de 1567, ia um homem por aquelas bandas, com seu cavalo e alforjes, quando resolveu apear diante da capela e lá dentro rezar. Após suas orações, saindo do pequeno templo, sentou-se para descansar e adormeceu. Foi despertado por uma dor intensa e viu-se enredado por uma grande jibóia, uma das muitas que habitavam aquelas paragens ermas.

Aterrado, sentindo-se asfixiar e já quase desfalecer, o homem lembrou-se da Senhora do Desterro, sendo conduzida com seu Menino Jesus, a quem havia rezado havia pouco. Invocou-a, em desespero, rogando socorro. Foi, então, que se recordou da faca que trazia à cintura. Lutou para alcançá-la com a mão direita, até que conseguiu desembainhá-la e golpear a serpente, matando-a.

Uma vez livre, ajoelhou-se e agradeceu à Senhora do Desterro a graça alcançada. Colocou a cobra sobre o dorso do cavalo e dirigiu-se à cidade, adentrando-a com grande alarde, gritando a todos os passantes o que lhe sucedera e como alcançara uma graça miraculosa de Nossa Senhora.

Dessa forma foi que o povo da cidade da Bahia resolveu construir, no lugar da pequena capela, uma hermida, feita de pedra, para abrigar as imagens da Sagrada Família em fuga para o Egito. O Governador Mem de Sá contribuiu enviando seus escravos para que capinassem o local, livrando-o do mato e das cobras. Nas paredes do novo templo, foram penduradas a pele da jibóia e a faca que o homem usara para matá-la. Junto à hermida foi que o Mestre de Campo João de Araújo ergueu algumas pequenas casas para que ali se recolhessem mulheres.

E foi assim que aquele lugar começou a ser cogitado para a instalação de um convento. O próprio Governador Mem de Sá mencionara esse intuito. Por fim, em 1665, Sua Majestade o Rei de Portugal concedeu à Câmara da Bahia o sítio do Desterro para a fundação do Convento e recolhimento das filhas das famílias mais nobres da Província.

Apesar dos breves publicados pelos Papas Clemente IX e Clemente X, só em 1676, após muitas dificuldades, pedidos ao Rei, embargos, idas e vindas, foi que se encontraram quatro religiosas da ordem das Clarissas, com coragem e abnegação suficientes para se fazerem transportar à Bahia, enfrentando os perigos do mar proceloso, para lá permanecer por dez anos.

A população estava curiosa para ver as primeiras freiras que pisavam na Bahia: as quatro Madres fundadoras. Estas encontraram no Desterro apenas as mesmas casas doadas pelo Mestre de Campo João de Araújo e que não eram apropriadas para a observação das regras de clausura. Os anos que se seguiram foram de grandes provações para elas, às turras com a Câmara, escrevendo ao Rei, caçando doadores, a fim de conseguir levantar os fundos para erguer o convento.

E assim foi que, ao longo de décadas, foram construídos os dormitórios, a portaria, aumentada e embelezada a capela com dinheiro de impostos, dotes de noviças e doações. O número de freiras aumentava, assim como a preocupação da população e do clero local com o luxo das sinhazinhas reclusas, as transgressões às regras de sua Ordem e os escândalos que dele advinham.

De tão condenadas práticas, poucas restavam, mas de uma delas os Argollos não poderiam prescindir: caberia ainda a Luzia, por ser a escrava que entraria para o claustro como doação da família, desfilar por três dias pelas ruas da cidade, enfeitada de jóias e bem vestida, a fim de chamar a atenção e assinalar sua futura função. Se esse ritual não fosse cumprido, a religiosa seria considerada gente de cepa inferior.

Mandar-se-ia também enfeitar a portaria do Convento. Na área externa, contígua à portaria, começava a erguer-se um palanque coberto, onde se sentariam a família e os convidados mais ilustres durante a festa. Grandes mesas eram arrumadas sobre cavaletes e as toalhas de linho bordado eram passadas e engomadas com esmero.

- Quem me há de responder, Luzia, por que não fui feliz? Tão belo me aparecia o meu amor... Semelhava um sol que nunca houvesse subido, senão no dia em que o vi. Ah! Mas ai de mim...ai de mim, Luzia! Quem me há de responder por que tudo sucedeu assim? Por que não fui eu feliz? - e Luzia escutava repetidas vezes aquele mesmo lamento, emudecida. Por fim, também seus olhos se molhavam e se perdiam no vazio, nos gestos automáticos da arrumação tristonha, trêmula porque inapelável.

Chegado o dia da festa, cedo já o alvoroço tomava o Solar da Rua da Oração. Escravas vestiam e arrumavam a noviça, sob o olhar atento de Virgínia e Damásia. A um canto do quarto, Luzia observava muda. Estava cansada dos três dias de caminhada pela cidade, sob a chuva fina que caíra e que o guarda-sol, carregado por um escravo, não impedia de molhá-la. E, com o cansaço, sentia crescer dentro de si um desespero ao qual não ousava (e como poderia?) dar voz.

O resto do dia passou-se para Cândida como um sonho. Muda, com os olhos melancólicos, atendeu à missa na capela do Convento. Como os sons eram diferentes ali, dos sons de uma outra manhã, numa outra missa, numa outra vida! Uma época de uma esperança destemida, de uma vivacidade jovem e curiosa. Tudo estava agora guardado num abraço escurecido; aquelas lembranças haviam se tornado uma tarde modorrenta e mal-alumiada. O ciciado das preces mal lhe chegava aos ouvidos, abafado pela memória do sussurro tão mais vivo das palhas das canas vergadas em seu verde brilhante, na saudação diária aos passantes e vindouros ventos. Com a visão da figura sorridente de João Feliciano... O cheiro da terra argilosa do Recôncavo, o aroma agridoce do melado em fervura e a sensação deliciosa de esperar o momento em que seu coração bateria mais forte. O sol se esvaía sempre no mesmo silêncio calmo e frouxo, quebrado aqui e ali pelas vozes dos feitores lá longe... longe... o sofrimento, a dureza do eito, o suor dos negros. Cândida não os conhecia, mas era lá, no engenho, que residia para sempre a memória do amor que tivera.

De que adiantava a ternura dos sonhos de amor? Tudo seria esquecido como seu próprio nome, que em breve seria mudado para que renascesse dentro da clausura. Nas rezas noturnas, quem se lembraria que ela havia sido Cândida Teive e Argollo, um dia? Quem saberia das palpitações em seu seio? Quem traria notícias de João Feliciano, um dia, se algum dia, como num milagre, ele volvesse à luz e reaparecesse como o predestinado amante, o prometido, o retornado, o encoberto...? Quem saberia que no fundo daquele Desterro, disfarçada de morte, estava a víscera mais profunda da esperança? Esperança e destino: quem os desenlaçaria para ela? Quem desfaria o nó? Quem quebraria o ferro gélido das cadeias? Quem refaria a cal e alumiaria os corredores daquela casa andrajosa que era seu coração?

Permaneceu sentada onde lhe indicaram, no centro do palanque e comeu apenas o necessário para disfarçar seu estado de espírito que, para todos, passava por contrição e sinal de verdadeira vocação para a vida religiosa. Virgínia comunicava a alguns o nome que, uma vez chegado o momento, já se pensava em escolher para a religiosa: Cândida do Sagrado Coração, piedosa freira dos Argollos, a rogar as bênçãos do paraíso para seu clã, olhando por toda a parentela e seus afazeres pequenos, nos seus miúdos dias de engenhos e fazendas.

A seu lado, Luzia permanecia de pé, como a confirmar que seria seu anjo da guarda naquela nova vida que se iniciava. Estava confusa e seu olhar não o escondia. Sentia medo? Não! Só o desconforto de ser escrava, aquele mesmo desconforto das vontades roubadas, da falta de liberdade de qualquer choro que pudesse lamentar sua vida, seu ventre, seu futuro.

Os senhores Argollo estavam radiantes. Os convivas comiam e bebiam felizes, como fizeram meses antes aqueles que participaram da festa da botada. Correu o leilão da vaca, com a voz do leiloeiro animando a generosidade de todos para com uma casa de Deus. Ao cair da noite, veio a hora da despedida. Restavam alguns poucos convidados mais íntimos. Cândida deveria dirigir-se à entrada da portaria, acompanhada das demais freiras que haviam participado da festa por estarem liberadas da clausura. Ali, com os olhos marejados, mas ainda muda, beijou os pais, os irmãos e Damásia. Suas mãos demoraram-se dentro das mãos da velha escrava, apertando-as. Luzia estava trêmula, segurando a cauda do hábito de sua jovem senhora. Sua boca tremia na tentativa de conter o choro. Os familiares recuaram e os portões foram lentamente sendo fechados. Cândida, estática, pálida, permaneceu mirando-os. Uma sombra foi se abatendo sobre elas, conforme os portões iam correndo seu caminho. A distância ia aumentando, o mundo ia se apequenando, como o sonho de que se tenta lembrar ao meio dia. O universo dos fatos possíveis morria lá fora e Cândida e Luzia foram ficando ali, engolfadas pelo passado amarelecido, esquecidas para toda luz.

Por fim, soou o som pesado dos ferrolhos e estava terminada a cerimônia. Na rua, os escravos preparavam-se para carregar as cadeiras. Os Argollo voltaram-se para a via e começaram a retirar-se. Alexandre tinha agora sempre aquele ar preocupado de quem tinha diante de si muitos afazeres importantes. Seus irmãos e irmã estavam felizes porque gozariam ainda por alguns dias o ar da cidade.

Foi então que se ouviu, vindo de dentro do Convento, um grito estranho, gutural, cheio de desespero. Um urro de pranto que rompia uma garganta de mulher jovem. Uma tristeza que invadia os ares e subia aos tetos, às arcadas; que ribombava como um tiro pelas paredes, ecoando longamente, como se quisesse tornar-se eterno, destruindo as grades, galgando uma altura de voo.

Do lado de fora, os Argollo estacaram. Virgínia e Joaquim trocaram um olhar de indagação. Mas depois dessa breve pausa, prosseguiram seu caminho... Pelo timbre da voz, não se sabia ao certo quem soltara aquele grito triste: se Cândida ou Luzia...

XLV

Dia após dia, a Iyalaxé cumpria seus rituais e ensinava a Domingas o conhecimento de seus antepassados. Era preciso cuidar do axé, do preparo das oferendas, aconselhar os que a procuravam para consultar os cauris. À noite, contava-lhe estórias de seu povo. Falava da grande migração, com todo o povo seguindo o pai Oduduwa e os guerreiros-caçadores pela floresta, em direção ao oeste, onde se fundara o Reino de Ketu. Falava também de Odé, antepassado rei de Ketu, deus das florestas, da caça e da fartura, deus que reinava sobre o que havia de mais antigo na existência dos homens: a luta pela sobrevivência. Ensinava como se devia saudá-lo - Okê Odé, okê Arô - para que primeiro se honrasse o deus e depois seus descendentes, a linhagem de Arô. Falava também de Oxum, a deusa do rio que corria em Ijexá, a mãe das crianças pequenas, o amor tão grande que engole tudo o que é ruim. Contava as histórias dos reinos de Oyó e Ketu, agora destituídos de seu antigo poder pelos seus inimigos jejes do poderoso reino do Daomé.

Às vezes, a Iyalaxé deixava transparecer um tom de tristeza em sua voz, quando narrava sua vida antes de passar ao Brasil. - Nome de Iyalaxé é Yetundé! - e a história então se alongava, pois contava da guerra, dos ataques dos vizinhos do Daomé às cidades de Ketu. Descrevia aquelas cidades como belas, amplas e livres, bordeadas pelas florestas. Falava de como escapara de Iwoyê, quando do grande saque, e de como seu grupo em fuga fora interceptado, raptado e feito escravo.

Porém os deuses de sua mãe pareciam estar contentes, porque a paz passeava pelas roças do Rio dos Seixos e se estendia pela Vila Velha e mesmo sobre a Cidade da Bahia.

Todo aquele tempo, a sacerdotisa observava Domingas e via seu ventre crescer, seu corpo arredondar-se. A moça nada dizia, como se fosse óbvio seu destino e nenhuma história houvesse a ser contada. Mas não era mesmo assim? Podia sentir os olhos da Iyalaxé examinarem sua alma, lendo-lhe os receios e angústias, descobrindo em seus olhos o que não podia ser ocultado de forma nenhuma; uma dor extenuante, embora muda. Que havia a contar já que ela tudo compreendera? E não era assim a vida: brotando de seu corpo, imponente, resoluta, fazendo-se notar mais e mais a cada manhã?

Enquanto isso, Capitolina cuidava do pequeno Alexandre por ali, habitando o terreiro, confortada por ter encontrado um recanto onde pensar na vida, em Maria Idalina, no futuro daquela criança que lhe fora confiada. Sabia que ela possuía um pai, um senhor rico e poderoso, mas será que ele viria um dia? Será que os encontraria pelos caminhos perdidos das margens do Rio dos Seixos? Capitolina não tencionava retornar à cidade. Para quê, meu Deus? Para não ter como viver? Para esmolar pelas ruas? Seus olhos já não permitiam que costurasse ou bordasse e sua aparência velha e enfraquecida não atrairia muitas clientes, de qualquer forma. Menos ainda aquelas abastadas, que pudessem pagar bem. Não... era melhor quedar-se ali, onde era bem-vinda, alimentada, protegida. Onde uma paz familiar aquecia suas tardes como se ela agora, por fim retornada a uma infância tenra, precisasse ser também embalada e repousar. Penteava seus cabelos brancos, sentada à entrada de uma das casas do terreiro, às vezes deixando seu olhar perder-se um pouco, como se os fantasmas dos anos idos lhe viessem visitar, dançando em volta da grande jaqueira do terreiro.

Os meses passaram-se e Domingas afinal sentiu-se tão pejada que preferia permanecer deitada numa rede. O pequeno Alexandre lhe vinha então fazer companhia, remexendo com suas mãozinhas o cabelo de Domingas, agora trançado em várias fieiras com contas brancas. Ali mesmo ela sentiu suas dores e, numa esteira de palha, com a ajuda das outras mulheres do terreiro, deu à luz seu filho, um menino claro e grande. Era noite quando ele nasceu e, no recinto mal-iluminado, a Iyalaxé apertou os olhos, esforçando-se para vê-lo melhor. Pegou-o para mostrá-lo à mãe. Domingas sorria, apesar da dor, do suor, do medo e da tristeza. Tinha seu bebê ao peito e isso a consolava. Ele mamava e ela aprendia assim um pouco mais sobre como funcionava a vida. Sentia-se mudada, maior, mais próxima das outras mulheres.

Conforme seu menino ia crescendo, constatava nele alguma semelhança com o pai, do pouco que podia ou desejava lembrar-se dele. Conformada, esquecia o infortúnio, cuidando do filho, alegrando-se ao vê-lo engatinhar e dar os primeiros passos, com sorriso e hesitação inocente. Perguntava-se o que lhe diria quando um dia indagasse quem era seu pai... Diria que tinha sido um homem bom e belo e que havia desaparecido para sempre, quando da guerra contra os portugueses. Mas, e se quisesse saber se a mãe o amara? Que lhe haveria de dizer, então? Ah, diria que sim, sim! Que era um amor, um encanto... "Um homem tão doce, tão doce que uma tristezura lhe batia no peito quando dele se alembrava". E, se quisesse saber quem era aquele pai e que nome tinha? Qual nome? Um nome qualquer... Um nome de branco, pois não era possível esconder que o menino era um mulatinho bem do claro, com os olhos da mãe, mas com a aparência do pai.

Quem vinha visitar Domingas todas as noites era Tomé pescador. Era já um homem feito e sorridente. Trazia sempre sua viola e ficava cantando suas cantigas inventadas. Parecia tão feliz em poder quedar-se ao pé da moça... Ela não ficava mais lá em cima do outeiro! Agora estava ali, a seu lado, escutando sua música, aceitando de boa vontade seus presentes, as frutas que lhe trazia e os sorrisos e olhares longos que lhe postava. Plangia a viola com gosto, brincava com o bebê e ria.

- Se fô de seu gosto, Duminga, eu tomo seu minino como se meu fosse. Vancê pode vir morá comigo. Tem lugá pra nóis e até pra mais, se vancê quisé. - e de seu rosto vinha um sorriso doce, meio malicioso. Domingas pensava então em aceitar convite, mas seu olhar acabava pousando em seu filho, depois na copa da jaqueira e depois se perdia no céu.

Dois anos se haviam passado quando, numa ida à Igreja de Santo Antônio, com seu filho enganchado na cintura, Domingas cruzou com o padre, já na escadaria do adro. Era um homem magro e carrancudo, que olhava tudo e todos sempre por cima do nariz pontudo.

- Ô, negrinha! Faço gosto com teres passado hoje. Trata de correr aos fundos da casa e me varras o quintal, que estão as folhas já a fazer montes! - e, diante da inércia da moça, insistiu - Puxa, anda logo! Quero tudo limpo quando retornar!

Domingas olhou o homem. Estava pronta a obedecer mas, olhando para o chão, acabou pondo os olhos sobre os próprios pés calçados. Sentiu seu rosto quente quando respondeu:

- O senhô me dê sua bença, santo padre. Mas eu num tomo ordem anssim, não! Sô negra, mas não sô cativa. Eu sô é forra, de papel escrito e passado nos registro da cidade! Foi padre Eugênio que me mandô libertá! E meu filho já nasceu livre de tudo. - mas pensou rápido, mesmo com coração disparado pela ousadia da resposta. - Mas se o senhô me dé paga, eu trabalho sim, com gosto, que eu sô honesta.

O padre, a princípio, ficou estupefato com a resposta. Mas a menção ao nome de Eugênio tivera o condão de amansá-lo. Olhando-a de cima a baixo, aceitou a proposta e Domingas, por 150 réis ao dia, passou a limpar uma vez por semana todo o templo, a casa anexa e o quintal. E lhe vinha por isso uma sensação estranha... Conhecia cada recanto daquele local. Ali tinha nascido, vivido os dias calorentos e sentido a brisa marinha que balançava a água, depois as copas das árvores e depois sua saia. Mas, onde estava aquela vida antiga? As leituras da Bíblia com Eugênio e as cantigas de Ifigênia? Às vezes, nos entremeios de seus pensamentos e afazeres, surpreendia-se agindo como se ainda estivessem vivos. Uma vez mesmo teve a impressão de ter ouvido a voz de Eugênio. Depois se deu conta de que só poderia ter sido ilusão. Outra vez, ainda, chegou tomar o rumo da cozinha para falar à avó. Estacou no meio do caminho e as lágrimas chegaram quentes aos seus olhos.

Certo fim de tarde, arrumando sua trouxa, a mesma que trouxera da cidade, notou a chave que Ifigênia lhe dera, envolta na mesma correntinha prateada. Mais uma vez tantas lembranças pousaram em sua mente. Espantou-as, mas então terminou por sair voando com elas, numa revoada melancólica de anoitecer, pela enseada do porto até a encosta do outeiro, pelas torres da igreja, pelos bananais e coqueiros sussurrantes da barra da entrada da baía e pela roça do Rio dos Seixos. E, em meio a esse voo em busca de algum pouso pacífico, n'alguma copa de felicidade, foi que reviu o momento em que a avó lhe entregara aquela chave...

"- Vosmicê carregue essa chave dondi fô, inté se eu num tivé perto. E num deixe ninguém tomá de vosmicê, nem preto, nem branco. Essa chave é de yoyô Chico. Quem há de guardá é vosmicê pra intregá a ele, só a ele."

O que será que ela abria? Uma porta? Um baú? Com certeza a fechadura em que cabia estava na Igreja de Santo Antônio. Mas, por que tanto cuidado, tanta importância? Padre Francisco nunca retornara à Vila Velha depois de tê-la recebido, então o que quer que guardasse estaria ainda lá e a ele pertencia. Decidiu descobrir do que se tratava, presa entre medo e saudade, porque agora novamente vinha à tona uma tristeza e uma estranha sensação, como se todo aquele tempo na cidade não tivesse sido senão um mau sonho e Ifigênia e Eugênio pudessem, a qualquer momento, aparecer no adro da igreja, à luz causticante do meio-dia.

Com a chave pendurada ao pescoço, lá se foi Domingas para o trabalho. O varrer as folhas do pátio ajardinado que corria toda a lateral do templo... o arrancar as ervas daninhas, como vira sua avó fazer por toda uma vida. Mais tarde, o limpar o pó dos bancos de madeira, sob o olhar de Santo Antônio, que do altar parecia perguntar-lhe sobre aquela chave que balançava entre os seios da moça. O metal, antes frio, agora estava morno...

E, depois, como se o silêncio da tarde comandasse seus passos, experimentar todas as fechaduras, varrer os recantos em busca de alguma caixa, algum socavão perdido. Limpar o altar, descobrindo teias de aranhas pequeninas, escondidas do tempo que não as abatia.

Ali, do lado direito do altar, ao fundo deste, havia uma pequena porta pintada da cor da parede. Quem chegasse pela nave não a poderia ver. Quem a visse, com ela não se importaria... mais uma sala daquele mundo... sem importância, sem nome... A chave saiu do pescoço de Domingas para tentar a fechadura. Mas não coube nela. Procurando pelos cantos, encontrou uma outra pequenina chave, colocada num buraco cavado na parede atrás do altar. Esta, sim, girou asperamente na fechadura e acordou as dobradiças de seu sono... um rangido abafado, um bocejar metálico e a porta se abriu.

Os olhos espantados de Domingas tentaram acostumar-se ao escuro. Suas mãos foram tateando. Deixou a porta entreaberta para que um mínimo de luz a acompanhasse ali e com ela pudesse descer os degraus de pedra empoeirados. Depois veio um corredor que dobrava à direita e outra porta que se abriu também num espreguiçar reclamado. Retornou ao altar e tomou uma vela acesa. Refez o caminho degraus abaixo e, após transpor a porta, viu-se numa sala cheia de objetos estranhos.

À luz bruxuleante, ela experimentava passos hesitantes. As teias pareciam mãos, braços a querer tomá-la. Enredavam-se em seu cabelo, sua roupa, agarravam-se a seu rosto como a perguntar: "Quem nos desperta agora? Quem nos deseja roubar o sonho? Quem deseja tomar para si o que é secreto, o recôndito coração do templo? Quem?"

A pequena chama mal iluminava os objetos, mas podia ver-lhes os entalhes: um olho do qual saiam raios, um desenho estranho que lembrava quatro lápis abertos em dois "V", um de cabeça para baixo, e outro, de cabeça para cima. Num canto, túnicas brancas... mas não eram roupas de padre! Cálices, livros... muitos livros. Tudo empoeirado. Por sobre eles, aranhas haviam tecido estradas e bailado descansadas. Aproximou a vela e pôde ler-lhes as capas: uns traziam palavras em alguma língua que não conhecia; outros estavam escritos em latim, mas ela não os entendia. Sabia apenas palavras decoradas da Bíblia, não podia ler algo que não lhe tivesse sido desvendado antes por Eugênio. Em um grande livro leu: "De Li-be-ri Mura-to-ri". Em outro, leu: "Pe-Pedrei-ros Li-vres". Não sabia o que era aquilo... "Lo-gia Cava-vale-iros da Luz..." Nada fazia nenhum sentido e não conseguia atinar a razão de estarem aqueles objetos guardados ali.

Num canto, viu um pequeno baú coberto de pó. Agachou-se para abri-lo, mas estava trancado. Tentou sua chave e um tremor correu-lhe os músculos. Girou-a e a tranca soltou-se. Dentro, algo estava envolto num pano sujo. Com a ajuda da luz da vela, conseguiu descobrir o conteúdo e foi então que não conseguiu conter-se de espanto. Seus olhos se arregalaram e um arrepio mordiscou-lhe a pele, eriçando seu pelo, fazendo suas pernas tremerem. Levou a mão à boca para abafar o gemido de medo. Estavam ali, diante dela, duas mãos humanas, negras, intactas.

O que seria aquilo, aquele segredo de Ifigênia? Ou de Eugênio? Ou de Francisco? Ou dos três?

Permaneceu muda, sem saber o que fazer. O coração batia forte, num descompasso, quase a fazendo tossir. Com as mãos trêmulas, depois de refletir um tanto, resolveu fechar a caixa e, portando-a consigo, refez o caminho até a luz do dia. Decidida a levá-la para casa, fechou a porta atrás de si e atravessou a igreja e seu adro, a Vila, os matos da roça do Rio dos Seixos, a clareira do terreiro aberto diante do pequeno templo da Iyalaxé. Medo e confusão em sua alma! O desentendimento do passado, de tudo que tinha como certo sobre um tempo em que existia a paz diferente, macia, clara como uma manhã.

A noite inteira passou diante da caixa, sem saber o que pensar. Mas, enfim, antes que a manhã chegasse, um pensamento lhe veio iluminado, como se um vento lhe soprasse pelos ouvidos o conselho de que precisava. Caminhou com a caixa até os pés da grande jaqueira da clareira. Com a ajuda de uma pá, cavou até que encontrasse a resistência de suas raízes velhas. Naquele buraco, depositou a caixa, cobrindo-a depois de terra úmida, um tanto arenosa.

Retornou ao quarto aliviada. Havia um segredo, que permaneceria para sempre assim: uma palavra sussurrada por sua avó, no leito de morte, num passado feliz; num coração que era jovem e que via a manhã chegar trêmula de calor e dúvidas, mas bela.

O dia retornava. Era hora de lavar o rosto, de ajudar as outras mulheres no preparo do de comer; de cuidar de seu filho e conversar com a velha Capitolina; de rir com o pequeno Alexandre que corria pela clareira, inocente de sua origem e feliz somente por poder correr. Era hora de trabalhar novamente. Decidiu voltar à igreja e findar o trabalho do dia anterior. Levou consigo os pequenos. Eles podiam brincar no quintal, enquanto ela trabalhava, estendendo roupas, regando plantas. Enquanto mais um dia passava, para trazer mais outro, e mais outro...

Quando a tarde já ia pra lá de sua metade e o sol avisava que já ia se pondo, ela parou para olhar o céu, trazendo seu filho pendurado na anca direita. A luz do fim de tarde imprimia um rasto brilhante no mar, como se fosse um caminho feito de vivos e minúsculos sorrisos flutuantes. Viu-se visitada por um pensamento que lhe vinha então quase todos os dias, ultimamente: "Quem é que tenho por mim? Iyalaxée, nhá Capitolina...? Yiá diz que também a deusa Oxum, com um espelho na mão... Mas eu tenho é eu mesma! Só eu! Todo dia..." - era como terminava aquela indagação íntima, sempre que retornava.

Domingas viu um navio que singrava a entrada da baía, balouçante, mas determinado. Vagarosamente, ele foi atravessando o rastro brilhante de luz que a cegou de uma forma semelhante a uma vertigem. De súbito, invadiu-lhe uma felicidade melancólica e não soube, por um instante, dizer se era ela mesma ali, de pé, na sua infância, sentindo o cheiro de maresia, ou se era uma outra Domingas, num porvir longínquo, retornando para seu berço: uma raiz profunda e velha, entranhada na terra de todos os santos. Na vertigem da luz batendo em seus olhos, tentando mirar a embarcação lá embaixo, veio-lhe à mente a imagem das antigas caravelas portuguesas, como Eugênio lhas descrevia: com seus tombadilhos largos, suas velas brancas e quadradas, estufadas, grávidas de vento, suas flâmulas longas e pontudas, sacudidas como cabelos coloridos por sobre os mastros.

Protegendo a vista com a mão esquerda, ela ainda tentava divisar a bandeira do barco, mas este estava longe. Perguntou-se de onde viria. Seriam os holandeses que retornavam? Mais portugueses? Quem vinha lá para ver a Cidade da Bahia? Quem vinha lá, na estrada larga e cálida que levava à cidade sobre a colina? O pequeno Alexandre apontou para o navio, com o cabelo balançando com a brisa. Domingas sorriu para ele. As velas brancas brilhavam, espuma clara se avivava ao redor da embarcação e o céu foi se avermelhando. O sol do fim de tarde cobria seu rosto de tons acobreados e Domingas olhava as águas lá embaixo sem poder furtar-se a lembrar Eugênio, quando ele se punha assim, com o olhar distante. Ouviu-se, então, repetindo baixinho o que ele sempre dizia, nessas ocasiões, meio sorridente:

- O mar... O mar....

EPÍLOGO

Quando a kyrymuré, a grande colina, abriu-se ao mundo e elevou-se sobre as águas, não havia nada e o mundo nem era mundo. Depois de muito tempo, tempo dos sábios, é que meus filhos primeiros foram nascendo, brotados do barro dos mangues e do sal das angras fustigadas pelas ondas.

No início, miravam o mar e era só o mar o que viam. Depois viram também suas areias e dela tiraram seu sustento com a simplicidade dos que não têm futuro. E o mar e suas areias os alimentaram e, assim, nasceram os sambaquis, retalhos brancos de conchas catadas, esqueletos de mariscos comidos, montes escalados somente pela brisa, que é um suspiro incessante sobre a kyrymuré.

Depois, muito depois, vieram os tupinambás e já encontraram os sambaquis cobertos de musgo. Viram tudo com a mesma simplicidade. Trouxeram o colorido das penas de pássaros em suas cabeças, coroados que eram pela mata, senhores novos a brandir seus arcos, a correr as praias, a espiar das colinas o azul sem começo, a banhar-se nas nascentes e seus segredos. E expulsaram os descendentes de meus filhos primeiros.

Mas o mundo já era, então, o mundo.

Um dia, um pedaço de madeira veio dar na areia e com ele um homem branco. Os tupinambás olharam, olharam... e decidiram que era meio peixe, meio cobra do mar e gritaram: "Caramuru!". E logo surgiram no horizonte os olhos brancos dos velames, os rostos das naves dos senhores brancos d'além-mar.

Uma nova vaga veio banhar a kyrymuré. E meus novos filhos se instalaram e instaram a terra a dar-lhes frutos e as águas a dar-lhes peixes; e aos tupinambás, instaram a dar-lhes toda a kyrymuré. E foi assim que uma nova civilização começou, trazida e embalada nas ondas. O verde das canas de açúcar brotou como uma bênção forte e perigosa, bela e indomável, exigindo as léguas que houvesse. E, com essa nova idade, chegaram também os santos, as cruzes e as chagas...

E logo novos olhos brancos surgiram no seio da grande baía, a Paraguaçu, e o ventre dessas novas naves verteu meus filhos negros, cujos braços vinham construir uma nação, ceifar o verde das canas, extrair-lhes o brilho branco do açúcar, erguer os palácios e talhar o ouro dos templos dos santos, das cruzes, das chagas... E, com esses novos filhos, vieram também seus deuses. Recusaram-se estes a deixá-los, a permanecer no horizonte e decidiram cruzar a ponte dos ventos também. Aqui vieram descer ao fundo da terra e fincar seus pés como raízes de árvores antigas, benfazejas, e planar sobre as colinas como faço eu até hoje.

E, quais dessas colinas não eram os mesmos sambaquis dos tempos imemoriais, disfarçados pela luxúria do verde, pisados incessantemente pelos anos? Ninguém mais poderia dizer...

Outras vagas vieram mais tarde, belicosas, reclamar para si a kyrymuré. Recalcitrantes, invadiram-na e deixaram-na seguidas vezes, trazendo dor, mas doando também alguma semente que não era, no fim, tão estrangeira assim...

Um dia, como haviam feito antes os brancos e, antes deles, os tupinambás, chegou novamente a hora de brandir os arcos, transformados agora nas espadas e canhões do tempo novo. Uma nova história veio cobrir a kyrymuré. Meus filhos daí expulsaram os portugueses, aqueles mesmos que haviam chegado com suas naves, e seus santos e cruzes e chagas...

Nesse tempo de sangue foi que se deu a história de Domingas e seu amor desaparecido. Foi então que Alexandre Argollo ergueu sua espada e defendeu suas canas. E, enquanto isso, foi que Francisco da Anunciação viu seus sonhos ruírem e a asa de Iku sombrear seu corpo imóvel. Foi sob o vento dessa tempestade que Cândida Argollo descobriu e perdeu o amor, deixando baixar sobre si o portal do Desterro. E foi a mesma tempestade que fez um raio cruzar o caminho de Anna Argollo e fez Damásia revelar, destemida, os segredos dos senhores brancos. Nos rodamoinhos dessa tormenta foi que se perdeu Idalina...

E tudo se esqueceu...

E foi ainda nesse tempo, que se esqueceu também a história das mãos de Luiz das Virgens. E esse segredo, quem haveria de contar?

O ar cheio de sal marinho bateu as paredes dos casarios e os mangues do Recôncavo, levando a memória dos homens. Ah! Isso sempre acontece... E, por essa razão, ninguém revolveu as cartas que deixavam vislumbrar essas histórias, sob o pó e as manchas dos dias. Caligrafias antigas, permeadas do cheiro daquele tempo, que ninguém mais reconhece. Palavras passadas que a ninguém ocorreu revolver, senão a mim, que as li e desfiei para vós.

E, por essa mesma razão, quem se há de lembrar dos sambaquis que aqui ainda estão? Quem se há de lembrar...?

Chegará, um dia, o momento de contar a história de como Domingas criou seu filho e de como ele cresceu entre os brancos. De como Alexandre Argollo tornou-se o Barão de Cajaíba, Grande do Império. Contar como reencontrou seu filho perdido e como este, por sua vez, tornou-se também um grande homem, notável por toda a terra, no tempo do Segundo Imperador, como profetizara sua mãe. E narrar como todos esses caminhos formaram novamente um laço, no seio da mesma kyrymuré, mais uma vez transformada.

Mas, para tudo isso contar, haver-se-á de esperar a hora e o vento certos. Conhecer quando aportarão aqui.

Quando será? Olhai para o mar, se isso quiserdes saber, e ele vos responderá.